常德市工业志

（1988—2012）

常德市地方志编纂委员会
常德市工业和信息化局 编

方志出版社
Publishing House of Local Records

图书在版编目（CIP）数据

常德市工业志：1988—2012 / 常德市地方志编纂委员会，常德市工业和信息化局编. -- 北京 ：方志出版社，2020.4
ISBN 978-7-5144-4105-5

Ⅰ. ①常… Ⅱ. ①常… ②常… Ⅲ. ①工业史—常德—1988-2012 Ⅳ. ①F429.643

中国版本图书馆CIP数据核字(2020)第053662号

常德市工业志（1988—2012）

编　　者：	常德市地方志编纂委员会、常德市工业和信息化局
责任编辑：	罗　滔
出 版 者：	方志出版社
	地址　北京市朝阳区潘家园东里9号（国家方志馆 4层）
	邮编　100021
	网址　http://www.zgfzcb.cn
发　　行：	方志出版社图书经销中心
	电话（010）67110500
经　　销：	各地新华书店
印　　刷：	常德市湘北彩印厂　　0736-7187272
开　　本：	787×1092　　1/16
印　　张：	24
字　　数：	566千字
版　　次：	2020 年 4 月第 1 版　　2020 年 4 月第 1 次印刷
印　　数：	0001～1000 册

ISBN 978-7-5144-4105-5　　**定价：** 280.00元

常德市地方志编纂委员会

《常德市工业志(1988—2012)》编纂委员会

顾　问　陈　华　谭　丁　李碧波

主　任　卢　岳

副主任　孙金平　尹明先　蒋山峰　谭丽平　田功文　罗克明
曾凡明　王淑华　胡岩城　李自林　张志刚　戴宏兰
苏玲慧

委　员　陈永春　陈　丽　蒋四维　梅　琦　袁　刚　孙　德
江济帆

《常德市工业志(1988—2012)》编辑部

主　任　孙金平

副主任　袁　刚

总　纂　甘晓春

成　员　邱　杰　刘　波　粟　勇

《常德市工业志(1988—2012)》审查验收人员

齐绍正　向满华　丁兴宇　周　波　孟　韵　曾小玲
张长顺　王家铨

序

为常德市工业修志，既是一件客观反映常德市工业发展状态的历史纪实工作，同时也是一件继往开来，推进常德工业可持续发展的益事。

本志阐述1988年至2012年共25年间的常德市工业发展史实，起源于常德地改市之后，终止于“十二五”期间。应该说，这25年是常德工业从小做到较大、从弱做到较强最为精彩夺目的时期。

首先，经济转型在这一时期翻天覆地。昔日的农业大市转变成为工业占主导地位的工业强市，三次产业中二产业破序居首，全市工业经济综合效益由全省第十一名跃升为第二方阵（除长株潭外）第一名，并稳居名次十多年之久。

其次，企业改制改革在这一时期惊天动地，昔日的“铁饭碗”、“大锅饭”被彻底砸碎端掉，在全省率先开展的工商企业“两个置换”改革遍及城乡，有效地激发了常德工业的活力。

第三，以工业企业聚集发展为着力点的经济开发工业园区，在这一时期创建扩建，昔日的小而散和低端落后被彻底改观，十亿元级、五十亿元级、百亿元级产业集群迅猛发展起来，科技进步、品牌上档和附加值提升，随之实现历史性突破和跨越，更加展现出常德工业经济耀眼的光芒。

第四，“工业强市”在这一时期成为全市社会经济重大战略，兴工强工之势如火如荼，全民创业、锐意创新，领导重视工业、部门行业支持工业，蔚然成风。政策扶持，精力倾斜，顶层设计运筹工业，科学调度服务工业，促进工业经济发展，从而使得全市工业取得了骄人成绩。

中国正在成为世界强国，常德市也正朝着中国中部强市奋进。一个国家的强盛,一个城市的强盛,都离不开现代工业化程度的提升。我们感谢市委、市政府、市人大、市政协及全市各级各部门领导对常德工业发展的支持，感谢全市企业家们和工业战线员工们对常德工业发展所作出的努力。历史会永远铭记为常德工业振兴和发展作出贡献的每一位决策者和实干家。

借鉴于历史,决策于当下,是推进现代工业化的需要。志史纪实,鉴之于今,乃知兴替。

是为序。

常德市工业和信息化局党组书记、局长　卢　岳

凡 例

一、《常德市工业志(1988—2012)》以马克思列宁主义、毛泽东思想、邓小平理论、“三个代表”重要思想、科学发展观、习近平新时代中国特色社会主义思想为指导，坚持辩证唯物主义和历史唯物主义的立场、观点和方法，遵循志书编纂原则和体例，力求客观、全面、真实记载和反映常德市1988—2012年工业发展和管理情况。

二、本志上限始于撤区建市的1988年，下限止于2012年。为保持事物发展的连续性，对个别内容的记述适当上溯和下沿。

三、本志书包括概述、大事记、专志、附录等部分，采用述、记、志、图、表、录等体裁，共分4篇28章79节。本志书未设人物传，只收录部分产业领域先进工作者信息。

四、本志书中多次使用同一组织机构名称时，首次用全称，其后用简称；机构领导人职务，一律采用当时使用的称谓。

五、本志书中的工业企业，为常德市境域内具有一定规模的企业，含中央、省、市及区县(市)工业企业。

六、本志书中“增长”、“下降”，如无特殊说明，均为与上一年度相比。

七、本志书资料主要来源《常德年鉴》《常德统计年鉴》和区县(市)、企业上报的报表数据及单位档案室、相关业务科室机构，所引用资料均已核实。志书辑录的文字大多源于已有的工业经济类的档案资料和深入企业采访的笔录。

八、因农、林、牧、渔等方面的志书已对相关资源进行较为详细的记述，本志书对上述资源及对工业原、辅材料的全面分析记述从简，仅在各工业产业章节中记录以上资源工业开发、利用情况，故只辑录“工业资源”为第一篇。

九、2012年及之前一段时期的全市工业企业统计中，企业分类或与现行分类有一定出入，如生物化工与生物医药、特种纺织与复合新材料等，数据或可能存在混统、漏统。为保持原有史实，本志书仍按当时实际状况记述。

十、本志书数字用法、标点符号、计量单位分别执行国家标准《出版物上数字用法》（GB／T 15835—2011）、《标点符号用法》（GB／T 15834—2011）、《国际单位制及其应用》（GB／T 3100—1993）和《有关量、单位、符号的一般原则》（GB／T 3101—1993）。

十一、由于企业改制改革不断深化，有些产业的重点骨干企业随之改变了体制和名称，有个别的甚至从此消亡，以至后来不再出现，如湖南雄磺矿、湖南磷矿等，其产业传承关系因而应以产业集群论，不以企业论。

十二、按十一大生产业分别成篇，是为了区别工业门类不同，发展状况不同，以避免太过笼统而导致含混不清。但由于当时状况，对各产业之间表现有界限不清，分类不准的现象，此次编修中未能予以纠正，仍维持当时归类统计的现实。

解放初在“大办钢铁”中诞生的小钢铁厂

在“大跃进”中建造工业厂房

在民营火电厂上改建的常德电厂

初期的机械电子产品

初期的卷烟产品

初期的装备制造

浥洲水电站扩机工程

海螺水泥建设现场

中联重科常德灌溪工业园技改扩建奠基仪式

创元铝业揭牌暨签约仪式

金天钛业

徕木电子一期工程

常德卷烟厂

金健米业

大汉汽车

洞庭药业

常德烟机

石门特水

恒安纸业

大唐石门发电

常德卷烟厂生产车间

常德纺机自动化车间

常德经开区工业园

常德高新区

石门工业园

桃源工业园

汉寿工业园

澧县工业园

临澧工业园

津市工业园

安乡工业园

中泰特种装备生产车间

平安医械装配车间

湖南云锦集团有限公司自动络筒车间

德山港

现代化工业企业

常德卷烟厂

湘澧盐业

华南光电

现代化工厂

专业装备制造工厂

专业装备制造工厂

铝锭生产制造工厂

现代企业文化

领导关怀

劳模颁奖

工余休憩

现代工匠

一丝不苟

聚精会神

现代工匠

全神贯注

精益求精

目　录

第一篇　工业资源

第二篇　工业产业

第三篇　工业经济管理

第四篇　企业改革与改制

附　录

概　述

1988 年 1 月，经国务院批准撤销常德地区，建立省辖常德市。

1998—2012 年间，常德工业实现了跨越式大发展。

常德是一个传统农业大市，工业一直是发展的短板。撤地建市以来，历届市委市政府都把发展工业作为经济社会发展的第一推动力来抓，因而工业的主导地位逐步凸显，工业化进程不断加快。1990 年，提出“兴工强农富市”战略，把工业发展提到首位，使工业经济在全市经济中的比重不断扩大，产业结构进一步优化。进入 20 世纪 90 年代，全市乡镇企业发展如火如荼，到 1996 年，乡镇企业家数达到 12.5 万家，实现工业总产值 230 亿元。1992 年开始兴起经济开发区建设热潮，先后建成德山开发区和一批区县市的开发区。1998 年，中国粮食第一股——金健米业成功上市，实现了常德上市企业零的突破。

2000 年 4 月，常德市在全省率先推行以“置换国有企业产权、置换国有企业职工身份”为主要内容的国有企业体制改革，到 2003 年底，全市 346 家国有工业企业（其中市直国有企业 166 家）的产权和职工身份实现了置换，工业经济焕发出新的生机和活力。

2004 年，市政府提出建设工业强市的战略目标。2006 年，启动加速推进新型工业化工作。2010 年，德山开发区升级为国家级经济技术开发区。

发展阶段

结构调整（1989—2000）

1989 年到 1993 年，常德工业经济开始真正“跳出农字圈，走向工业园”。1993 年全市工业总产值达到了 122.7 亿元，比 1988 年增长 2.38 倍。1994 年到 1998 年，常德市按照“兴工强农富市”的思路发展经济，把工业发展提到了首位，使工业经济在全市经济中的比重不断扩大，产业结构进一步优化。1998 年全市实现工业总产值 386.15 亿元，比 1993 年增长 3.14 倍。三次产业比重为 34.1∶38.1∶27.8，产业结构第一次突破传统一、二、三产业顺序，调整为二、一、三的比例。工业产业内部逐步形成了五大支柱产业，即以常烟为龙头的食品工业，以湖南坝道水泥有限公司为主体的建材产业，以华南光电仪器厂和常德有线通信（集团）公司为主的电子工业，以石门电厂为核心的电力工业，以“豪兴”服装、毛巾为终端产品的纺织工业。在此期间，全市共完成技术改造项目 500 个，累计完成投资 40 亿元，年新增产值 60 亿元，新增利税 10 亿元. 其中完成市轴承厂二类轴承、七一机械厂烟草包装机械、西洞庭纸厂碱回收等投资1000万元以上的项目20个;完成洞庭药业氨甲环(苯)酸、常纺压锭改造等投资2000万元以上的项目10个;完成特种水泥、桃源雄劲水泥、常德锦纶厂等投资5000万元以上的项目6个。累计开发新产品776项,有616项填补省内空白,有160项填补国内空白。其中芙蓉烟系列,精品德山大曲系列,精品武陵大曲系列,血速宁、挖泥船辅助船等重要新产品开发共72项。常德卷烟厂成为全国50家利税大户之一。金鹏凹印、恒安纸业等一批投资过亿、税收上千万的三资企业先后在常德建成投产。可以说,1988年—2000年初,是常德工业产业结构、产权结构、产品结构以及投资结构等,发生重大调整,有了进一步优化基础的阶段。

企业改制(1999—2003)

2000年4月7日,全市国有企业体制改革动员大会召开,以国有、集体企业"两个置换"为主要内容的企业改革正式全面铺开。两个置换即置换国有企业产权、置换国企职工身份。通过两个置换,解除企业对政府、职工对企业的依附关系,推动资产的合理流动和重组,提高资产运营质量,让企业和职工走向市场,激发企业和职工两个积极性,打造生机旺盛的新型经济体制。国企两个置换涉及面广、矛盾多、情况复杂,工作难度大,操作政策性非常强。因此,市委、市政府成立了市直国有企业产权改革办公室,总揽国企"两个置换"改革工作,并对市直国有改制的共166家企业有重点的派出了"三个代表"学教工作队和改制工作组,共有1600多工作组成员指导、实施企业两个置换工作,接访职工100多万人次,处理职工各种问题80多万件。对全市166家企业的资产进行了清理和评估。通过出让资产、政策挂账、政府补贴、银行贷款等渠道筹措改革资金,其中通过变现资产取得了12.5亿元职工安置资金。全市166家企业的77257名职工中,有34567名职工离休退休,有42259名职工拿到了一次性经济补偿金,剩余431名职工也通过其他渠道进行了合理分流。

两个置换改革企业中,有147家改制前已无法维护正常生产和经营已奄奄一息的企业,通过改制重组重获新生的达93家,并涌现了力源新材、常德云锦集团、湖南桃源杰新纺织印染、常德国力变压器、常德达门船舶、石门特种水泥、湖南常德牌水表等一大批创品牌、创利税的行业佼佼者,形成了新型的工业体系。到2003年底,346家国有工业企业(其中市直国有企业166家)的产权和职工身份得到了置换,工业经济焕发了新的生机和活力。全市规模工业当年实现了总量上台阶、速度超历史、效益登榜首的良好结局,完成总产值222.7亿元,比改制前的1999年增长84.9%,增加值首次突破百亿大关,达到103亿元;实现利润14.4亿元,是1999年的5倍;改制企业综合资产负债率60.4%,比1999年下降95个百分点。

工业强市(2004—2012)

2004年,全市启动加速推进新型工业化工作,调整产业结构、做强工业园区、培育产业集群、打造旗舰企业,努力建设工业强市。"十五"和"十一五"期间,常德工业经济增长迅猛,实现了"七个翻番"。经济总量翻番:2012年,全市规模工业完成总产值1864.3亿元,完成增加值804.3亿元,分别是2005年的3.8倍、3.2倍。经济效益翻番:2012年,全市规模工业完成主营业务收入1824.9亿元，是2005年的3.7倍；完成利税总额569亿元，其中利润176亿元，分别是2005年的3.1倍、3.4倍。企业户数翻番：2012年，全市规模工业企业户数达到830户，比上年净增90户，其中新增亿元企业43户，总数达329户；产值过10亿元的企业达到191户，是2005年的12倍。特别是常德烟厂、金健米业、常德烟机、金鹏印务等4家企业顺利跨入湖南100强企业和湖南制造业50强企业行列。园区经济翻番：全市11个经济开发区（工业园区）已完成基础设施投入24.5亿元，新建标准化厂房100万平米。汉寿、鼎城、桃源转型为省级高新园区，从此全市省级工业园区实行了全覆盖。产业规模翻番：2012年，全市11个工业产业完成规模工业总产值1658亿元，是2005年的3.5倍；"百亿产业"由2005年仅有烟草产业1个发展到烟草、装备制造、食品等6个。投资总额翻番：2012年，全市完成工业固定资产投资486.6亿元，增长34.6%；"十一五"期间，全市共签约引进2000万元以上工业项目和新上设备投资额500万元以上技术改造项目2193个，总投资765亿元，是"十五"期间投资额的近3倍。名牌产品数量翻番："精为天"、"郾福"、"平安医械"等6个企业商标成功创建为中国驰名商标，另外还有中国名牌产品4项，省著名商标47枚、省名牌产品56项，比2005年名品名牌总数增长1.6倍。

产业集群

烟草产业

常德市的烟草工业以常德卷烟厂为龙头企业，常德烟草机械有限公司、常德金鹏凹版印刷有限公司、常德金芙蓉实业发展总公司等多家具有独立法人资格的公司为其配套，形成了相对完善的产业链。到2012年，全市烟草产业完成规模工业总产值460.6亿元。

常德卷烟厂始建于1951年，1988年，企业初具规模，销售收入达到8.1亿元。此后，常德卷烟厂得到了快速发展，"十五"期间，常德卷烟厂累计完成卷烟产量510万箱；企业累计实现卷烟销售收入422亿元；累计实现税利301亿元；累计实现利润51亿元；"十五"期间实现的总收入、总税利、总利润超过了"十五"前该厂五十年的总和。2006年，原湖南中烟工业公司与所属的长沙卷烟厂、常德卷烟厂合并为一个法人实体，强强联合带来井喷效果。常德卷烟厂在生产规模、品牌规模、销售收入、实现税利等各项主要指标上实现了较大幅度的增长。到2012年，常德卷烟厂完成产值460.6亿元，占全市规模工业总产值的24.7%。

常德烟厂以"芙蓉王"品牌生产为主，有钻王、蓝软、蔚蓝星空、软金、蓝盖、软黄、黄王7个品种，是目前全国产销规模大、知名度高的高端卷烟品牌之一。先后获得了"中国名牌"、"中国驰名商标"、"出口免检产品"和"中国烟草十大梦想品牌"等荣誉，被世界品牌实验室评为中国最具价值品牌30强、中国烟草行业最具竞争力品牌3强。2010年，"芙蓉王"年销83.13万箱，继续稳居中国烟草一类烟市场销量排名第一位的宝座；品牌价值达到480亿元，品牌影响力进一步提升。从1994年创牌到2012年，"芙蓉王"以年均30%以上的速度快速增长,从当初的年销售7万大箱到2012年的突破了百万大箱。

装备制造产业

常德装备制造产业对常德地域的经济社会发展起着支撑作用,是常德经济社会发展的支柱产业和推进服务产业发展的动力源。1988年,常德市装备制造产业共有企业336家,行业年销售收入5.8亿元。到2012年,全市共有规上装备制造企业214家,按性质划分,国有和国有控股企业11家,"三资"和民营企业203家;按规模划分,年销售收入过亿元的31家,5000万元~1亿元的42家,1000~5000万元的110家,500~1000万元的20家。生产加工的产品有工程机械、烟草机械、纺织机械、轻工机械、农业机械、汽车及零部件、船舶、电工电器、电子元器件等160多个品种、近600个型号。其中,中联重科等16家企业的塔机等20多个品种占据了行业内细分市场10%以上的份额。2012年,全市装备制造产业完成规模工业总产值235.4亿元,入库税金7.2亿元,利润18.8亿元。

电子信息产业

全市电子信息产业虽然属于新兴产业,但历史上就已存在,只是比重一直很小,主要分为电子信息制造业和电子信息传输服务业。1988年,电子信息产业仅有企业9家,从业人员2000人。完成产值2652万元,实现利润182万元。2010年,市委市政府做出大力发展战略性新兴产业的决策,其中包括电子信息产业,主要发展:以德山电子信息产业园建设为支撑,大力发展消费类电子、LED照明两大特色产业集群。在消费类电子方面,重点发展手机摄像头、PC摄像头、高拍仪、备课王、点读机,不断扩大生产线,延伸产业链条,加快发展手机终端、移动数字电视、数字电视EOC等产品,逐步建立打印机、扫描仪等计算机周边设备生产线,有计划的引进笔记本电脑、上网本等整机生产线,快速做大消费类电子产业规模;在LED照明产业方面,加快形成半导体照明、汽车照明、景观照明、节能产品生产基地,重点建设LED显示屏、照明灯、背光源、LED芯片等生产线,打造完整的LED产业链。到2012年底,我市初步形成了以LED显示屏等光电产品、半导体二极管等电子元器件,泡沫镍等电子材料,高拍仪等电子信息产品为代表的四个电子信息制造产业群体雏形。当年电子信息产业共完成产值共53.8亿元。

纺织产业

纺织产业是全市工业经济的传统支柱产业之一,也是有比较竞争优势的重要产业,长期以来,在带动棉麻种植业、扩大就业、繁荣市场、积累资金、提高城市化水平、带动相关产业和促进区域经济发展等方面发挥了重要的作用。

1988年,全市纺织产业共有企业103家,年销售收入5.8亿元,棉纺锭32万锭、印染能力7700万米,分别占全省的1/3、1/5,居全省第一位。当年产纱3.2万吨,产布1.2亿米。

"十五"时期是我市纺织产业历史上发展速度最快、效益最好的五年,我市通过采取国企改制来解放生产力、改善投资环境来招商引资和鼓励民间资本投资工业等措施,抓住了全国纺织工业大发展的机遇,使我市纺织工业得到了快速发展。"十一五"期间,我市纺织产业大力进行技术改造，淘汰落后产能，努力提高产品的档次、质量、提高产品的科技含量，提高先进装备的水平，产业转型升级迈出了较大步伐。

到2012年，全市规模以上纺织服装工业企业87家，实现规模工业总产值96亿元，占全市规模工业总产值的7.8%，实现利润2.4亿元，入库税金1.4亿元；年产值亿元以上企业有27户，从业人数达到2.8万人，占全市工业从业人数的16%。全市拥有棉纺锭70万锭、麻纺锭8万锭，分别占全省的22%、47%，均居全省第一位。2012年主要产品产量：化纤2.7万吨，纱17.8万吨，其中棉纱14.2万吨，布1.3亿米，服装90万件。主要产品生产在全省都占有重要的位置。

食品产业

全市拥有广袤肥沃的沅澧平原，辽阔的洞庭湖水面资源，自古就有“鱼米之乡”的美誉，粮、油、棉总产量多年来居全省首位，金健米业的大米产品荣获“绿色食品”证书，桃源古洞春的野茶王已通过有机茶认证，荣获了国家“地理标志保护产品”称号。我市还有丰富的淡水养殖鱼类、畜禽、茶叶、果品资源，因此食品工业产业集群的发展有充足的资源保障。食品产业是我市优势传统产业之一。

1988年，全市共有食品加工、食品制造和饮料制造企业427户，全行业年销售收入7.4亿元。到2012年，全市共有食品企业近2000家，其中规模以上企业177家，实现规模工业产值157亿元，占全市规模工业的12.6%。上市企业2家，金健米业在全国粮食行业中第一家上市，其资产总额达17亿元，成为国家级重点龙头企业，2012年实现总产值20亿元；国人重啤2012年实现产值2.9亿元，居全省同行业第一位。盈成油脂、中意糖果、华泰肉类、万福生科、鸿鹰祥等37家规模企业产值已经过亿。粮食与油脂加工业成为食品产业中的绝对优势产业，市级以上龙头企业28家，规模以上企业中有47家是粮油加工企业。

有色及新材料产业

有色及新材料产业是常德的一个年轻产业，1988年以来发展比较迅猛，被市委、市政府确定为大力鼓励发展的新兴产业。到2012年，产业共有12家规模企业，即湖南创元铝业有限公司、湖南创元新材料有限公司、常德市耀弘纳米科技有限责任公司、常德市耐磨特聚合材料有限公司、湖南晟通科技有限公司常德分公司、常德辰州锑品有限责任公司、常德集水复合材料有限公司、常德友星精细化工科技有限公司、临澧县金峰铜业有限公司、汉寿金诚研磨材有限公司、兆恒威勒（石门）钨业有限公司、常德金冶冶金材料有限公司。

产业的核心发展区域是创元工业园，这也是目前常德市唯一的专业特色园区，固定资产达31.6亿元，是由湖南晟通科技有限公司、智信亚洲有限公司、香港莱孚控股有限公司等强强联合组建。2003年4月，第一条5万吨电解铝生产线开始合闸生产，2004年4月，第二条6万吨电解铝生产线建设投产。至此，形成了年产电解铝11万吨，年产值19亿元的生产能力。2004年即生产铝锭8.06万吨，完成主营业务收入11.45亿元，实现增加值4.1亿元，完成入库税金2120万元，实现利润1921万元，成为了全市县域工业第一家过10亿元的企业。

2010年,有色及新材料产业完成规模工业总产值252亿元,实现利润5.8亿元,入库税金5.4亿元。

林纸产业

1988年,常德市造纸及纸制品业共有企业67户,行业年销售收入1.4亿元。常德市林纸产业既有制造工业的特征,又有加工工业的特点,众多企业一度属于非关联但同质化的独立组合,其产品生产过程为直线流水式,无上下游产品的断然区分和半成品与成品的链条环节。全市林纸企业分为三大类,一类是自制浆造纸企业,一类是购浆生产生活用纸企业,还有一类是溶解废品纸生产再生纸和包装纸企业。到2007年“环洞庭湖污染整治”活动之前,全市共有造纸企业73家,总产能84万吨,总资产12.6亿元,从业人员5835人。其中,万吨以上规模17家,5万吨以上3家。2007年,污染整治中关停了70家企业,有31家规模企业通过扩大产能、上治污项目,恢复了生产,规模企业总数达到34家,总产能达到57万吨。恒安纸业“心相印”牌生活用纸被评为“国家名牌产品和免检产品”,津市“雪丽”牌静电复印纸被评为“湖南省名牌产品”,汉寿天耀纸业“彩狐”牌系列高档包装纸占到全国同类型产品市场份额的10%。2012年,林纸产业完成规模工业产值36.7亿元。

医药产业

1988年,常德医药产业有9家企业,从业人员1400人,年产值0.4亿元。近几年来,全市医药产业发展迅速。

一是门类较为齐全。全市现有规模医药工业企业23家,其中化学原料及制剂13家、中药2家、医疗器械4家、医用制氧1家、中药饮片3家。已通过GMP认证的生产企业16家,共获得认证证书30张,这些企业都装备有先进的生产设备,具备了生产多类剂型的能力。目前全市已形成生产化学原料药及其制剂、中成药、中药饮片、医药保健品、卫生材料、医药器械和医用包装等门类较为齐全的医药工业体系,能生产药品品种340个,医疗器械达28种。

二是体制优势明显。常德市的医药工业企业不管是体制还是资本结构,都发生了根本性的变化,由原来的国有、集体性质工业企业,转变成主要由四家上市公司参与投资,经营几家主要的医药工业企业,其控制的资产量占常德市医药工业资产总量的60%。另有多家有实力的民营企业,投资医药工业,发展也具有相当的规模,其资产量占医药工业资产总量的30%左右。几家主要的医药工业企业通过投资主体的改变,使企业发展与起初相比,发生了翻天覆地的变化。金健药业,1999年兼并濒临破产的老国有企业湖南湘北药厂,当时资产总量不到1000万元,且设备老化、工艺陈旧。经过几年艰苦的投入建设,现在已经拥有了两家通过国家GMP认证的药厂,资产总量已经达到了1.8亿元人民币,年销售收入过亿元,成为了常德制药企业中的骨干。

三是打造了一批骨干企业。全市规模以上医药企业23家,2012年完成产值29.7亿元,其中产值在2000万元以上的企业21家,过亿元的有7家。

建材产业

全市可直接用于发展建材工业的矿产资源十分丰富,主要包括石灰石、石煤、矽砂、石膏、陶土等。其中石煤蕴藏量居全国第一,石膏蕴藏量居全省第一,矽砂属亚洲8大矽砂矿区之一。我市建材产业以生产水泥、石膏制品、建筑陶瓷、矽砂、新型竹木制品以及新型墙体材料为主。1988年,全市建材产业共有42家企业,行业年销售收入0.3亿元。近年来,随着多家大型水泥企业在常德建厂和新型墙体材料的广泛应用,我市建材产业出现了总量攀升和结构调整的趋势。以水泥为例,到2012年,全市水泥熟料年产能已经达到930.7万吨。一大批小型水泥企业遭到淘汰,主要产能集中在石门海螺、临澧冀东、石门特水、中材牛力、安乡伟厦等企业。2012年全市规模以上建材工业企业达到148家,其中,水泥企业41家,石膏企业24家,矽砂企业7家,新型墙材企业29家,陶瓷企业3家,其他如木制板材、玻璃制品、管桩等企业44家,实现产值82.5亿元,实现利润2.7亿元,入库税金2.1亿元。

电力产业

1988年,全市年发电量为2.7亿千瓦小时。从90年代,国家批准建设石门火电厂以来,我市加快了电力建设的步伐,电力产业实现了较大发展。在电源建设上,相继建成凌津滩、三江口水电站、石门电厂一、二期等项目,2007年,全市电力装机达到174.3万千瓦,占全省总装机的8%以上,创元铝业自备电厂60万千瓦机组也于2008年5月点火投产。

在电力生产上,全市共有500Kw以上电力企业35家,其中火电企业10家,水电企业23家,规模以上电力企业14户,2012年规模以上电力企业发电量达到117亿千瓦小时,其中火电发电量为86亿千瓦小时,水电发电量为30.8亿千瓦小时,发电企业产值达到75.9亿元.在用电保障上,2012年全社会用电量110.1亿千瓦小时。最大的火电厂有3家:创元发电公司,装机容量为2×30万Kw;大唐石门发电公司,装机容量为2×30万Kw;华电石门发电公司,装机容量为2×30万Kw。均已投产发电。常德有沅、澧二水两大水系,大小河流440条,水能蕴藏量164万Kw,可开发885处107万Kw,到2006年止,已开发130处447190Kw,占总开发量的41.79%,最大的水电站为凌津滩水电站,总装机27万Kw,皂市水库装机容量12万Kw。

盐化工产业

湘澧盐矿是全市盐化工产业发展的重要基础,1988年,生产原盐31.8万吨。到2010年,我市已形成规模的盐化工企业主要有7家,分别为湘澧盐矿、新澧化工、阿斯达生化科技、汇湘精细化工、裕达卤碱、首信化工、天盛电化,完成产值11.3亿元。

湘澧盐矿是一家集水溶采矿、真空制盐、冷冻提硝、供热发电、机械加工为一体的大型盐化工企业。"十五"期间,企业先后投入8000万元进行了30万吨/年真空制盐扩改一期工程及无水硫酸钠离心脱水干燥系统工程等技术改造,目前具备年产精制盐80万吨、无水硫酸钠7万吨、碘酸钾80吨的生产能力。

天盛电化是温州天盛企业集团公司和温州天盛电化有限公司共同出资组建的股份制企业,该项目建设规模为年产烧碱6万吨(折100%计),一次性规划、分期实施,采用全卤制碱国内新工艺,生产过程是利用食盐水溶液经直流电解,取得烧碱和氯气及氢气,再经加工处理得到多种化工产品。公司建成投产以来,整个生产装置运行正常,共计产烧碱(折100%计)6384吨、31%盐酸4658吨、液氯4049吨、次氯酸钠953吨、次氯酸钙1625吨。产品质量均达到行业和国家标准。

新澧化工于2001年6月由四川新津进出口公司独资兴建的一家化工企业,总投资2亿元,采用先进"热水热溶钻井开采法"采卤工艺,年无水硫酸钠产能达80万吨,是全国同行业中规模最大、设备等级最高、核心技术最先进的无水硫酸钠生产线。

汇湘精细化工属盐化工下游精细化工企业,主要利用天盛电化的氯碱产品进行深开发,采用目前国内最先进的塔式氯化催化反应精馏技术,该公司第一期投资1400万元,于2005年8月建成投产,目前已形成2000吨精细化工产品生产线,并配置了邻氯和甲苯两套装置。其主导产品有邻氯氯苄、对氯氯苄、邻氯苯甲醛、对氯苯甲醛、30%盐酸。

工业园区

德山经济开发区

于1992年5月经省人民政府批准成立的省级重点开发区,总面积54平方公里,总人口近10万。2005年10月,通过国家发改委审核更名为"湖南常德德山经济开发区",并于当年被湖南省委、省政府授予全省非公有制经济发展优秀工业园区称号。2006年省政府核定后,批准建设用地面积17平方公里,其中园区面积为11.21平方公里,老城区5.79平方公里。德山开发区实行市委政府委托管理体制,工委、管委会是市委、市政府的派驻机构,行使县级行政管理职能,享受市级经济审批权限。全区辖一镇(14个村、居)、一街(17个居委会)、一林场。管委会机关设办公室、组织人事局、宣传教育局、招商局、经济发展局、财政局、城市管理局、开发管理局、劳动保障局、监察局和综治办等9局2办,市规划、国土、建设、国税、地税、工商、技术监督、公安、环保、电力、物价、房管等市局在德山设有分局。

到2012年,德山经济开发区有规模工业企业92余家,其中国有企业9家,非国有企业89家。初步形成了以机电、纸业、纺织、食品、药业和新材料为主的六大产业体系。区内生产的"心相印"系列生活用纸分别获得中国名牌产品、中国驰名商标和中国免检产品称号,"金健"牌大米及挂面等产品为中国名牌产品,"金健"牌食用植物油、"金健"牌系列液态奶等10多个产品为省级名牌产品。

2010年8月,国务院正式批复德山经济开发区升级为国家级开发区,升级后的名称为常德经济开发区,成为全省第三个国家级经济技术开发区,跻身全国77家国家级经济技术开发区的行列。

武陵经济开发区

于1992年4月28日经湖南省人民政府批准成立。开发区总体规划面积580公顷,总开发面积146.45公顷。十多年来,开发区先后投资2亿多元,用于园区基础设施建设,实现了设施配套，管理完善的工业新城。自建立以来，武陵经济开发区经济总量速度快速增长。2012年，园区共有规模企业63家，主要以机械电子、新型建材、食品加工、化纤纺织四大支柱产业为主，形成了一定产业规模。全年实现规模工业产值28.4亿元，实现利润1.2亿元。

鼎城经济开发区

1992年，省人民政府批准建立桥南经济开发区；2005年，国家发改委在清理整顿各级开发区时将桥南经济开发区更名为鼎城经济开发区；2006年2月国家发改委审核批准鼎城经济开发区为省级开发区。鼎城经济开发区下辖“一区三园”，即整合“灌溪工业园”、“鼎城桥南工业园”和“石板滩工业园”的资源，初步形成了机械制造、新型建材、食品加工三大主导产业。其中灌溪工业园主要依托于中联重科，重点发展机械产业园和中联重科产业配套园；桥南工业园以桥南大市场为依托，大力发展对接桥南市场的“前店后厂”式加工型企业，主要实行农副食品深加工和服装加工；而石板滩工业园则以轻工建材产业为主，并已进行规划。2012年，鼎城经济开发区有规模企业74家，完成规模工业产值95.3亿元。

安乡工业园

2002年9月开始建设，远景规划面积10.3平方公里，已完成控制性详规4.6平方公里，已建成2.0平方公里。2012年，园区有规模以上工业企业45家，完成规模工业产值32.2亿元。建园10年来，安乡县委、县政府认真坚持“工业强县”发展战略，实施激励扶持政策，加强了对园区工作的领导和支持，园区建设已初具规模。累计投入1亿多元，完成了安乡大道南延伸线、车胤路、昌颐路等道路的建设，初步形成了“两纵三横”的交通网络格局，以及水、电、宽带等其他基础设施的配套；完成了大鲸港11万伏变电站搬迁扩容项目、大鲸港排污站改造扩容项目等重点工程，规划了长岭洲深水码头的建设。先后引进了凯斯机械公司扩建、湘北水产饲料、药圣堂（湖南）制药、中意彩印包装、通顺铸造、华阳药业、人和机械、康源药业、中小企业创业园等项目。初步形成了机械制造、医药制药、造纸纸品、饲料加工、化工等产业雏形。

汉寿经济开发区

原名湖南省汉寿县太子庙经济开发区，成立于1992年5月，1994年经省政府批准更名为无费工业小区，2002年4月县委、县政府重新启动开发区更名为汉寿县太子庙工业园，2006年3月经国家发改委、国土资源部联合清理整顿后保留并正式命名为湖南汉寿经济开发区。开发区总体规划面积5平方公里，已开发面积2.08平方公里，其中工业用地1.62平方公里。长石铁路、长常高速、319国道、S205省道贯穿园区，距常德桃源机场仅45公里，区位优势十分明显。截止2010年，开发区基础设施累计投入3.5亿元，建成了三纵三横6条主干道、六条电力专线、220KV变电站一座、10KV开闭所二个、日产万吨自来水厂一家、天然气门站一个等一批基础设施工程。到2012年，开发区拥有规模企业23家，完成规模工业产值22.5亿元，形成了生物制药、汽车制造、精细化工、建材工业四个产业集聚群。

澧县经济开发区

省政府2003年3月批准的省级开发区。2006年7月，由国家发改委公示。开发区位于县城规划区的西侧，规划面积624.15公顷。开发区成立以来累计完成基础设施建设投入7个多亿，其中县财政投入1亿元，主要用于基础设施和相关配套设施建设，区内现有11万伏、3.5万伏变电站两座，日供水5万吨地表水厂一个，“三纵一横”的道路骨架，即工业大道、关心路、护城路、临江路。园区形成“一区四园”的布局，即以陶瓷产业为主的澧南工业园，以中小企业为主的澧澹工业园，以化工产业为主的梦溪工业园，以石膏加工、现代物流产业为主的金罗工业园。2012年，园区有规模工业企业35家，完成规模工业产值45.3亿元。

临澧经济开发区

为县办省级开发区，辖太平工业园和安福工业园，规划面积6.68平方公里。其中太平工业园即原太平开发区，于1992年经省体改委批准成立，辖区规划面积5.68平方公里，审批面积2.68平方公里，已开发面积1.63平方公里，初步具备了城市化功能；安福工业园于2004年成立，位于县城以北，与太平工业园相接，辖区规划面积5平方公里，审批面积1平方公里，已开发面积1平方公里。目前，开发区已初步形成了高新材料、化纤纺织、能源电力、建筑材料、机电、食品、陶瓷等产业门类。建园以来，园区累计完成基础设施投入近3亿元，园区架构基本成型，功能日益完善。到2012年，园区规模企业发展到37家。完成规模工业产值28.4亿元。

桃源创元工业园

位于石长铁路桃源盘塘火车站，南接常张高速，北通207国道，距桃源县城35公里，距常德市19公里。桃源经济开发区2001年10月奠基，总规划面积15平方公里，建设性详规面积7.58平方公里。自奠基以来，桃源经济开发区在上级领导的高度关注和大力支持下，以湖南创元铝业有限公司为核心，根据国家宏观调控政策，依托沅水丰富的水电资源和区内交通、土地及用工成本优势，迅速发展成为我市百亿工业园区。截止2010年底止，桃源经济开发区已累计完成固定资产投资近80亿元，开发面积达2.5平方公里。2012年，园区有规模工业企业5家，实现规模工业产值71.6亿元。园区核心企业，即湖南创元铝业是被国家环保总局列入符合环境保护规定的第一批21家电解铝生产企业之一；是湖南有色金属工业“十一五”发展规划重点培育的五大产业集群中“常德电解铝及其加工集群”的核心企业、省高新技术企业和省政府新型工业化重点调度协调服务企业。开发区形成了比较完整、国内一流的铝材产业链。

石门经济开发区

前身为湖南石门宝峰经济技术开发区，于1992年6月经湖南省体改委批准开始试点，1994年经湖南省人民政府批准设立(批准文件为湘政发〔1994〕5号)，首期规划面积为2.89平方公里，2003年规划东扩6.6平方公里。2005年12月，经国家开发园区审核办审核予以保留，名称变更为湖南石门经济开发区，审核面积为6.139平方公里。已经基本建设成为一个以电力能源为龙头、多种加工制造业为主体的综合型开发区。初步形成了“一区四园”的新型工业发展格局，“四园”即宝峰创业园、兆恒科技工业园、海螺建材工业园、磷化工工业园4个工业园。开发区历年累计完成固定资产投资31.2亿元。到2012年，开发区共有规模企业45家，完成规模工业产值65.2亿元。

津市工业园

津市是一个以工业为主体的省辖县级市，经过多年发展已形成汽车配件、盐化工、纺织、林纸、食品和生物制药等多个产业集群。为拓宽工业发展空间，构筑招商引资平台，2005年7月，津市市委、市政府作出了在原有老工业区基础上，拓展新区，构建开发区的决定。开发区由原窑坡老工业区、工业新区两部分构成，总规划面积6.4平方公里。老区规划面积1.8平方公里，从1992年起步建设现已基本建成，新区位于津市南郊，紧连老区，跨团湖、明道、杉堰三个村居。规划面积4.6平方公里。到2012年，园区已有规模企业39家，完成规模工业产值57.3亿元。

西洞庭食品工业园

西洞庭管理区于2000年由农场改制成立，到2003年，原农场企业改制完毕后，曾尝试建立西洞庭现代农业示范区，到2008年，本地的几家食品企业渐成气候，建立西洞庭食品工业园的方案开始酝酿，后经市政府课题组提出，市政协会商后，逐步形成共识。西洞庭食品工业园2009年7月挂牌成立，规划总面积33平方公里，一期规划面积16.4平方公里。2012年，园区内共有大小企业29余家，其中规上企业17家，完成地区生产总值10.5亿元，其中工业增加值4.2亿元，完成全社会固定资产投资6.2亿元，其中工业固定资产投资5.8亿元。2009年市委常委办公会议4号纪要明确，从2009年起连续4年每年给予西洞庭2500万扶持资金，用于园区建设和产业引导。2010年市政府市长办公会第38号纪要对西洞庭食品工业园的建设进行全方位部署，成立了以市长陈文浩为组长的协调领导小组，并派出工作组进驻西洞庭，协助园区搞好建设。两年间先后投入资金1.8亿修建了一纵三横四条道路，特别是贯通南北的5.2公里长，40米宽的沅澧大道建成后，园区框架逐渐形成，加上园内其他基础设施的建设，共投入资金近4亿元，累计征地1500亩，拆迁房屋250户。先后引进2000万元以上的工业项目15个，投资产总额近8亿元。

大 事 记

1988 年

5 月 12 日 湖南斑马牌蚊香集团公司在津市市成立，该公司为国内蚊香行业最大的企业集团。

6 月 14 日凌晨 1 时 葛岗线升压为 500 千伏，作为湖南省第一座 500 千伏电压等级的岗市变电站正式投入运行，湖南电网从此跨入超高压时代。

8 月 市委、市政府下发了常通字〔1988〕11 号文件《关于常德市市直党政群机关机构设置的通知》，市经济委员会成为常德撤区建市后市政府 35 个工作部门之一。同月，市委、市政府又下发常通字〔1988〕12 号文件《关于常德市市直有关机构调整设置的通知》，原常德地区纺织工业公司等 9 个单位，更名为常德市纺织工业公司、市化学工业公司、市轻工业公司、市机械电子工业公司、市冶金煤炭工业公司、市建筑材料工业公司、市二轻工业局、市医药总公司、市食品工业办公室，行政级别与隶属关系一律不变。后来根据工作需要，市纺织、轻工、机电、化工、建材等 5 个公司又加挂局的牌子。

1989 年

1 月 30 日 石门三江口水电站第一台机组并网发电。

7 月 常德市政府以常政函〔1989〕12 号文批准，石门磷矿关停留守。

11 月 28 日 市政府在桃林宾馆举行武陵酒获国家金质奖、德山大曲酒银质奖授奖大会。

是年 常德电业局成立全国第一个农村变电站科研所。

1990 年

2 月 14 日 国家轻工部部长曾宪林及省轻工厅厅长陈庆云等来常德考察市制革厂、德山玻璃厂等困难企业。

是月 市人民政府作出《关于扶持乡镇重点工业的若干政策规定》，推进了全市乡镇企业发展。

12月12日 中国驻东南亚及非洲的15个国家大使、参赞一行29人,来常德考察了浦沅工程机械厂、有线电厂。

1991年

1月28—30日 常德市三级干部大会在市工人文化宫举行。会议提出“兴工强农富市”的战略口号,要求加快常德经济建设和社会发展。

3月1日 庞道沐、蔡长松、罗寅阶、方子珍、王大元等市级领导前往深圳市主持常德市名优特产品展销会暨经技贸洽谈会。展销和洽谈会于4—8日举行。全市580家企业、1500多种产品、120多个项目参展，参加会议的客商1000多人，其中外商400多人，总成交额8.38亿元。

5月14—15日 国务院能源部副部长史大桢率国务院三峡工程专家考察组来常德考察洞庭湖区电网建设。

6月30日 常德市万门程控电话开通。

9月22—26日 市政府召开第八次常务会议。会议主要内容有:要增强商品经济意识,大力调整产品结构;要加强企业内部管理,提高生产经营水平;要抓紧企业技术改造,依靠科技发展生产;关于水表厂要抓紧开发特种开关阀、干式磁传水表等新产品,变压器厂要抓紧产品结构调整和技术改造,德山玻璃厂要走“多品种、少批量、深加工”的路子,化工厂要坚持打开产品销路、狠抓内部管理、二纺机要着重搞好小箭杆织机的鉴定,啤酒厂要积极做好稳定工作、搞好设备养护、办好白酒分厂等企业的有关具体工作问题。

10月18—19日 市政府召开第九次常务会议。会议主要内容有:关于今年棉纱限产计划和明年小棉纺企业纺棉安排、组建卷烟辅料联合公司、企业内部分配制度改革等。

12月25日 常德市首座热电厂——津市热电厂竣工。该站安装35吨级煤粉锅炉两台,3000千瓦背压式汽轮发电机组2台。

是年 403队叶云树、臧鸣风、孟德林对国内外规模最大、质量最好的石门雄黄砷矿床的成矿规律进行研究,按总结的成矿模式圈出9个预测区,并在石门枧桥找到一小型砷矿。该成果获1994年地矿部科技成果四等奖

1992年

5月1日 全省最大的乡镇合资企业——中太化纤制品有限公司奠基典礼暨临澧大型合资企业太平工业开发区建立。

是月 经省人民政府批准,设立常德市德山经济技术开发区。中共常德市委、市人民政府决定,从武陵区划出德山街道办事处、德山乡、德山林场共54平方公里,人口77290人,交德山经济技术开发区管辖。

6月18日 鼎城区召开桥南经济开发区成立暨奠基典礼大会,省党政领导刘夫生、汪啸风、卓康宁参加新闻发布会并为奠基剪彩。

7月28日 市委、市政府在德山举行德山经济技术开发区开工奠基典礼。副省长汪啸风到会讲话,省领导沈瑞庭、李田耕、卓康宁、牛淼泉、杨汇泉、詹顺初等出席。

10月28日 投资达1.03亿元的常德锦纶厂一期工程建成投产。

1993年

年初 市委市政府从全市党政机关和事业单位组织3000名干部,以驻点、短期帮扶等方式,下乡镇企业帮助工作。

3月16日 500千伏岗市变电站安装第一台主变36万千伏安。1995年12月24日,将1号主变换成法国产的50万千伏安。2003年2号主变投运,50万千伏安。2005年1号主变因体内故障烧损报废,于7月15日更换新1号主变,50万千伏安。

4月 常德市政府批准建立太平工业经济开发区。从修梅镇划出太平居委会和南江居委会枫树、聚宝2个居民小组,铁锣堰村的双丰、双木、范家3个村民小组,叶庙村上楼、泥堰、长堰、丁家4个村小组,车堰村的杨家、新堰2个村民小组计9个村民小组、12个居民小组合归太平工业经济开发区管辖。

1994年

10月 根据省委、省政府机构改革的精神,常德市进行党政机构改革。市政府组成机构24个:即市人民政府办公室、市计划委员会、市经济委员会、市经济体制改革委员会等。市食品工业办公室从1995年起转为市食品工业公司,属中一型企业。市纺织局、市轻工局、市二轻局、市化工局、市建材局、市商业局分别改为行业管理办公室,为正处级事业单位。

12月 市委、市政府常通字〔1994〕21号文件《关于市直有关机构设置调整的通知》明确市矿产资源管理办公室与市冶金煤炭工业局合并,组建常德市地质矿产冶金煤炭局,行使地质矿产行政管理和冶金煤炭工业的行业管理职能。

是年 澧县艳洲水电站建成投产,总装机12台,总容量5.1万千瓦。

1995 年

4 月 22 日 常德卷烟厂和香港贵联发展有限公司合作的常德金鹏凹版印刷有限公司在常德卷烟厂正式签约成立,总投资 7000 万元,其中常德卷烟厂占百分之五十一的股份。

10 月 位于桃源县凌津滩镇凌津滩村沅水河上的凌津滩水电站正式动工兴建。该电站是五强溪水电厂的反调节电站,总投资 35.2 亿元,总装机 9 台,总容量 27 万千瓦,设计年发电量 12.5 亿千瓦时。

12 月 13 日 石门电厂首台 30 万千瓦机组并网发电,年发电量 36 亿千瓦时。

是年 常德电业局年售电量首次突破 20 亿千瓦时。

1996 年

3 月 7—19 日 吴定宪、张昌平、陈君文带领市政府办、市计委、市经委、市财政局、市建材局等单位负责人赴京向国家有关部门汇报,先后受到陈锦华、吴仪、王乐义及有关部门负责人接见,重点汇报湖南特种水泥厂扩建、常德有线电厂开通万门试验局等 11 个项目。

4 月 6—8 日 国务院副总理邹家华来常德视察水电、火电建设情况,先后考察了凌津滩水电厂工地、石门火电厂生产施工现场以及常德市相关供电设施。

8 月 8 日 常德水电局向常德达门船舶有限公司订购 CI500S 型高效挖泥船合同签字仪式在芷园宾馆举行。标志着中外合资企业常德达门船舶有限公司成为中国第一家生产进口替代型高效挖泥船的厂家。

11 月 16 日—12 月 6 日 以张昌平、彭孟芝为正副团长的常德市政府代表团,应邀访问英国肯特郡、德国德威龙公司、豪居公司和荷兰达门公司,就合资生产挖泥船、卷烟机械、烟草包装等项目进行商谈,取得成功。

12 月 8 日 恒安纸业有限公司落户德山开发区,张昌平、钦时中和恒安集团总裁许连捷参加签字仪式并到厂址现场办公。该项目由恒安集团出资 5 亿元人民币建设, 占地 150 亩,日生产能力 100 吨,年产值 4 亿元。

1997 年

3 月 3 日 常德市玻璃厂和电机厂宿舍区因拖欠电费,多次催收未果,城区供电局按照有关程序终止供电,引发上述两厂数百人聚集德山枉水大桥,将 319 和 207 两条国道堵塞达 6 个小时,后经市政府协调统一意见后恢复供电,交通遂得以畅通。

4 月 10 日 中荷合资企业常德达门船舶有限公司生产的第一艘挖泥辅助船建成下水，远销欧洲。该船总长 25.37 米、宽 9.5 米、深 3.85 米，小巧精致，是具有国际先进水平的多功能、高效率工程船。

5 月 19 日 湖南特种水泥厂扩建第三条大坝水泥生产线破土动工，该生产线总投资 7744 万元，设计年生产大坝水泥 23.7 万吨。

6 月 13 日 投资 5 亿元的常德恒安纸业项目开工剪彩。

7 月 1 日 市重点建设项目——常德赤峰实业总公司方石坪煤矿正式投产。总投资 5000 万元。

12 月 25 日 湖南省经贸委、湖南省电力工业局首次依法向全省 56 个供电营业机构颁发了《供电营业许可证》。其中常德市有：常德电业局、城区供电局、鼎城电力局、汉寿电力局、安乡电力局、桃源电力局、临澧电力局、澧县电力局、津市电力局、石门电力局、西洞庭电力公司、西湖电力公司、鼎城区小水电公司等 13 个单位。此举标志着常德市电力供应与使用开始步入法制化轨道。

1998 年

2 月 17 日 市领导张昌平、陈君文、李会刚召集市经委、计委等有关部门及常桃两纺负责人会议，专题研究常德纺织行业压锭改造重组方案。

2 月 18 日 湘西湘泉集团与湖南德山大曲酒业有限公司、常德武陵酒业有限公司合股经营合同签字仪式在芷园宾馆举行。

4 月 8—15 日 全国粮食产业第一股、常德市第一支股票——“金健米业”股票通过网下发行形式，成功地在常德、长沙两地发行 A 股 5000 万股，募集资金 2.65 亿元。5 月 6 日，在上海证券交易所上市交易。

4 月 13 日 常德达门船舶有限公司生产的国内第一艘 CZ500S 高效挖泥船——常德一号现场演示成功。达门公司被列入国家百船计划重点生产企业。

是月 市委常委指示，对市直困难企业 38 名抗战时期老干部和市直特困企业 178 名解放战争时期老干部，由市社保处按月足额发放离休金和各项政策性补贴。

6 月 22 日 代市长程海波主持召开了市政府第三次常务会议。会议主要内容有：关于工业技改的一些具体要求、棉纺厂和桃源纺织印染厂压锭重组的工作、德山经济开发区总体规划、重点工程建设、桃林宾馆职工安置、会议审议并原则通过了《关于运用价格杠杆启动市场刺激消费促进发展的通知》《常德市招商引资奖励办法》和《常德市乡镇企业奖励办法》的问题。

10 月 常德市乡镇企业局与常德市农经局联合对全市乡镇企业集体资产进行全面清

产核资,截至1998年上半年,全市乡、村两级集体流动资产为9.5亿元,固定资产为14.2亿元,无形资产为0.5亿元。

11月1日 常德恒安纸业有限公司建成全国最先进、规模最大的高档卫生纸系列产品生产厂,项目投资6000万美元。首期兴建的年产3.4万吨生产线顺利完工,并投入试生产。

12月20日 “武陵”酒、“武陵王”酒被湖南名牌审定委员会授予“湖南名牌”称号。

12月25日 凌津滩水电站一号机组成功并网发电。凌津滩水电站总装机容量27万千瓦,年发电量12.3亿度。

年底 全市乡镇企业发展到19.28万家,比1988年增加18.26万家,从业人员67.47万人,增加50.18万人,企业总产值556.1亿元,实缴税金4.74亿元。

1999年

4月7—10日 99常德——厦门经贸洽谈会在厦门召开。程海波、肖有志、杨光宏、龚建明等市领导到会主持项目发布,参加项目洽谈和签约。区、县(市)和市直部门共350人与200多名海内外客商进行项目洽谈,签订外资项目22个,合同利用外资4528万美元;签订内资项目20个,合同利用内资67340万元人民币。

5月 常德市委市政府召开全市改革农电管理体制、改造农村电网、实现城乡电网同网同价(两改一同价)工作动员大会,拉开“两改一同价”的序幕。

6月13日 武陵区东郊乡唐家溶村黄氏集团藠头腌制车间发生生产中毒事件,造成死亡4人,伤5人。

6月17日 市人民政府发出《关于重点抓好湖南雄黄矿、常德锦纶厂等60家企业污染治理的通知》,决定重点监控湖南雄黄矿、常德锦纶厂等60家企业的污染物达标排放工作。

7月31日 常德汉光科技有限公司进入常德电子工业园。

10月8日 市委、市政府出台《关于加快乡镇工业小区建设的若干规定》,进一步促进全市工业小区的发展。

11月18—24日 在全省特优新农副产品博览会上,常德市送展的金健米业公司珍珠强身米、万家炊烹调油、全营养葛粉和市米业公司广积牌猫牙王米,西湖食品总厂南方黑米王酒系列,武陵酒业有限公司39度、52度新武陵酒、王牌武陵大曲荣获金奖。

11月28日 省重点工程常德烟机厂易地技改项目落户德山开发区工程正式启动,该工程总投资1.7亿元,占地150亩。

12月12—13日 市长程海波主持召开了市人民政府第三次常务会议。会议主要研究了市直部分企业变卖国有资产抵缴社会养老保险费、工商体制改革等问题,审议并原则通过《常德市人民政府关于加快我市城区电网建设与改造步伐的通知》。

12月15日 省政府授予常德市乡镇企业“双龙山牌”水泥,“国人”啤酒为省名牌产品。

12 月 26 日 常德市第一个城网建设 110 千伏项目乾明变电站投入运行，该变电站是全省科技含量最高的变电站。

是年 投资 2 亿元的金健米业粮食工业建成投产。

是年 投资 3000 万元的水电八局水工机械厂竣工投产。

2000 年

3 月 全市国有企业改革进入攻坚阶段,全面推进“两个置换”。

4 月 7 日 市政府召开全市国有企业体制改革动员大会。市长程海波提出在全市国有、集体企业中全面推行以“两个置换”为主要内容的企业改革,即置换国有企业产权,置换国有职工身份。

5 月 28 日 常德烟草机械股份公司易地改造工程奠基仪式在武陵开发区举行，程海波、陈君文前往祝贺。

6 月 12 日 洞庭水殖股份有限公司 4000 万 A 股在上海证券交易所上市，成为常德市第二家上市公司。

8 月 28 日 常德卷烟厂联合工房开工奠基。

9 月 16 日 中国中西部糖酒副食展销会在火车站大市场隆重开幕。来自全国 23 个省市自治区的 565 家客商参展,交易额 32.6 亿元,引进项目 40 个,引进资金 3.2 亿元。

10 月 15 日 首届湘粤(常德)家具博览会开幕,并举行常德家具产业园奠基仪式。

12 月 28 日 凌津滩水电站 9 台机组全部并网发电。该电站是沅水干流梯级开发的最后一个梯级电站,总投资 35.17 亿元,总装机容量 27 万千瓦,年发电量 12.3 亿度。1994 年动工兴建,1996 年实现大江截流,1998 年第一台机组发电。

是年 常德市农村全面实行电网改造。

2001 年

2 月 18 日 全市工业会议在市工人文化宫召开,会议通过了《关于发展工业的意见》。

3 月 市委市政府决定在全市实施“千百十工程”,提出了市、县、乡三级重点扶持的工业企业对象。

4 月 常德组建澧县新澧化工有限公司。

7 月 28 日 常德高新技术工业园在德山开发区举行开园仪式。首批入园的有金健米业、洞庭水殖、天健制药等企业。

8 月 根据省委、省政府关于进行机构改革的指示,常德市党政机构进行新一轮改革。

根据省委、省政府的批复,常德市政府共设工作机构33个,其中市政府工作部门30个:即市政府办、市计委、市经贸委、市教育局、市科技局、市公安局、市监察局等。市委、市政府部门管理的事业单位22个:即市扶贫移民局、市经管局、市经济信息中心、市安全生产办、市内贸办(保留市蔬菜办牌子)、市酒管办、市机电建材办、市冶煤化工办、市轻工纺织办等。

10月 湖南创元铝业有限公司落户常德。

2002年

4月26—27日 全省企业产权制度改革工作座谈会在常德市召开。副省长郑茂清出席会议,副市长陈文浩在会上作经验发言。程海波、陈君文、杨光宏参加会议。

8月28日 湖南省十大旗舰工程之一的常德卷烟厂联合工房全面竣工投产。全国政协副主席毛致用,省领导孙载夫、颜永盛、陈彰嘉、黄明开以及市领导程海波、陈君文等出席投产仪式。该项目总投资12亿元,占地面积1.6万平米,建筑面积7.4万平米。

2003年

3月 常德市大电网供电区域内的用户开始实现同网同价。

4月14日 市长陈君文主持召开市人民政府第一次常务会议。会议主要内容有:研究2002年市政府第四次常务会议议定事项落实情况、一季度全市经济形势、2003年市政府"双十工程"落实情况、社会保障、安全生产和加强政府廉价自律等工作,审议了《常德市人民政府关于鼓励民间投资促进中小企业发展的若干意见》《常德市人民政府关于促进民办教育发展的决定》。

4月17日 中国华电集团公司与市政府在华天大酒店举行建设石门二电厂4x600MW合作协议签字仪式。中国华电集团公司副总经理程念高、市长陈君文分别代表华电集团和常德市政府签字。

6月 湖南创元铝业投资11亿元、年产11万吨点解铝生产线全面竣工投产。

9月21日 常德电业局95598客户服务电话在全市范围开通。

10月22日 中国华电集团石门电厂二期工程在石门县奠基,华电集团总经理贺恭、副省长郑茂清以及程海波、陈君文等参加。

12月29日 中国华电集团公司总经理贺恭和副总经理程念高一行, 在市长陈君文等陪同下,对常德电厂的备选厂址进行考察。

2004 年

1 月 6 日 常德卷烟厂对零陵卷烟厂实行整体兼并。省市领导杨泰波、陈文浩等参加常烟零陵分厂挂牌仪式。

2 月 8 日 石门皂市水利枢纽工程开工。皂市水利枢纽工程是国务院批准动工兴建的长江流域治理的重点工程。省长周伯华宣布工程开工，水利部副部长陈雷按下工程开工建设启动钮。

2 月 13 日 常德与重庆啤酒集团公司举行项目签约仪式，市长陈君文代表市政府与重啤集团公司董事长华正兴正式签约。重啤投资 1.5 亿元人民币，新建年产 10 万吨的啤酒生产企业。

3 月 28 日 “中南大学常德科技园”在德山开发区举行奠基仪式，市长陈君文、中南大学副校长陈启元分别在协议上签字。

4 月 18 日 清华大学、北京科技大学常德高新技术产业孵化基地、金天生康纳米环保项目在德山开发区高新技术工业园举行隆重的授牌、签约、奠基仪式。

4 月 27 日 市委、市政府召开全国“五一”劳动奖章和奖状获得者赴省授奖欢送会。汉寿银阳纺织有限公司总工程师汪国平、鼎城电力局黄土店变电站站长周海斌、赤峰实业总公司一矿采煤三队队长戴作均和常德纺织机械厂摇架制造部冲二车间弹簧班分获全国“五一”劳动奖章和奖状。

5 月 8 日 中联集团常德灌溪工业园挂牌。市委书记程海波和中联集团董事长詹纯新为工业园挂牌。

7 月 29 日 市长陈君文与湖南泰格林纸集团就建设林浆纸一体化项目正式签约。省领导庞道沐、甘霖以及省经委主任陈德铨出席。

2005 年

1 月 根据省委、省政府有关机构改革精神，市委、市政府又对政府机构进行新一轮改革。改革的主要内容是：组建市人民政府国有资产监督管理委员会，为市政府直属的正处级特设机构。将市发展计划委员会改组为市发展和改革委员会。撤销市经济贸易委员会，组建市经济委员会。撤销市机电建材行业管理办公室、市轻工纺织行业管理办公室，其行业管理职能由市经委承担。此次改革后，市政府工作部门 30 个：即市政府办公室、市发展和改革委员会、市经济委员会、市教育局、市科学技术局等。

2 月 20 日 澧县引进的总投资超过 10 亿元、年产 40 万吨纯碱项目正式签约，陈文浩、欧运崇出席。

4月11日 湖南省春季农机机电产品定货交易会在市体育中心开幕。有来自全国各地的近500家农机生产企业和1000多家经营企业以及个体经营户参加展销会。

6月17日 常德市人民政府召开四届三次全体会议,主题是研究和部署加快推进全市工业化进程工作,进一步坚定推进工业化进程的决心,明确推进工业化进程的目标,加大推进工业化进程的力度,开创全市"工业强市、民营富民"的新局面。

6月28日 重庆啤酒集团投资1.5亿元、年产10万千升重庆国人啤酒生产线竣工投产。

9月1日 芙蓉王、金健米、心相印等三个注册商标荣获"中国驰名商标"称号。

2006年

3月 常德市在全省率先挂牌成立市推进新型工业化领导小组。

6月9日 中联重科建筑起重机械分公司挂牌仪式在灌溪工业园举行。市委书记武吉海和中联重科集团董事长詹纯新等人出席。

6月16日 在北京人大会堂举办的第三届世界品牌大会暨中国500家最具价值品牌发布会上,芙蓉王再度荣获中国最具价值品牌桂冠,以品牌价值137.51亿元位列排行榜前50名,烟草行业前3甲。

7月18日 市长陈君文与重庆世纪民生能源集团董事长兼总裁薛方全在芷园宾馆签署协议,重庆市及民生能源集团将斥资30亿元在德山开发区建设民生能源化工基地。

8月30日 市长陈君文和香港盈信集团董事长林云鹏签定合作框架协议。通过对常德的考察,香港盈信集团决定在德山开发区投资2亿美元兴建电子工业园,以生产电子产品为主。

11月16日 常德卷烟厂被湖南中烟工业公司、长沙卷烟厂合并重组。

12月26日 恒安(湖南)心相印纸业有限公司挂牌暨湖南恒安生活用纸有限公司年产12万吨生活用纸项目奠基仪式在德山开发区举行。

12月28日 "芙蓉王"卷烟生产线技术改造工程在常德卷烟厂奠基。代省长周强以及陈德铨、袁建尧、陈叔红、武吉海、陈君文等出席。

是年 湖南创元铝业兴建创元铝业电厂,厂址在桃源县盘塘乡廻龙村,总装机2台,总容量60万千瓦,是常德市境内工业企业最大的自备电厂。2008年5月,1号、2号机组相继投产发电。

2007年

1月6日 常务副省长肖捷考察常德部分工业企业和德山经济开发区,武吉海、陈君文等陪同考察。

2月 市委、市政府将2007年定为“园区建设年”,从而大力推动了全市园区建设。

3月22日 常德经编纺织产业园奠基典礼在德山开发区举行。副省长贺同新以及市领导武吉海、陈文浩等出席。

6月6日 中联重科常德灌溪工业园技改扩建工程奠基仪式在鼎城区灌溪镇举行。卿渐伟等市领导和中联重科董事长詹纯新出席奠基仪式。

6月18日 海螺水泥有限公司日产5000吨熟料水泥生产线主体工程奠基仪式在石门新关镇举行,武吉海、陈文浩等出席。

8月18日 来自全国47家企业的220名代表参加国家级龙头企业“常德行”活动暨项目签字仪式,与成都市签约项目21个,总投资13.6亿元。省人大常委会副主任庞道沐及市领导武吉海、卿渐伟等出席。

9月8日 省长周强来常德考察湖南创元铝业有限公司。市领导武吉海、卿渐伟、陈文浩陪同考察。

2008年

1月12日—2月3日 常德市遭受50年一遇的特大冰雪灾害。电网安全受到威胁,全市低压线路断(倒)杆6352根。电力供应紧张,供电负荷由正常的130万KW降为83万KW。全市工业受拉闸限电影响,产值减少9亿元。常德市城区冻坏各类供水设施4万多处,4.5万户居民家中停水。为抗击冰雪,减少损失,常德市经委敦促水表厂和七星泰塑赶制水表6万余只、水管10多万米,确保了抢修必须。常德市电业局在全省率先实施了10个小时的短路融冰,对铁山变、太子庙变和盘山变等先后出现险情的地方,进行了带电除冰。市经委、市电业局向省经委、省电力公司争取到30万千瓦的用电负荷指标。灾后,常德市启动了“灾害损失灾后补”的复产行动,组成10个复产服务小组奔赴30多家市直企业和400多家区县企业帮助复产。

是月 常德市开展“企业服务年”和“千家部门联系服务千家企业”活动,该活动一直持续到2011年底。

是月 市委市政府将2008年定为“工业项目建设年”,从而大力推动了全市工业项目招商引资和建设。

3月28日 位于德山开发区经编产业园内的湖南德源纺织股份有限公司主体工程正式开工。该工程建成后,将成为中南地区最大的经纬编纺织企业。

4月2日 晚9时28分,国家重点工程——皂市水利枢纽1号机组首次启动试运行。

4月8日 湖南省规模最大的投资担保公司—常德财鑫投资担保有限公司挂牌成立。该公司是经市人民政府批准设立的国有独资公司,注册资本2.1亿人民币。

5月16日 按照湖南省电力公司要求,常德电业局选派3名员工赶赴四川茂县参加抗震救灾。

5月26日 市长卿渐伟主持召开市政府常务会，研究了城市户外广告专项规划编制、柳叶湖罗湾大桥规划设计、洞庭湖区造纸企业污染整治等项目工作。

6月4日 常德局副局长刘文春带领工程技术人员赴茂县灾区研究电力设施重建方案。

6月6—9日 常德局先后派出4批共96名电力职工到灾区参加电力设施重建。

6月23日 常德局赴四川茂县抗震救灾复电队员凯旋归来。经过全体队员的艰苦奋战,共修复35千伏线路17千米,10千伏线路241.9千米,低压线路2392.7千米,为茂县受灾的214个供电台区的老百姓送去光明。

8月29日 三一重工股份有限公司与常德市正式签约,投资平地机、沥青搅拌站设备制造项目,总投资15亿元。市领导武吉海、卿渐伟等出席。

9月22日 市长卿渐伟主持召开市政府常务会,研究了贯彻实施《湖南省行政程序规定》,三一重工常德工业园项目建设,问题奶粉查处,油茶产业发展等工作。

9月23日 市政府与恒安国际集团有限公司在德山开发区举行恒安四期工程签约仪式。工程总投资3000万美元,拟于2009年底建成投产。

12月28日 常德中材牛力水泥有限公司年产100万吨新型干法水泥生产线在桃源县热市镇正式投产。副省长刘力伟以及市领导陈文浩、曹儒国等出席。

12月30日 三一重工常德工业园奠基仪式在德山开发区举行。

2009年

6月15日 台湾联宝、香港新纪元科技、香港艾达康柏、湖南三升光电等企业负责人到常德就LED产业和太阳能电池项目进行考察。

6月29日 全省加速推进食品产业发展工作会议在常德市召开,省领导梅克保、陈叔红、徐明华、阳宝华,市领导卿渐伟、曹儒国、刘春林、徐万发、徐超文,省直部门以及市相关单位负责人,部分重点食品企业负责人出席。

7月6日 中联重科汉寿工业园项目签约仪式在清水湖国际会议中心举行，市领导卿渐伟、刘春林、刘明、张元英、徐超文等出席。

7月24日 市长陈文浩主持召开市政府常务会议,有关单位分别就全省政府绩效评估工作会议精神、常德市第七次社区居民委员会换届选举工作、常德市12大产业集群振兴实施规划等项工作落实情况等作了书面汇报,研究审议了培育产业集群旗舰企业,西洞庭食品工业园总体规划和建设发展,产学研结合创新和创建全国科技进步市等工作。

8月6日 澧县生物质发电厂正式并网发电,开启常德市“绿色电力”的先河。该发电厂由湖南里昂再生能源电力有限公司投资4亿元建设,每年可消耗秸秆、稻壳约40万吨。设计年发电总量为2亿千瓦时。

9月17日 总投资4.3亿元的石门海螺水泥二期日产4500吨新型干法水泥生产线暨纯低温余热发电项目正式开工。

9月25日 湖南海利公司万吨氨基甲酸酯工程技术改造项目开工典礼在德山开发区举行。副省长陈肇雄、市领导陈文浩、徐超文、朱晓平等出席。

2010年

1月11日 中联重科汉寿工业园正式奠基开工。

同日，在北京召开的国家科学技术奖励大会上，湖南中泰特种装备有限责任公司与东华大学等单位合作的“凝胶纺高强高模聚乙烯纤维及其连续无纬布的制备技术、产业化及应用开发”项目获得国家科技进步二等奖。

1月15日 湖南湘鲁万福农业开发有限公司的“瞰福”商标位列国家工商行政管理局公布的最新一批中国驰名商标名单中，成为常德市继“芙蓉王”“心相印”“金健”“中意”之后的第五件中国驰名商标。

3月 根据省委、省政府机构改革精神，市委、市政府再次对市政府机构进行改革。市经济委员会更名为市经济和信息化委员会，同时更名的还有市住房和城乡建设局、市交通运输局等。经过调整后，市政府设置工作部门32个(含直属特设机构1个)：即市政府办公室(加挂市政府研究室牌子)、市发展和改革委员会、市教育局、市科学技术局、市经济和信息化委员会、市公安局、市监察局等。

4月16日 2010年第十七届上海国际茶文化节暨上海茶业·茶乡旅游博览会开幕。“石门银峰”成为文化节的唯一指定用茶。市领导陈文浩、徐万发等出席茶文化节的相关活动。

5月6日 浙江大学—洞庭制药业神经精神疾病药物研发基地在湖南洞庭药业股份有限公司正式揭牌。

8月18日 国家级常德经济技术开发区授牌暨发展动员大会在共和国际会议中心隆重举行。商务部特派员柴海涛宣读了国务院批准德山经济开发区升级为国家经济开发区的批复，省委常委、常务副省长于来山为常德经济技术开发区授牌，省领导刘莲玉、龙国键、蒋作斌到会祝贺。

10月8日 石门海螺水泥公司二期工程点火投产，该县已形成日产水泥熟料13200吨的生产能力，成为湖南水泥生产第一县。

11月17—19日 市长陈文浩带领常德经济技术开发区、市直部门主要负责人在广东省东莞、佛山等地考察企业、洽谈项目合作事宜。

2011年

3月30日 220千伏七重堰输变电工程启动,占地2.38公顷,投资1.4亿元。是年12月17日竣工,主变冲击一次成功,该工程正式投入运行。

4月2日 常德烟机公司在第五届全国售后服务评价活动中,被评为"全国售后服务行业十佳单位"。

5月11日 湘澧盐矿研发生产的"雪天"牌加碘精制盐,"雪"牌非加碘食盐和"雪"牌饲料用盐经中国绿色食品发展中心评为绿色食品A级产品。

9月2日 常德纺机经编新区第一期项目奠基,市领导陈文浩、刘春林、李爱国等出席。项目投资1亿元,设计年产能经编机1500台。

9月22日 常纺机E2528型经编机参加西班牙国际纺机展,签订合同50多台。

12月3日 湘澧盐矿宣告首次突破盐硝年产量80万吨。

12月26日 常纺机被省科技厅、国资委、总工会命名为"湖南省创新性企业"。

12月30日 常德卷烟厂宣告"芙蓉王"卷烟突破100万大箱,进入全国17个年产量100万大箱品牌之一。

2012年

1月17日 湖南润田装备科技公司在天津股权交易所挂牌,成为常德市第一家登陆该所的企业。

2月6日 全市项目年建设动员大会召开, 目标是实现全市园区资产投资增长40%以上,建设重点工程400个。

3月6日 在全省推进新型工业化考核中,常德市有4项指标居全省第一位,其中包括工业增加值占生产总值比重、工业企业实缴税金、规模工业从业人数增长率、战略性新兴产业增加值增长率。常德市获得全省二等奖,鼎城区获全省区县评比一等奖。

3月15日 全市推进新型工业化会议召开,提出"212"总体目标,即全市规模工业增加值增长20%以上,工业综合效益仍居全省第一,全省推进新型工业化考核中确保居第二方阵。

4月5日 全市产业工作会议召开,明确各产业增速达40%以上,各产业固定资产投资增长40%以上,各产业要开发一批过亿元项目,各产业要新入规一批亿元和10亿元企业,各产业要新创一批名牌等五大目标,并同时提出六大工作重点,即突出发展装备制造、电子信息、新材料、生物产业;大力培育节能环保、新能源和文化创意产业;突出旗舰企业发展;突出产业项目建设;突出品牌建设;突出提升传统产业和突出产业链延伸。

5月16日 常德卷烟厂"十二五"易地技改项目奠基仪式举行。

8月11日 湖南金富力新能源材料公司项目投产、新厂房奠基仪式在常德经开区举行。

9月3日 2012年中南机电产品交易会在市体育馆举行。

第一篇《

工业资源

第一篇　工业资源

常德市位于湘西北，洞庭湖滨，美丽富饶，物产丰富。本土适用于工业的资源，主要有农业、畜牧业、林业、水产业、矿产业等资源。其中尤以农业资源和矿产业资源最为丰富多样，从而使得常德工业的发展得天独厚，彰显特色。

1988年，常德市地改市之前，是湖南省的农业大市。农、林、水、牧、副、鱼等资源十分丰富，为加工工业提供了“取之不尽、用之不竭”的宝贵资源。而且地改市之前占比较大的乡镇工业、加工工业，大都是利用农业资源兴办的，原材料和辅料直接或间接采用农、林、牧、副、鱼产品。地改市之后，工业企业所有制形式和企业生成方式虽然发生了较大的变化，但以农副产品为资源的加工工业企业仍然为数较多，在整个工业中占比较大。

作为重要的工业资源之一的农业资源状况，农业方面的志书中已有详尽的记录和表述。因此在专门的工业志书中，只对其中重要的数据予以佐证式的表述，而不作文字论述性记载，不作全面数据统计表述。比如粮食加工、油脂生产、纺纱织布、食品罐头等工业，在专门工业志书中，将简化对资源的详述和对原辅材料的全面分析。这样表述，一方面是为了突出工业志书主旨，一方面是避免角度不同的征信出入。

可用于工业的农业资源，虽然丰富但没有突出的特色，因而大多都用于加工或制造传统性工业产品，附加值一般不太高。

在1988—2012年期间，利用农业资源优势发展工业，起到了促进工业经济由弱到强，工业企业从小到大的巨大作用，比如中国粮食第一股的金健米业，中国淡水养殖第一股的洞庭水殖，都是因了农业资源的优势。尤为突出的是常德的烟草工业，不仅在湖南省首屈一指，而且在全国也居于前列位置，这也完全是因了常德盛产优质烟叶的资源条件。

农业资源优势促成了常德工业的成长和壮大，在各工业产业篇中，将分别记录其资源利用情况，因而作为专门的工业志书，不再对“农业资源状况”与工业生产之间的具体联系做专门记述和特别阐述。

第一章　矿产资源

第一节　蕴藏及开采

常德市矿产资源丰富,以建材和化工原料非金属为特色,素有“非金属之乡”的美誉。到2008年,已发现矿产59种,探明储量的矿产33种,已开发利用40种。其中金刚石、雄磺矿储藏量居全国第一,磷矿、石膏、石英砂岩、膨润土、水泥灰岩储藏量居湖南省第一,脉金、砂金储藏量居全省第二,其余有煤、盐、海泡石、大理石、芒硝等均占湖南省同类矿产较前地位。常德境内有各类矿床(点)692处,其中特大型矿床3处、大型矿床11处、中型矿床23处、特种非金属矿18处、建材非金属矿98处、化工原料非金属矿168处、冶金辅助原料非金属矿24处、黑色金属矿30处、有色金属矿40处、贵金属矿42处、能源矿产109处、水汽矿产2 0处、黏土砂石矿产143处。

常德市1949—2008年探明的主要矿产储量

表1-1-1-1

矿种	主要矿产地	储量	在湖南占比或排位
煤	石门县、澧县、临澧县	6334万吨	1.5%
石煤	桃源县、石门县、鼎城区等	29.43亿吨	占全省第二位
雄黄	石门县	8.15万吨	占全省100%
金刚石	鼎城区、桃源县	XXX万克拉	占全省100%
磷	石门县	14.41亿吨	占全省第一位
芒硝	澧县	4.22亿吨	占全省第二位
石英砂岩	石门县、临澧县、汉寿县、澧县	4041.74万吨	
海泡石	石门县、临澧县	410.2万吨	占全省33.05%
石膏	澧县、石门县、临澧县	31.81亿吨	占全省81%
岩盐	澧县、津市市	13.22亿吨	占全省95.4%
水泥灰岩	鼎城区、石门县、临澧县	9.11亿吨	占全省43.04%
硫铁矿（黄铁矿）	桃源县、石门县、澧县	667.8万吨	
重晶石	石门县、澧县	95万吨	

续表 1-1-1-1

矿种	主要矿产地	储量	在湖南占比或排位
桃花石	桃源县	163 万立方米	
膨润土	澧县、桃源县	3175.4 万吨	占全省 100%
滑石	石门县	462.44 吨	
熔剂灰岩	石门县、桃源县	10.56 亿吨	占全省 43%
脉金	鼎城区、桃源县、汉寿县	XXX 公斤	占全省第七位
砂金	鼎城区、桃源县、汉寿县		
铁	石门县、澧县、临澧县	3.44 亿吨	占全省第七位
钒	石门县、桃源县	45.3 万吨	占全省第四位
铜	桃源县、石门县、鼎城区	8.89 万吨	
铅	桃源县	11.39 万吨	
锌	桃源县	29088 吨	
铸石辉绿岩	桃源县	320 万吨	
钨	桃源县	188.35 万吨	
高岭土	澧县、临澧县	600 万吨	
钾页岩	桃源县	1743.46 万吨	
硅土矿	安乡县	4300～5000 万吨	
熔剂白云岩	石门县、澧县、临澧县	3000 万吨	
温泉	石门县、桃源县、澧县	>56 万 m^3	
矿泉水	鼎城区、桃源县、临澧县、石门县	35～45 万吨	
地下水	澧县、津市、临澧县、鼎城区、汉寿县、安乡县	22.386 亿立方米/年	

1986 年《中华人民共和国矿产资源法》颁布实施后，矿山采掘业发展速度加快。到 1999 年，常德有国家、集体、个体矿山企业 576 家。这一时期，矿产勘查与开采没有形成计划管理体制，集体、个体矿山企业发展根据市场需求确定。2002 年常德市矿业权开始有偿使用。截止 2012 年，全市持证矿山企业 478 家。其中省级发证矿山企业 105 家，市级发证矿山企业 91 家，县级发证矿山企业 282 家。

2012年底常德市持证矿山情况统计表

表1-1-1-2 单位:个

项目	省级										市级									县级	合计
单位	烟煤	石膏	水泥灰岩	磷矿	铁矿	金矿	盐矿	芒硝矿	雄黄矿	海泡石	石煤	水泥灰岩	石英砂	水泥用配料粘土	重晶石	方解石	滑石	膨润土	大理石		
石门	17	10	1	8	8				1	1	17	3	3	1	2		1		1	59	133
澧县	11	19			4		1	1			30	6			1			1		35	109
临澧		14									3	4								22	43
桃源						7					6	3				3				33	52
鼎城						2					4	1								61	68
汉寿											1									53	54
安乡																				12	12
津市																				7	7
总计	28	43	1	8	12	9	1	1	1	1	61	17	3	1	3	3	1	1	1	282	478

第二节　特种非金属

常德境内特种非金属矿产有金刚石、冰洲石、玛瑙3种，其中金刚石资源储量占全省95.92%。

金刚石　已探明一个中型和一个小型金刚石砂矿,14处金刚石出露点，主要分布在鼎城、桃源、石门、澧县、临澧等地。1980年以前,金刚石由常德601矿开采,1980年停采至今。

冰洲石　是国防工业特种光学仪器的主要材料。据省地勘局403队提供资料,2008年8月,桃源县热市雷龙岗水泥石灰岩矿区有一组巨晶方解石脉产出,脉宽5m,部分地段已有大于5cm×5cm的方解石晶体呈无色透明的冰洲石产出,为一矿化点。至2008年,常德境内无独立冰洲石矿。

玛　瑙　澧县、临澧和桃源县第四系更新系统砂砾层中杂有少许玛瑙,属砂矿类型。桃源县文石山所产玛瑙,当地人称为“纹石”,工艺名称为“桃花石”,颗粒大小为几毫米至几厘米不等,浑圆光滑,钯艳、具纹丝,可供观赏。但含量低,不具开采价值。

第三节　建材非金属

常德境内建材非金属矿产主要有石膏、水泥用灰岩、玻璃用砂岩、海泡石、硅白土、高岭土(石)、陶瓷粘土、滑石、铸用灰绿岩、大理石、膨润土等。十种矿产保有储量,占全省储量50.5%。

石　膏　石膏和硬石膏已探明储量19亿吨,累计探明及预测资源储量31.81亿吨,占全省石膏探明及预测资源储量的81%。其中超大型矿床1处、大型矿床3处、中型矿床2处,超大型的合口矿区石膏资源储量18.01亿吨,占全省资源储量72%。石膏主要分布在临澧、澧县、石门、桃源等地,矿区主要有临澧县合口矿区、歇驾山矿区;澧县金罗矿区、伍家峪矿区;石门县上五通矿区、三板桥矿区;桃源县喜雨乡竹田冲矿点。截止2012年底,全市共有石膏矿47家,年生产石膏板362万平米,石膏已成为全市矿业开发的主要矿种。2003年,临澧县、澧县和鼎城区建立了湘福建材等七家石膏深加工企业,开展二水石膏加工,形成高强石膏粉年生产能力2000吨,普通建筑石膏粉年生产能力3000吨。到2012年止,全市大量的无水石膏没有开发,仅作为水泥制品的填充料。

常德市石膏矿床表

表1-1-3-1

矿产地	地质特征	品位及储量	研究程度
上五通石膏矿位于石门县花薮乡	矿层产于第四系更新统砂砾岩层中,见矿三层,累计厚15~43米。矿体呈层状,似层状产出,倾角4°~17°。矿石类型有灰绿色块状石膏、紫红色泥砂质石膏、纤维状石膏和灰白色透明石膏矿石矿物主要为二水型石膏,硬石膏含量少,脉石矿物有粘土、隐晶质方解石。	平均品位69.63%储量3473万吨	详查
伍家峪石膏矿位于澧县城350°直距18公里处	矿层产于第四系更新统砂砾粘土层中,矿层呈水平层状或似层状产出。工业矿层长3.5公里,宽2.5公里,厚20~40米,最厚夹层可达89.9米。矿层常有夹层。夹层为粘土,最厚夹层可达39.4米。矿石类型有结晶石膏、普通石膏、雪花石膏、矿石以石膏和粘土矿的为主。	洗选后品位80%C_1+C_2级储量:8610万吨	详查
合口石膏矿位于临澧县合口镇	石膏产于第三系红色砂岩、粘土层中,见矿6层,厚5.51~35.53米。矿体呈层状,似层状产出,矿石主要为石膏、硬石膏、以晶质结构为主,次有团粒状、斑状碎屑结构。	品位68.67~77.81%储量:180076.54万吨	详查
三板桥石膏矿位于石门县三板桥乡	石膏产于下第三系灰绿色泥质灰岩、页岩、油页岩中。石膏呈脉状充填于页岩、灰岩的裂隙中。矿石以石膏为主,次有硬膏石。脉石矿物有粘土隐晶质方解石。矿层厚15~40余米。	品位:68~75%	详查
金罗石膏矿位于澧县金罗镇	石膏产于第三系古新统沙市组上段绿色泥质灰岩中,厚度7.5~9.21米,矿体呈层状,矿石主要为石膏、硬石膏,矿层走向长14km,沿倾斜宽1.1km,矿层倾角5°~8°。	品位60~85%储量:13784.66万吨	详查
竹田冲石膏矿位于桃源县喜雨乡竹田冲	含矿岩为下第三系灰白色泥质粉砂岩,钙质泥灰岩。见矿3层,上矿层厚2~5厘米,中矿层厚5~10厘米,下矿层厚10~20厘米。矿体呈似层状、透镜体状。石膏为白色、乳白色、纤维状、块状。	无品位资料	踏勘

常德市石膏企业表

表 1-1-3-2

序号	企业名称	企业类别	所属区县	2012 年产值（万元）
1	湖南湘福新型建材有限公司	石膏矿	临澧县	1850.0
2	临澧县石膏粉厂	石膏矿	临澧县	446.6
3	临澧县天兴石膏有限公司	石膏矿	临澧县	494.8
4	临澧县金岗石膏矿	石膏矿	临澧县	133.8
5	临澧县兴隆石膏矿	石膏矿	临澧县	58.7
6	临澧县大丰石膏有限公司	石膏矿	临澧县	140.5
7	临澧县金利石膏有限公司	石膏矿	临澧县	166.5
8	临澧县建兴石膏有限公司	石膏矿	临澧县	238.3
9	临澧县特种石膏矿	石膏矿	临澧县	216.8
10	临澧县天诚石膏矿	石膏矿	临澧县	991.6
11	临澧县丰源石膏矿	石膏矿	临澧县	164.3
12	临澧县中粮石膏矿	石膏矿	临澧县	479.5
13	临澧县尖峰石膏矿业有限公司	石膏矿	临澧县	1533.9
14	临澧县宏宝石膏矿业有限公司	石膏矿	临澧县	335.7
15	临澧县天兴石膏制品厂	加工厂	临澧县	881.3
16	临澧县顶春石膏制品有限公司	加工厂	临澧县	342.8
17	临澧县鸿达石膏制品有限公司	加工厂	临澧县	367.7
18	湖南湘福新型建材有限公司	加工厂	临澧县	1629.1
19	临澧县大江特种石膏有限公司	加工厂	临澧县	423.6
20	临澧县科达石膏粉厂	加工厂	临澧县	32.4
21	临澧县杰富石膏粉厂	加工厂	临澧县	62.3
22	临澧县德龙石膏公司	加工厂	临澧县	29.8
23	临澧县双溪石膏粉厂	加工厂	临澧县	34.0
24	临澧县龙阳石膏粉厂	加工厂	临澧县	23.0
25	石门县天美石膏矿业有限公司	石膏矿	石门县	174.6
26	石门县华天石膏矿	石膏矿	石门县	202.2
27	石门县宏业石膏矿业有限公司	石膏矿	石门县	443.1
28	石门县三板石膏矿	石膏矿	石门县	365.0
29	石门县巨鑫矿业有限公司	石膏矿	石门县	274.9
30	石门县寅发石膏矿	石膏矿	石门县	318.1
31	石门县蒙城石膏矿业有限公司	石膏矿	石门县	70.7
32	石门县八方石膏矿	石膏矿	石门县	160.0
33	石门县永盛石膏矿业有限公司	石膏矿	石门县	467.9

续 1-1-3-2

序号	企业名称	企业类别	所属区县	2012 年产值（万元）
34	石门县明泉石膏矿业有限公司	石膏矿	石门县	141.5
35	石门县陈家嘴石膏矿	石膏矿	石门县	174.2
36	石门县高强石膏粉厂	加工厂	石门县	180.0
37	石门县凯达石膏粉厂	加工厂	石门县	190.0
38	石门县康尔石膏粉厂	加工厂	石门县	150.0
39	石门县三板石膏粉厂	加工厂	石门县	396.0
40	石门县洪石石膏粉厂	加工厂	石门县	36.0
41	澧县昌达矿业有限公司	石膏矿	澧县	1155.0
42	澧县大众矿业有限公司	石膏矿	澧县	550.3
43	澧县三湘矿业有限公司	石膏矿	澧县	238.8
44	澧县桃园矿业有限责任公司	石膏矿	澧县	775.8
45	澧县金罗矿业有限责任公司	石膏矿	澧县	659.5
46	澧县兴旺矿业有限公司	石膏矿	澧县	801.4
47	澧县联丰矿业有限责任公司	石膏矿	澧县	630.4
48	澧县湘北矿业有限责任公司	石膏矿	澧县	1321.8
49	澧县恒泰矿业有限责任公司	石膏矿	澧县	403.5
50	澧县羊耳山矿业有限责任公司	石膏矿	澧县	90.1
51	澧县双庆石膏矿业有限公司	石膏矿	澧县	488.5
52	澧县永兴石膏矿	石膏矿	澧县	791.6
53	澧县五强石膏矿	石膏矿	澧县	168.4
54	澧县金辉石膏制品有限公司	石膏矿	澧县	109.7
55	澧县鑫源石膏有限公司	石膏矿	澧县	105.1
56	澧县民主矿业有限公司	石膏矿	澧县	307.5
57	澧县神六石膏粉厂	加工厂	澧县	412.0
58	澧县金罗石膏粉厂	加工厂	澧县	330.0
59	澧县金辉石膏制品厂	加工厂	澧县	742.5
60	澧县界岭石膏制品厂	加工厂	澧县	495.0
61	澧县卫星石膏粉厂	加工厂	澧县	330.0
62	澧县大众石膏粉厂	加工厂	澧县	330.0
63	澧县显耀石膏粉厂	加工厂	澧县	125.0
64	澧县新华石膏粉厂	加工厂	澧县	124.0
65	澧县飞达石膏制品厂	加工厂	澧县	125.0
66	澧县长富粉厂	加工厂	澧县	150.0
67	澧县百信石膏制品厂	加工厂	澧县	320.0
68	澧县众鑫粉厂	加工厂	澧县	124.0

续 1-1-3-2

序号	企业名称	企业类别	所属区县	2012 年产值（万元）
69	澧县宏运粉厂	加工厂	澧县	125.0
70	澧县诚顺粉厂	加工厂	澧县	425.0
71	澧县兴隆石膏粉厂	加工厂	澧县	200.0
72	澧县达旺有限公司	加工厂	澧县	150.0
73	澧县建源石膏粉厂	加工厂	澧县	350.0
74	澧县湘建石膏粉厂	加工厂	澧县	145.0
75	澧县四通石膏粉厂	加工厂	澧县	300.0
76	澧县金丰石膏粉厂	加工厂	澧县	180.0
77	澧县白合石膏粉厂	加工厂	澧县	135.8
合计				28857.9

水泥用石灰岩 常德境内水泥用石灰岩矿产地 32 处。主要分布于石门县，澧县、临澧县、桃源县和鼎城区。2008 年底止，累计探明资源储量 9.11 亿吨，占全省探明资源储量的 43.04%。1988 年，常德地区有水泥企业 36 家，年产量 150 万吨；2004 年，全市有水泥企业 57 家，水泥生产能力 463 万吨。为解决蓬勃兴办的国有、乡（镇）、村办小泥厂对水泥用灰岩的需求，急待新建一批水泥用灰岩矿山。2005 年，通过招商引资，石门县新探明贺家山水泥灰岩资源储量（332+333）类 39206 万吨，筹建有湖南省石门海螺水泥有限公司，建设年产 300 万吨水泥企业。2008 年底止，全市共有水泥用灰岩矿山 32 家，设计年生产能力 180.4 万吨，实际年产量达到 295.6 万吨。2012 年，年产值 325 万吨。

玻璃用砂岩 常德境内有玻璃用砂岩产地 6 处，其中大、中型玻璃用砂岩矿床 2 处，探明工业储量 4041.74 万吨，资源储量占全省 40.69%。主要矿产地分布在石门县水浸垭、临澧县太浮山和汉寿县崔家桥高岭山一带。石门县水浸垭石英砂岩矿，工业储量 2113 万吨。该矿是本省乃至中南地区玻璃用砂岩的优质原料基地。临澧太浮石英砂矿，工业储量 1928 万吨。常德境内玻璃用砂岩开发利用始于 1988 年，均为乡镇、个体矿。2012 年止，共有乡镇、个体玻璃用石英砂岩矿矿山企业 6 家，分别是石门县二都矽砂矿、太浮山石英砂岩矿、石门利安达矽砂矿、石门界牌矽砂矿、石门中美矽砂矿、石门马尔岭矽砂矿，矿山石英砂年生产能力为 35 万吨。

海泡石 海泡石是特殊黏土矿产，可广泛应用于钻井泥浆材料和环保吸附材料。主要矿产地两处，均为中型矿床，探明资源储量 410.2 万吨，居全省控制资源储量第二位，主要分布在龙阳湾倒转向斜内的石门县陈家湾、董家湾等地。2012 年止，未建规模矿山。

硅白土 硅白土可用于生产微孔硅钙作高温绝热材料，作橡胶、塑料填料，代替滑石和轻质碳酸钙作涂料等。常德境内硅白土矿产资源产地一处，主要分布于临澧县北西约 6 公里的白土村一带。探明（332+333）级资源储量 668.75 万吨。硅白土开发利用始于 2004 年。是年，通过招商引资，广东佛山东鹏建筑材料公司经过竞标获得临澧县硅白土矿采矿权。

高岭土（岩） 市域内高岭土（岩）矿床三处。无储量统计。主要分布于石门县江坪大京洲、太平镇上马墩－子良乡骆村坪，临澧县峰火乡花果、白龙泉一带和澧县张公庙岩子岗。2008年止，全市有高岭土矿山企业两家，年生产能力为2.94万吨，主要用于烧制耐酸坛和其它粗陶器。是年，广东东鹏陶瓷公司开发临澧高岭土制作建材陶瓷。

陶瓷黏土　常德境内陶瓷黏土矿产地八处。无储量统计。预测大型矿床一处，其它具有资源前景。主要分布在临澧烽火、柏枝台、停弦渡的九龙桥、石门江坪－太平、桃源野猪河、陬市、鼎城区岗市黄山等。

滑　石　常德境内滑石矿仅石门县东山峰矿区一处，该矿区分为姚家垭、枫箱坡、清官渡三个矿段，其中枫箱坡矿段为中型、清官渡矿段为小型，姚家垭矿段为矿点。共有资源储量462.49万吨。常德境内滑石矿开发利用始于2008年。是年，经招标出让枫箱坡滑石采矿权，由湖北一业主中标，新建年产5万吨滑石矿。

铸石用辉绿岩　常德境内铸石用辉绿岩矿床一处。主要分布在桃源县太平铺走马岗－成功坪一带，估算资源储量300万吨，矿床达到中型规模。矿床至今未开发。

大理石　常德境内装饰石材的大理石主要为生物灰岩型和岩溶变质型两类。本市有大理石产地三处，主要分布在石门县磨市、雁池、所街和桃源县黄石—九溪一带下奥陶系桃花石组，储量不详。2007年以来，常德开发大理石两处，均由个体企业不定期开采。

膨润土　常德境内膨润土矿床共三处，其中大型膨润土矿床一处，中型矿床一处，工业加远景储量3175.4万吨，其中工业储量583.9万吨。全市膨润土矿主要分布在澧县伍家峪、临澧县白土坡、桃源县马鬃岭等地。澧县伍家峪膨润土矿是湖南省唯一的大型矿床。2000年，澧县伍家峪膨润土矿由锐龙膨润土矿开采，年生产规模为5万吨。2012年止，全市膨润土生产矿山三个，年生产能力8万吨。

硅　土　1996年1月，在安乡县安障乡北部黄山岗一带发现硅土矿。推算该矿床硅土储量4300～5000万吨，定名为安乡硅土矿，属大型非金属矿床。2012年止，安乡硅土矿还没有开发利用。

砖瓦黏土　常德黏土、砂石资源极其丰富。共有砖瓦黏土矿（厂）143处，砖瓦黏土分布于各区、县（市、农场）低丘坡地。1992年，国务院批转国家建材局等部门《关于加快墙体材料革新，推广节能建筑意见的通知》，逐步禁止生产和使用实心黏土砖。市政府贯彻国务院文件，限制黏土砖瓦企业生产，停建了一批土窑砖瓦厂，推广新型墙体材料，以节约黏土资源和能耗为目的，开始试制黏土空心砖和加快发展以煤矸石、粉煤灰、建筑渣土等固体废物为原料的新型墙体材料。到1999年，全市砖瓦企业仅有210家，年生产红砖414亿块。2005年6月，国务院办公厅颁发《关于进一步推进墙体材料革新和推广节能建筑的通知》，对生产和使用实心黏土砖作出一系列规定，依照《中华人民共和国土地管理法》等有关法律法规的规定和土地利用总体规划的要求，国土资源部门严格控制黏土砖生产企业取土范围和规模，严禁占用耕地建窑或擅自在耕地上取土。对违反规定的，不予办理土地和采矿登记手续。2005年止，全市停止新设黏土砖采矿权。到2008年，全市仅有黏土矿砖瓦企业143家，每年生产粘土砖19.04亿块、黏土瓦0.35亿片。2012年,全市黏土砖瓦生产被取缔。

砂 石 常德砂砾石资源丰富。探明砂矿保有储量844.9万立方米。沅水流域分布:桃源县水溪、双洲、龙头垴,鼎城区许家桥、腰堤,武陵区丹洲,德山开发区康家月,汉寿县毛家滩、朱家铺、岩嘴等地;澧水流域分布:石门县阳泉、三江口、雁池、白洋湖,临澧县新安、合口,澧县荣家河、刘家河、黄沙湾、宝塔湾、洋湖口、二神滩,津市小渡口等地。至1988年止,全市共有挖砂船9艘,日采挖2150吨,此规模一直维持在2000年左右。2006年7月,市政府根据省政府办公厅《关于加强河道采砂管理的通知》,对常德沅水河道采沙的混乱状况进行整治,对沅水河道采砂管理责任进行了界定。

第四节 化工原料非金属

常德境内化工原料非金属矿产有磷、岩盐、芒硝、砷(雄黄)、重晶石、硫铁(黄铁矿)、制碱用灰岩、含钾用页岩等,这些矿产储量,占全省保有资源储量的26.50%。

磷 磷为常德市优势矿产资源。共有磷矿产地49处,有超大型矿床1处、大型矿床6处、中型矿床1处、小矿点41处,探明储量144101.92万吨,其中东山峰磷矿142441.92万吨,其它小矿点1660万吨,占全省保有资源储量的78.33%,居全省第一位。主要分布于石门县、鼎城区、桃源县、临澧县。石门磷矿一直是常德市最大磷矿,20世纪80年代,随着运输成本上涨和乡镇磷矿的发展,石门磷矿销量锐减,企业亏损严重。1989年7月,常德市政府以常政函〔1989〕12号文批准,石门磷矿关停留守。2008年止,全市有磷矿生产矿山9家,其中露天开采地表风化型富矿石矿山5家、露天和地下同时开采矿山1家、地下开采矿山3家,设计年生产能力为40万吨,实际生产磷矿石2.51万吨。2012年止,由于磷矿选矿问题未取得突破,丰富的磷矿资源未大力开发,是年全市磷矿石产量7.5万吨。

石门东山峰磷矿各矿区储量及品位表

表1-1-4-1 计量单位:万吨

省份	矿区名称	勘探程度	工业储量(B+C)	远景储量(D)	地质储量(B+C+D)	平均品位(%)
湖南省境内	清官渡	详勘	12601.8	8405.4	21007.2	16.04
	板桥	详勘	11355.21	1496.06	12851.27	16.20
	枫箱坡	详勘	12853.38	1232.3	14085.68	15.87
	杨家坪	详勘	6597.16	1762.38	8359.54	17.00
	鼓锣坪	详勘	21445.56	4461.38	25906.94	15.66
	大城湾	详勘	44532.4	8872.7	53405.1	15.59
	田家湾	普查		585.26	585.26	16
	后路坪	普查		6240.93	6240.93	15.8
	小计		109385.51	33056.41	142441.92	16

岩　盐　常德境内已探明岩盐产地两处，属岩盐与芒硝共生矿床。探明资源量折算 NaC1 为 11968 万吨，储量占全省总储量的 9.59%，名列全省第二，主要分布在澧县盐井和谭家铺两个矿区。2007 年底，湘澧盐矿原盐年产量达到 63.6 万吨，生产能力为原计划的 2.12 倍。2012 年，原盐产量达 75 万吨。

芒　硝　常德境内芒硝矿主要分布于澧县盐井、曾家河及周边的大堰垱等地。有芒硝矿产地三处，其中大型矿床两处，中型矿床一处，探明钙芒硝矿资源储量 42218.17 万吨、无水芒硝资源储量 3003.45 万吨，芒硝资源储量占全省的 51.85%。1988 年，湘澧盐矿生产无水芒硝 31681 吨，其中元明粉 27517.2 吨。2001 年 4 月，常德组建澧县新澧化工有限公司，集芒硝矿开采与加工为一体，该公司是全球最大的元明粉生产企业，设计芒硝矿年生产能力 40 万吨，年生产元明粉 50 万吨。2007 年该公司采用钻井热水溶矿法开采曾家河芒硝矿区 1 井田芒硝资源，元明粉生产突破 80 万吨。2012 年，元明粉产量 120 万吨。

雄黄(砷)　常德市雄黄矿床一处，是全国唯一的特大型药用雄黄矿床。历年来，累探矿石资源储量 99 万吨，折算 AsS 储量为 31 万吨。截止 2009 年底，保有雄黄矿石资源储量 89 千吨，折算 AsS 储量为 24.04 万吨，主要分布于石门县磺厂——石门雄黄矿。到 2010 年，矿床资源已近枯竭，石门雄黄矿关闭。

重晶石　常德境内重晶石矿产地 11 处。探明保有储量 95 万吨，但未列入储量统计表。主要分布在石门、澧县和桃源。重晶石开发利用始于 1988 年。已开发利用矿山有石门县太平重晶石矿、才子坡重晶石矿、杨泗岭重晶石矿，年生产能力 3.5 万吨，均为小型矿。其它矿床还未开发。

硫铁矿　常德境内硫铁矿(又名黄铁矿)矿点较多，已发现硫铁矿(含矿化点)30 处，其中小型矿床 1 处，主要矿(点)11 处，已探明储量 667.8 万吨。主要分布在石门县蒋家湾、江坪大京洲、太平镇白果、子良乡万福、三圣乡芦茅冲、白云桥乡合山，桃源县理公港 -- 钟家铺的马金洞、叶溪堉、八方湾、龙潭水镇楠木湾，澧县闸口等地。石门县蒋家湾硫铁矿是市域唯一具有工业价值的小型硫铁矿床，探明储量 33.75 万吨。1988 年，全市硫铁矿企业 20 家，每年开采硫铁矿 3 万吨左右。到 2008 年，全市仅有两家个体硫铁矿开采企业，年生产能力合计为 2 万吨。2012 年，硫铁矿企业关闭。

制碱用灰岩　常德境内制碱用灰岩矿产地 71 处，预测可达大型矿床 5 处，探明储量 9.11 亿吨，占全省探明储量 43.04%，主要分布在石门、澧县、临澧、鼎城区、桃源、汉寿县境内。制碱用灰岩除利用于水泥生产外，在制碱上至今未开发利用。

钾页岩　常德境内含钾页岩矿产地一处，远景储量 1743.46 万吨，矿床主要分布在桃源县理公港至牛车河一带。2012 年止，钾页岩矿未开发利用。

第五节 冶金辅助原料非金属

常德境内冶金辅助原料非金属矿产主要有萤石、耐火粘土、铸型用砂、熔剂用灰岩、熔剂用白云岩等,大部分处于普查阶段。

萤 石 常德境内没有单独的萤石矿床,一般作为重晶石矿的伴生矿产出,仅有四处矿化点。未上储量登记表,主要分布在石门县太平镇、清官渡后湾、野山垭和澧县火连坡金家山。2012 年止,矿床还未勘查和开发。

耐火黏土 常德境内耐火黏土矿床三处,主要分布在石门县穿山白果、官渡桥董家湾、五峰山煤矿等地。1988 年至 2012 年,全市对耐火黏土矿未开发利用。

铸型用砂 常德境内主要是石英砂岩经粉碎分选后可用作铸型用砂。全市矿床 4 处,其中大中型矿床 1 处,中型矿床 1 处,小型 2 处,工业储量 4224 万吨,远景储量 1 亿吨 ~ 2 亿吨。主要分布于石门县水浸垭、临澧太浮山、澧县方石坪球山和汉寿县崔家桥高岭山一带。2012 年止,除水浸垭、太浮、崔家桥砂矿床作为玻璃原料开发利用外,铸型用砂未开发利用。

熔剂用灰岩 常德境内熔剂灰岩矿床有六处,矿床规模可达中 ~ 大型,累计探明资源储量 10.56 亿吨,占全省探明资源储量 43.04%,主要分布于石门新关、新铺、临澧县金坑,澧县闸口、甘溪及桃源县热市。1989—2005 年,省地勘局 403 队对本市水泥灰岩勘查中,经过化验分析,用石灰岩烧制活性石灰用于炼钢,特别是氧气转炉炼钢,可起到缩短吹氧时间,提高脱硫率、降低氟石耗量、增加钢水产量和延长炉泄气的作用。市域内溶剂用灰岩主要用作制水泥和烧制石灰,灰岩中 CaO 的含量烧制活性石灰还未开发利用。

耐火材料及熔剂白云岩 可广泛用于耐火材料、熔剂、玻璃、陶瓷及提炼金属镁。常德境内耐火材料及熔剂白云岩矿床七处,未列入储量登记表,矿床规模可达到中 ~ 大型,主要分布在石门县壶瓶山、竹巷口、新关、七松,澧县火连坡和临澧县金坑、牛角垭等地。耐火材料及熔剂白云岩开发利用始于 1988 年,是年,有四个乡镇个体矿山,共有资源储量 116 万吨,年生产能力 3.5 万吨,其中石门县新铺乡镁业有限公司的白云岩矿,年生产能力 2 万吨,石门新关杨家喜、大水井、中茅坪白云岩矿年生产能力均为 0.5 万吨。至 2012 年止,全市还无大、中型矿山。

第六节 黑色金属

常德境内黑色金属矿产主要有铁、钒、锰,多为中小型矿床和矿点。

铁 常德境内有铁矿床 16 处,其中中型床 3 处、小型矿床 2 处、矿点 11 处,累计探明储量 34434.4 万吨，全省占第七位。主要分布在石门新关、太清山、皂市、磨市、何家峪、洛甫寺，澧县杨家坊、火连坡、甘溪、洞市、花溪峪、老大寨，临澧县铜山、修梅，桃源县沙坪，鼎城区寨口坡，武陵区河洑山，汉寿朱家铺等地。石门新关、太清山和澧县杨家坊为中型矿床，其它为小型或矿点。常德境内铁矿分为浅海相沉积“宁乡式”赤铁矿和风化次生“淋滤型”褐铁矿两个类型。海相沉积型赤铁矿具有工业价值，风化次生淋滤型褐铁矿无工业价值。截止 2009 年，赤铁矿保有工业储量 64789 千吨，列入湖南省储量表的矿山有新关铁矿、太清山铁矿、杨家坊铁矿。2001—2008 年，全市开发兴建铁矿 11 个，保有资源储量 24014.2 万吨，远景储量 10420.2 万吨。其中石门县奇峰铁矿为中型矿山，年生产能力 30 万吨，其它 10 个小型矿山年生产能力 51 万吨，生产的铁矿石用作炼铁，水泥生产配料和冶金企业熔剂原料，以原矿销售市内外。2012 年，铁矿石开采量 80 万吨。

钒 常德境内钒矿产地 11 处，其中大型矿床 3 处、中型矿床 1 处、小型矿床 4 处、矿点 3 处。已探明储量 V2O545.3 万吨，占全省探明储量第 4 位。主要分布在石门县东山峰杨家坪、中岭、彭锣坪及大城湾一带，桃源田平界背斜北翼的理公港—牛车河一线，临澧县烽火、津市市白云山。1988—2012 年，基于炼钒污染严重，焙烧结块未过关和工人劳动强度大等因素，全市丰富的钒矿资源至今未能开发利用。

锰 市域内锰矿产地三处，属锰矿点，未作资源储量登记。锰矿主要分布于石门县太平街乡南山坡 ~ 长岭、鼎城区黄鹤冲、桃源县梅子洞一带。1988—2012 年，常德境内锰矿点未开发利用。

第七节　有色金属

常德境内有色金属矿产主要有铜、铅、锌、钨、锑、汞等，多为小矿或矿化点。

铜 常德境内有铜、铅铜、金铜、铜多金属矿产地 20 多处。探明铜资源储量金属量 3232 吨，其中含钟家铺铜矿初期探明铜金属量 563 吨。主要分布在桃源县理公港乡鸭公潭，芭茅洲乡长湾里，瓦儿岗乡铅厂垱，牛车河乡炉厂峪，黄石乡胡家楼，理公港乡张家湾，畲家坪乡姚家沟，大水田乡黄花坪、胡南坪、石板溪，三阳乡金字山，三元潭乡黑岩溪，钟家铺乡，瓦儿岗乡；鼎城区瓦屋垱乡蜘蛛山；石门县东山红、阳坡、朝阳、苦竹洞、刘家坪。1988—2012 年，全市铜矿均未开发利用。

铅 常德境内有铅矿产地 9 处，其中小型矿 1 处，其它 8 处为矿点，探明资源储量矿石量 26.02 万吨，金属量 7139.34 吨。主要分布于石门东山峰背斜北翼后南岔，桃源田平界背斜两翼马金洞、八方湾、锄头湾、洞溪坪、黄柏山、万台山、龙潭水和丁家坊乡等地。桃源县太平桥乡黄柏山铅矿为小型，其它为矿点。黄柏山铅矿包括七个矿段，其中青云山、黄柏山两矿段潜水面以上的矿体基本采完，唯铅厂堉、罗家堉两矿段远景储量较大。1988—2012 年，铅矿未继续开发利用。

锌 常德境内未发现单独锌矿矿床,仅铜锌矿和锌矿点四处,均无矿产资源储量登记。主要分布于石门东山峰背斜北翼后南岔,桃源县田平界背斜南翼马金洞、八方湾、锄头湾、洞溪坪、黄柏山、万台山、龙潭水等地。矿点有桃源县马金洞锌矿点、沙湾、龙潭乡岩板滩、三元潭乡大岩滩铅锌矿点。到2012年,未开发利用。

钨 市域内有钨矿产地4处,其中中型矿床1处、小型矿床2处、矿点1处,探明储量矿石量188.35万吨,主要分布在桃源县大水田乡、太平铺乡。1987年元月1日—1996年,湘西金矿改属怀化地区管辖后,市域内钨矿开发停止。1997年,经县、市批准,省地矿局发证开办桃源西安镇东安钨矿,属个体采矿业者,年生产规模矿量0.4万吨,至2012年仍在继续开采。

锑 市域内锑矿多分散在钨、金矿石中,自湘西金矿改属怀化地区后,发现锑矿点三处,但无储量统计资料。主要分布在汉寿县东岳庙乡、丰家铺乡和桃源县茶庵铺乡。1989年,在群众性矿业开发中,鼎城区沧山乡兴建一座冶炼厂,主要收购邻近地区锑矿或锑半成品进行冶炼加工,因资源匮乏,技术未过关,2000年停产。此后至2012年,市域内锑矿未开发利用。

汞 常德市汞矿点一处,分布在桃源县太平桥乡,无资源储量资料。2012年止,域内汞矿未进行详细勘查,没有开发利用。

第八节 贵金属

常德境内贵金属矿产有黄金、白银,黄金资源丰富,采金历史悠久。按成因类型分,有脉金、砂金、伴生金、砾岩金,已探明的黄金储量居全省第二位;银为矿化点,主要分布在桃源、汉寿、鼎城等县、区境内。

脉金 脉金产地有25处,其中小型矿(床)6处、矿点19处,主要分布在鼎城区黄土店、沧山、黄土坡和桃源县冷家溪、小桃源、陈家冲、黄石溪及汉寿县蔡家巷等地。至2008年,市域内共有16家黄金矿山企业。

砂金 常德境内有砂金矿床(点)13处,探明基础储量居全省第七位。小型砂金矿区有:桃源县水溪砂金矿区、汉寿县金牛山砂金矿、鼎城区丁家港砂金矿区、桃源县桃源砂金矿区。其它砂金矿点规模小、品位低,多为民间和个体采淘的砂金矿点。

砾岩金 桃源县兴隆街至沅陵县柳林汊一带有砾岩金,金品位每吨含金0.50克以下。群众进行过零星开采,至今未开发利用。

银矿 常德境内无单独银矿,仅有两处伴生银矿化点,接近独立银矿边界品,未开发利用。

第二章　能源矿产

常德境内能源矿产有煤、石煤、铀、油页岩、天然气、草炭，主要分布于石门、澧县、临澧、桃源、汉寿、津市市和鼎城区。至2012年止，列入湖南省矿产储量简表的仅有煤和石煤。其它能源矿产为伴生或矿化点。

第一节　煤炭矿区

煤炭是常德境内最主要的能源矿产，主要分布于石门、澧县、临澧等县。至2012年，全市煤炭保有资源储量38014.2千吨，累计探明煤炭资源储量66222.71千吨，保有资源储量占全省1.20%，累计探明资源储量占全省1.5%1。2012年止，共有八个矿区28个煤矿2。

羊耳山矿区：位于澧县闸口、羊耳山、双堰垭、甘溪、昌家峪、洞市、马头铺、方石坪一带，产焦煤，累计探明煤炭储量14849.41千吨。2008年，该矿区开采的有赤峰方石坪、金泉、汉家湾、泰青、中武、荣华、昌家、金硐、闸口矿业公司等煤矿。2009年末，该矿区尚保有储量8467.6千吨。

亘山矿区：位于澧县中武乡的亘山石头嘴一带，产肥煤，累计探明煤炭储量2728千吨。2008年，该矿区开采的有澧县中武煤矿。2009年末，该矿区保有煤炭储量1004千吨。

九龙桥矿区：位于临澧县停弦与修梅一带，产肥煤。1988—2001年，在该矿区开采的有临澧县铁湾煤矿、大丰煤矿。2009年底，累计探明煤炭资源储量1309千吨，保有煤炭资源储量719千吨。

牛角垭矿区：位于临澧县牛角垭、樟树湾，石门县河曲峪、甘溪沟、艾家山、羊子垭一带，产焦肥煤，累计探明煤炭储量16659.8千吨。2008年，该矿区开采的有石门县河曲、永兴、佳林、蔡子垱、万生、金瑞、洛生坪、太平、仲凯、新沅、芦垭、新河等煤矿。2009年末，该矿区保有煤炭资源储量7453.4千吨。

江坪矿区：位于石门县江坪、南坪、川山、太平、子良一带，系常德市唯一无烟煤矿区，至2009年，累计普查资源储量5932.5千吨，保有资源储量5442千吨。国营江坪煤矿曾在矿区内大京洲建井采煤，后因交通不便而停建。

平塌矿区：位于石门县平塌村、长峪村、九峰村一带，产肥煤，累计探明资源储量2080千吨，保有资源储量2080千吨。2009年，兴建有石门县平塌煤矿。

凤鹤山矿区：位于石门县望洋、五峰山、白云桥、慈利县凤鹤山、向家溪一带，产肥煤。2008年以前，在矿区内开采的国营煤矿有向家溪、五峰山、凤鹤山三矿。2008年止，常德市赤峰实业总公司恒峰煤矿、石门县金瑞煤矿继续开采。至2009年止，累计探明资源储量1844

千吨，保有资源储量 780.2 千吨。

龙阳湾矿区：位于石门县官渡桥、董家湾、青玄、广福桥、龙阳湾与苗市一带，产气煤。2008 年以前，在此矿区建有青峰、广福桥、龙阳湾等国有煤矿和石门县石家峪、潘家湾等数十个乡镇煤矿。2009 年止，矿区累计探明资源储量达 20820 千吨，保有资源储量 11334 千吨。

第二节 煤矿开采

常德境内煤炭开发利用历史悠久。自清朝中期至今，民间采煤业从未间断。

1988 年，全市有国有煤矿 10 个，其中市属国有矿有青峰、广福桥、羊耳山、赤峰等煤矿，县属矿有河曲、五峰山、牛角垭及 1989 年改属张家界市管辖的风鹤山、腊树垭、白龙等煤矿。国有煤矿年生产能力核定为 76 万吨，实际为 76.7 万吨；乡镇矿未核定，实际年生产能力为 93.8 万吨，个体煤矿未核定，实际年生产能力 13.12 万吨，煤炭矿山数量及生产规模一直延续至 2007 年。

2012 年底，全市煤矿经资源整合后共有 28 家，其中国有市直煤矿 4 家，乡镇煤矿 24 家。年产煤炭 209 万吨，其中烟煤 201.9 万吨，无烟煤 7.1 万吨。

1988 年，全市煤矿共生产原煤 175.39 万吨，其中国有煤矿生产原煤 67.5 万吨。市直广福桥煤矿三号井(1984 年动工建设，1987 年完工并投入生产)生产原煤 6.01 万吨，达到设计生产能力，受到省、市两级政府的充分肯定和表彰，湖南省政府授予“湘煤一秀”荣誉称号，常德市政府授予“三年建成速度快，一年达产效益高”牌匾。

1989—1993 年全市生产原煤 801.4 万吨，比计划增长 35.2%；其中市县国有煤矿生产原煤 328.6 万吨，比计划增长 28.9%。年平均生产 65.7 万吨；乡镇煤矿成为煤炭生产的生力军，5 年内共生产原煤 405.5 万吨，占全市总产量的二分之一。

1993—1997 年全市各类煤矿千方百计稳定上煤炭产量，五年间共生产原煤 816.75 万吨，为计划的 124.7%，其中市县国有煤矿生产原煤 321.79 万吨，为计划的 117.4%，年平均生产 64.35 万吨，乡镇煤矿生产原煤 494.96 万吨，超计划 27%，占全市煤炭产量的 60%。5 年间，共向省煤炭局争取基本建设、技术改造、峒探及安全补套项目 16 个。所有项目实行了法人负责和目标承包，加快了施工进度，保证了工程质量。大多数项目相继竣工投产，为企业添了后劲。为促进本市能源供给、促进经济发展起了很大的促进作用。设计能力为年产 15 万吨原煤的市重点项目赤峰方石坪一井于 1990 年 10 月破土动工，累计完成投资额 4990 万元，1997 年 7 月份份正式竣工投产。设计能力由原煤 15 万吨扩到 21 万吨的青峰煤矿四井技改于 1994 年完工，1995 年被煤炭部命名为地方矿井部级标准化矿井。青峰四井和广福桥三井的开拓延伸到 1997 年底顺利完工。从而解决了这两个矿井采掘失调和水平接替问题，为今后 5~10 年的稳产高产作好了准备。羊耳山煤矿金泉井 1997 年由省煤炭局批准立项，当年列入计划，该井设计能力为 6 万吨 / 年。

全市煤矿在这五年间共完成基本建设、技术改造、峒探和安措项目投资 4748.76 万元，其中基建 3640.83 万元、技改 447.04 万元、峒探 382.55 万元、安措 278.34 万元。5 年间，省、地、县共投资 900 多万元扶持、改造 51 个乡镇煤矿矿井，提高了生产能力。全市乡镇共有 3 万吨以上的规模矿井 14 家，1–3 万吨的规模矿井 35 家。

1998—2001 年全市各类煤矿共生产原煤 653.4 万吨。全市煤矿加强基础管理，狠抓矿井技改，强化整顿关闭工作，全市煤矿安全基础条件得到了较大幅度的提升。

2002 年，全市煤炭工业呈现"三增一减"的良好态势。一是速度增快，全年实现工业总产值 1.7 亿元，同比增长 44%。市直煤矿完成原煤产量 54 万吨，实现产值 9000 万元，分别同比增长 10%、18%；二是效益增好。市直煤矿销售收入突破亿元，实现税收 800 万元，分别同比增长 28%、12%。三是后劲增强。羊耳山煤矿金泉基建井已经过验收，全部投资 1450 万元，青峰、赤峰、广福桥三矿安全投入 700 万元，基本完成了五大系统的改造，经省、市验收为安全整治合格矿井。四是亏损减少。预计全年减少亏损净额 300 万元，同比下降 30%。

2003 年，全市煤炭行业管理明显增强。全年生产原煤 112 万吨，其中国有煤矿 68 万吨，煤炭价格上扬，全市煤矿企业的经济效益有所改善。按照省政府的要求，完成了维简费的征收工作。是年，全市煤矿共投入 3300 万元资金进行专项改造，更换主提升绞车 29 台，新购主扇风机 84 台。

2004 年，全市煤炭行业呈现良性发展态势，全年工业总产值、销售收入、上缴税收、产销率分别增加 15%、20%、21%、3.5%。

2005 年，煤炭行业工业总产值完成 28499 万元，生产原煤 80.39 万吨，其中国有煤矿生产原煤 37.48 万吨。

2006 年，煤炭行业工业总产值完成 11556 万元，生产原煤 73.89 万吨，其中市直煤矿生产原煤 35.69 万吨。

2007 年，全市煤炭行业工业总产值 26318.55 万元，煤炭产量 86.5 万吨，其中市直煤矿生产原煤 36.7 万吨。

2008 年，全市煤炭行业工业总产值 36668.5 万元，煤炭产量 81.01 万吨。

2009 年，全市煤炭行业工业总产值 38104.69 万元，煤炭产量 97.41 万吨。

2010 年，全市煤炭行业工业总产值 51891.33 万元，煤炭产量 115.28 万吨。

2011 年，全市煤炭行业工业总产值 83627 万元，煤炭产量 165.33 万吨。

2012 年，全市煤炭行业工业总产值 137969 万元，煤炭产量 209.4 万吨。

第三节　石　煤

常德石煤资源蕴藏丰富，资源储量 3.92 亿吨，占全省资源储量 15.92 亿吨的 24.63%；预测储量 25.50 亿吨，占全省预测储量 171.43 亿吨的 14.87%；全市总储量 29.42 亿吨，居全省第二位。市内石煤主要分布在鼎城、武陵、桃源、石门、澧县、临澧、汉寿、津市等区、县(市)境内。按其资源地理位置划分为太阳山矿区、螃蟹溪矿区、两河口—观音寺矿区、杨家坪—理公港矿区、黄土店矿区、石洞矿区、清官渡矿区、东山峰矿区、迪园矿区、张乃堉矿区、河洑矿区、白云山矿区、峰火矿区等13个矿区,46个矿。

1988年,全市石煤开采矿点78个,产量115.48万吨。2008年止,乡、镇集体和个体石煤矿山共45个,年生产能力151.40万吨,按热值每克平均4186焦耳计算,相当于30万吨原煤发热量。

2005年,临澧县太平化纤有限公司自筹资金,修建100千瓦自备电厂,利用本县鸡山石煤和太阳山石煤发电,并与国家电网并网。至2008年止,石煤发电正常运行。

2008年,经招商引资,广东佛山东鹏陶瓷公司落户常德,利用当地石煤筹建陶瓷建材厂,经两年试生产,首批建筑陶瓷面市。为解决烧制建筑陶瓷燃料和原料,该厂在桃源县牛车河乡汪家堉兴建年生产能力20万吨的石煤矿。

2012年,全市石煤产能达280万吨,石煤矿山仍保留有41个。

第四节　其他矿产

铀 2008年止,常德境内未发现单一的铀矿,仅有三处伴生铀矿(点),分布在桃源县三望坡、茶庵铺,津市市白云山,无资源储量统计,也未开发利用。

油页岩 常德境内油页岩矿点八处,分布在澧县盐井、王家厂—金罗、大堰垱,临澧歇驾山、望夫台,桃源翦家溪、乡公嘴,石门县三板桥、蒙泉镇夏家巷等地。油页岩含油率不高,矿层厚度薄,层数不变,规模小,开发利用价值不大。

天然气 常德境内天然气矿点有四处,分布在安乡县安康乡、汉寿县城西花木兰和杨旗嘴等地,另外在鼎城区牛鼻滩有小气苗,这些矿点至今都未开发利用。

草炭 常德境内草炭矿点一处,分布在鼎城区草坪乡境内。草炭属沼泽沉积产物,可供作为肥料利用。2008年止,草炭未作详细地质勘查,未开发利用。

第五节　管理机构沿革

地改市后,经省政府批准设立"常德市冶金煤炭工业公司"。1989年12月4日,常德市人民政府以"常政办函40号文件"批复,将"常德市冶金煤炭工业公司"更名为"常德市冶金煤炭工业局"。

1994年12月,市委、市政府下发《关于市直有关单位机构设置调整的通知》(常通字〔1994〕21号),决定将市委矿产资源管理办公室与市冶金煤炭工业公司合并,组建"常德市地质矿产冶金煤炭局",简称"市地矿冶煤局",属市政府主管全市地质矿产资源、地质环境、地质勘查、冶金煤炭行业的职能部门。

2001 年 12 月 10 日，市政府以“常政办发〔2001〕84 号文件“印发《常德市冶金煤化工行业管理办公室职能配置、内设机构和人员编制规定”，取消原“常德市地质矿产冶金煤炭工业局”机构，组建“常德市冶煤化工行业管理办公室”，简称”市冶煤化工办”，属市经贸委管理的具有行政管理职能的副处级事业单位，负责全市冶煤化工行业的行政管理。

2005 年 12 月，市政府以“常政办发〔2005〕35 号文件”，印发《常德市煤炭生产安全管理局职能配置、内设机构和人员编制规定》，将原“市冶煤化工行业管理办公室”改级为“市煤炭生产安全管理局”，简称“市冶煤局”，属市经信委管理的具有行政职能的副处级事业单位，负责全市煤炭安全生产监管和煤炭行业行政管理。

2008 年 9 月 5 日，常德市委编制办以“常编办〔2008〕73 号文件”批复：市煤管局由副处级升格为正处级，并同意其内设机构规格同时由副科级升格为正科级。

2010 年 7 月 20 日，市政府以“常政办发〔2010〕1 号文件”，印发《常德市煤炭生产安全管理局主要职责、内设机构和人员编制规定》，将“市煤管局”在升格正处级后，设置为市人民政府直属正处级事业单位。直到 2015 年经批准撤销“市煤管局”，将其职分别判归市发改委和市安监局。

第六节　重点企业简介

石门雄黄矿　地质矿冶石门县磺厂雄黄矿成矿规律及成矿预测研究于 1991 年，由 403 队叶云树、臧鸣风、孟德林对国内外规模最大、质量最好的石门雄黄砷矿床的成矿规律进行研究，按总结的成矿模式圈出 9 个预测区，并在石门枧桥找到一小型砷矿。该成果获 1994 年地矿部科技成果四等奖。石门雄黄矿一直属国有企业，曾有过近 10 年的辉煌，到 2000 年，尽管企业进行过改革，但未触动产权制度，因而尽管企业更名为湖南雄黄化工有限公司，但机制仍未激活。是年即出现较大亏损。加之矿业职业病对员工身心健康影响，进而导致企业负担过重，亏损便自此日益加重，到 2002 年彻底宣告破产，企业自此消亡。

赤峰实业　常德赤峰实业总公司是一家市属中Ⅰ型国有煤矿企业。其前身常德赤峰煤矿，始建于 1958 年。现保有方石坪井和石门恒峰矿业有限责任公司两对生产矿井，设计年产能力 21 万吨，是湘西北地区重要的烟煤生产基地。

方石坪井系省经济投资公司投资兴建，采用立井提升，耗资 4200 多万元，历时 6 年半，于 1997 年 7 月 1 日正式建成投产。投产后，曾创造了年产 18 万吨的高产。

赤峰在安全生产上有过惨痛的教训。自 1958 年建矿到 2010 年，累计发生人身伤亡和重大非人身伤亡事故百余起，直接伤亡 62 人，其中冒顶事故 35 人、运输事故 9 人、机电事故 9 人、爆破事故 4 人、窒息事故 4 人、突水事故 1 人，2000 年“7.10”罐笼事故一次死亡 2 人，造成直接经济损失 17.6 万元，间接经济损失 18 万元，同年“8.19”窒息事故，也一次死亡 2 人。

进入21世纪,赤峰人努力打好安全翻身仗,明确提出了"安全为天,以人为本"的矿山建设思想,逐步建立健全了覆盖上至总经理,下至普通员工的全面安全生产责任制,不断加大矿井安全改造投入,通过几年"制度保安,技术保安,人本保安"的体系建设,原煤生产安全形势逐渐稳定好转。从2003年起,已连续实现十一个安全年。企业多次被评为省、市安全生产单位,2005年被国家发改委授予"全国依法生产先进煤矿",2007年被国家人事部、中国煤炭工业协会授予"全国煤炭工业先进集体",总经理蒋宗明同志被评为"全国优秀矿长",戴作均同志被评为全国劳动模范,陈鸿平队长带领的开拓二队被评为"全国优胜安全班组",相继走进人民大会堂,受到了国家相关领导人的亲切接见。

青峰煤矿 青峰煤矿始建于1967年3月,2014年3月13日正式关停。

四十七年间,青峰煤矿生产的烟煤发热量为4800大卡,挥发分为26%,含硫为3.5%,燃烧特点为着火快,燃烧充分,不结焦,深受广大用户喜欢,特别受传统链条式锅炉用户的青睐。

青峰煤矿在册职工总人数为2452人,其中在岗851人,下岗151人,离退休人数1450人。2014年3月青峰煤矿关停后,即进行了破产清算处理。

羊耳山煤矿 常德羊耳山煤矿建于1950年代中期,是全市建矿时间最早的国有煤矿之一。企业先后拥有5对生产矿井,开采原煤近160万吨,年产量6万多吨,产值3000万元左右,职工1716人(含退休职工1270人),企业资产总额6186.67万元。

广福桥煤矿 常德广福桥煤矿位于石门县夹山镇青玄村,系市属国有中型企业。

始建于1958年,当时共有两对生产矿井,分别为一号井和二号井,均位于慈利县广福桥镇广福桥村,设计能力两井合计为年产原煤10万吨。2005年11月27日,由于地震的客观原因,常德广福桥煤矿三号井导通地下溶洞群突水被淹,矿井关闭,企业终止。

个人获得的省级荣誉称号和奖励的有:

羊耳山煤矿连续多年评为省、市先进单位,干部职工有多人获得省级以上评定的荣誉称号;

1989年,陈培富被省煤厅评为多经工作先进个人;

1989年,罗传太被湖南省政府授予"劳动模范"称号;

1995年,杨军被授予"湖南省煤炭工业局劳动模范";

1995年,胡定山、向良军被表彰为湖南省煤炭系统群安先进个人;

1999年,向良军被授予"湖南省煤炭工业局劳动模范";

2006年,李拥军获"全国五一劳动奖章",同年被湖南省政府授予"湖南省劳动模范"。

第二篇《

工业产业

第二篇　工业产业

第一章　烟草产业

常德市是湖南省烟草的主要产地之一，湘西北独特的山地兼丘陵地理环境，四季分明雨水充沛的气候条件，使常德的烟草种植不仅历史悠久，而且种植面广。石门、澧县、桃源、临澧以及鼎城区(原常德县)和后来从常德划去了张家界的慈利县，自古就有种植烟草的习惯，烟民们种烟一方面直接自己吸，一方面作为经济作物用于市场交换。有史可查的是从清康熙24年(1685)，桃源县率先种植晾晒烟起，常德就有种植烟草，晾晒烟叶，手工制作旱烟、水烟吸食的习惯。

一方水土养一方人，也滋生出一项产业。新中国成立后人民当家做主向往幸福生活的指数日益提高，1950年，当时的常德县人民政府根据人民群众的消费需求，筹建常德县新湘烟厂，从此使烟草的制作进入机械生产阶段。1964年，随着烟草工业生产的日益发展，常德县新湘烟厂扩大生产规模，并正式更名为常德卷烟厂，厂址选定在现今武陵区的青阳阁。从此，烟草产业便成为常德工业的支柱产业。

历经数十年的追加投资、扩大规模和科技进步，烟草工业便在常德社会经济中呈现出“一烟独大”、“烟草超大”的发展态势。甚至在湖南省的“湘风民俗”中，“湖南三绝冠天下”，“王烟鬼酒湘妃茶”，也把常德卷烟厂生产的“芙蓉王”牌卷烟列入了头牌地位。

2006年11月，根据国家产业改革，常德卷烟厂、长沙卷烟厂合并，共同组成湖南中烟公司，合成为一个法人实体。从此，常德卷烟厂作为湖南中烟公司6个实体企业之一，工厂仍留在常德，地方行政管理和地方纳税仍留在常德。

第一节　烟叶种植与复烤

一、烟叶种植

烟草种植开始时散见于千家万户，后来改良品种，作为经济作物连片种植，始于1964年。再后来作为常德卷烟厂的烟叶种植基地集中连片种植，始于1978年。

1988年常德烟草分公司与石门县烟草局开展了烟草栽种夺高产的试验和推广，推出了烟苗二次移栽和每亩1300株的高产栽种技术。

1989年,在石门县江坪乡种植104亩实验基地,采用营养钵育苗移栽,夺得亩产151.26公斤的高产。

1990年,烟农加大高产试验,采取了每亩1500株,每株21片叶采摘等方法,使烟草亩产提高到160公斤。

2000年,全市(含慈利县)烟叶种植面积达到1.8万亩。比1995年增大2万亩。

此后,烟叶种植一直由常德市烟草专卖局实施规划和指导。常德卷烟厂派出技术人员一方面指导优质品种选种和收获储运,一方面将烟叶仓库进行了科学布点。

2010年至2012年,常德烟草专卖局和常德卷烟厂联合对烟草种植进行了科学调整,目的是提高烟草单产,提高烟叶质量。这一调整,使全市烟叶种植区域由原来的8个县、119个乡、1645个村、108076户,调整集中在石门、临澧、桃源、鼎城区的79个乡、721个村、33438户,基本实行了烟叶种植定点区域化和专业化。

二、烟叶复烤

随着常德卷烟厂产能规模的扩大,卷叶品质的提升,对烟叶的质量要求也随之提高,所收购的烟叶,复烤成为必需的首要工序。

20世纪50年代末和60年代初,常德地区普遍淘汰了油脂性烟叶(俗称老烟)的种植,全面推广烤烟种植。原因之一是油脂性老烟焦油含量高,自然吸食辛辣呛口,加工叶厚丝粗,而且产量极低。但是改种烤烟后,自然收割和晾晒后,叶色变黑,叶质易碎不易切丝。于是,便推行了挖土窑置炕烤制,这样烤制的烟叶色泽和柔软度都达不到要求,对此,常德卷烟厂便派出专业技术人员,指导烟农复烤。

进入20世纪80年代,由于烟叶种植选定了指定种植区域,因而烟叶复烤便被常德卷烟厂当作大事来抓,改变了由千家万户烤制的现象,实行了烟厂专业复烤。

1988年12月,常德卷烟厂开展"利用废烟末提取草酸烟碱研究"获得成功,将这种草酸烟碱投入烟叶复烤和制作中,大大降低了烟叶的焦油含量。该技术通过国家专利局审查批准,被誉为国内首创技术。

1989年,常德卷烟厂投资900多万元新建烟叶发酵车间,在全国率先尝试对原烟进行低温发酵处理,有效解决了烟叶在高温高湿下颜色较深的难题。是年4月24日,烟叶发酵经人机控制系统正式投产,荣获省科技进步四等奖。

1989年9月,常德卷烟厂针对烟叶复烤后的水份测定,研制水份测定仪获得成功,填补了国内空白。

1991年,常德卷烟厂投资385万元,新建4424平米复烤车间,推行打叶复烤新技术,使烟叶发酵走上了自然发酵之路。是年,由于引进意大利先进的膨化设备,烟梗烟丝利用率提高，单箱耗烟叶量比 1985 年降低 3.6 公斤。

2000 年 8 月，常德卷烟厂在投资建设联合工房时，引进 1000KG/ 时双层稠浆法浆片生产线 1 条，添置年处理能力 1.5 万吨打叶复烤线 1 条，扩建烟叶库 2 万平米。

2010 年以来，烟草复烤在注重质量、降低成本上下功夫，取得较以前提质增效的成绩。

第二节　卷烟生产

一、品牌演变与产量变化

20 世纪 50 年代，由于城乡居民对卷烟消费的水平偏低，常德卷烟厂的产品全部都是丙、丁级卷烟。1975 年以后，甲级烟生产发展很快。1985—1990 年，甲级烟所占比重由 1.92% 增长到 13.60%，甲级烟数量由 5.2451 万箱增加到 54.6213 万箱。1990 年，常德卷烟厂仅生产“利得”牌丁戊级卷烟 7873 箱，占年产总量的 1.09%。1991 年，常德卷烟厂丁戊级烟停产。1992 年，丙级烟停产。1994 年后，常德卷烟厂重点开发“芙蓉”系列品牌。1998 年 6 月，该厂“常德”牌卷烟停产。自此，常德卷烟厂全部生产滤嘴卷烟。1991—1999 年，该厂甲乙级卷烟占总产量的 99.19%，其中甲级卷烟占 53.04%。

“芙蓉王”牌卷烟属甲级一类烤烟型卷烟。1994 年 10 月，常德卷烟厂试制的“芙蓉王”卷烟投产。该厂生产“芙蓉王”的目的是创牌，直指高档次精品卷烟。1995 年，“芙蓉王”牌香烟在全国卷烟行业质量等级评定中，荣获首批优等品称号。1996 年，“芙蓉王”牌香烟获湖南省名牌产品称号和全国卷烟商标设计评比金奖第一名。1999 年，该品牌香烟在湖南省万种名优商品大巡展活动中，被定为顾客最满意品牌。是年，常德卷烟厂生产“芙蓉王”牌卷烟 4 万多箱，成为销量仅次于“中华”牌香烟的全国高档卷烟品牌。

1986 年，烤烟型甲级烟“芙蓉”“桃花源”被省烟草公司确定为甲级定点牌号。

1988 年 5 月，常德卷烟厂生产的“金芙蓉”“桃花源”“洞庭”“银象”“君健”“博士”“索溪峪”等 7 个牌号的卷烟被评为省名烟。

这一年，创牌于 1970 年的“洞庭”牌卷烟获首届中国食品博览会银奖。“洞庭”(84mm 过滤嘴)面市的当年，生产 38519 箱。1990 年，84mm 过滤嘴“洞庭”卷烟生产 68870 箱。

1990 年，“桃花源”牌卷烟获首届中国食品博览会银奖，“博士”牌卷烟获首届中国食品博览会金奖，“银象”牌卷烟获首届中国食品博览会银奖。同时被评为行业优等产品、全国畅销品牌。

1990 年，“芙蓉” 牌卷烟获首届中国食品博览会金奖。“芙蓉” 牌卷烟创牌于 1971 年。1987 年 11 月，由于商标注册问题，“芙蓉”更名为“金芙蓉”，构成商标的其它元素不变。1988 年，精装“芙蓉”(27 × 70mm)在 1987 年短暂停产后恢复生产，年产 5888 箱，此后停产。

1989 年，“金芙蓉”牌卷烟被评为“中国十五大名烟之一”。“盖芙蓉”面市，当年生产 2028

箱。81mm 过滤嘴“洞庭”卷烟、81mm“芙蓉”卷烟停产。

1987- 1989 年,常德卷烟厂致力于混合型卷烟的研制,研制出“博士”、“老伴”、“元帅”等三个混合型卷烟品牌。其中,“博士”牌卷烟 1988 年被评为部优、省优产品和湖南名烟,并在同年 12 月的首届中国食品博览会上荣获金奖。

1990 年,常德卷烟厂生产甲级烟 17.2 万箱,占总产量的 24.2%,比 1985 年提高 20.3 个百分点,滤咀烟占总产量的 57.6%,比 1985 年提高 35.4 个百分点。年产“博士”牌卷烟 7071 箱,“博士”为工厂第一个年产量突破 5000 箱的混合型卷烟。这一年,“银象”、“博士”、“桃花源”牌香烟开始批量出口,进入国际市场。

1991 年,常德卷烟厂生产甲级烟 22.94 万箱,占总产量的 32.2%,产滤咀烟 42.7 万箱,占总产量的 59.92%。“金芙蓉”牌卷烟荣获部优产品称号。

1992 年 10 月 21 日,“金芙蓉”被评为湖南省著名商标。是年,在全国卷烟行业评比中,“金芙蓉”牌卷烟被评为全国 49 个名优烟产品之一。这一年,常德卷烟厂生产甲级烟 30.84 万箱,占总产量的 43.5%。

1993 年 3 月 11 日,“金芙蓉”系列卷烟配方改革通过省科委组织举办的鉴定会,荣获湖南省科技进步一等奖。这一年,丙级烤烟型“龙门”卷烟、精装“洞庭”卷烟、听装“芙蓉”停产。1990—1993 年,品牌开发以乙级烤烟型卷烟为主。

1994 年 9 月 30 日,由“芙蓉系列的王牌产品”而演绎定名的“芙蓉王”牌卷烟面世,“芙蓉王”是对“芙蓉”系列的继承与发展。10 月,“芙蓉王”(黄硬)正式投入市场,当年生产 48 箱。此后“芙蓉王”牌卷烟呈快速增长态势。1995 年生产 1600 箱;1996 年生产 1.1 万箱;1997 年生产 2 万箱;截至 2000 年,累计产销“芙蓉王”16.87 万箱(当年生产 5.8 万箱,该品牌成为当年市场零售价在 200 元 1 条以上的全国第二大卷烟品牌);2008 年生产 55.8 万箱;2009 年生产 64.8 万箱。

1994 年,甲级烤烟型“金芙蓉”(特制)面世,当年产 1177 箱。“金芙蓉”牌卷烟荣获第五届亚太国际贸易博览会金奖。同年,常德卷烟厂还推出了“滴水洞”、“吕仙”两个牌号。该厂当年生产甲级卷烟 45.6 万箱,比 1994 年增长 10.04%,滤咀烟 53.98 万箱,比 1994 年提高 11.59%。1994 年后,常德卷烟厂生产的烤烟型芙蓉系列产品有“芙蓉王”、“精品芙蓉”、“芙蓉后”、“金芙蓉”等,成为该厂的支柱品牌。

1995 年,国家烟草专卖局将卷烟划分为 1—5 类。当年常德卷烟厂一类烟占年总产量的 1.9%,二、三类烟占 72.9%,四、五类烟占 25.2%。“金芙蓉”牌卷烟荣获省名牌产品称号。“芙蓉王”牌卷烟在全国行业质量等级评定中荣获优等品称号

1996 年 1 月 20 日,“芙蓉后”牌卷烟上市新闻座谈会在长沙枫林宾馆隆重召开。会后,“芙蓉后”在长沙阿波罗、中山、友谊、东塘、新兴等六大商场试销,零售价每条 160 元。尔后,“芙蓉后”牌卷烟被为“湖南省名优产品”,还荣获省公认名牌食品品牌和省名牌产品称号。“芙蓉后”(黄)1997 年面市,当年产 17082 箱,1999 年产 87709 箱。

1996 年 7 月 28 日，国家质量检测中心对全国卷烟产品质量情况进行了一次系统地检测评定，“芙蓉王”荣获第一名，被评为“湖南省名优产品”、“湖南省名牌产品”，跻身中国三大高档卷烟品牌之列，在首届中国烟盒装潢艺术展评会上获设计金奖，当年销量超过万箱。

常德卷烟厂 1996 年生产一类卷烟 6.7 万箱，比 1995 年增长 253%，生产翻盖卷烟 13.5 万箱，增长 137%，滤咀烟 62.1 万箱，增长 15%。

1997 年 8 月，湖南省第一个乙级品牌甲级翻盖烤烟型“龙门”（25.5 × 80mm）精品卷烟面市，当年生产 1014 箱。

1997 年，常德卷烟厂生产一类卷烟 7.76 万箱，比 1996 年增长 15.7%，翻盖卷烟产量比 1996 年增长 20%。

1998 年，一类烟精品“芙蓉”（一代）面市，当年生产 3010 箱，1999 年产 46309 箱，2000 年产 10378 箱。

1999 年，全市卷烟产量 68.2 万箱，其中烤烟型 43.5 万箱，多香型 24.7 万箱，“芙蓉”系列 41.5 万箱，占年总产量的 61.2%。实现销售收入 48.25 亿元，税利 26.6 亿元. 常德卷烟厂跻身全国烟草行业 5 强。

1999 年，“芙蓉王” 牌卷烟在省万种名优商品大巡展活动中被评定为顾客最满意品牌，在国家烟草专卖局组织的质量抽查中获一类烟第一名，“芙蓉王”和“芙蓉后”（黄盖）获国家烟草专卖局“1999 年度优质卷烟品牌”称号。“芙蓉后”牌卷烟商标被认定为“湖南省著名商标”。

2000 年，为拓宽消费市场，延展“芙蓉王”和“金芙蓉”系列的无形资产，烟厂推出了“芙蓉王”（亚金）、“芙蓉王”（蓝硬）、“芙蓉后”（白卡）、“芙蓉”（橙）等品牌的卷烟，以及“银象”（出口）、“元帅”和 “芙蓉王”（香港专销）等国际型多规格混合型产品。年底，又开发了 84mm 和 95mm 两种规格的英式烤烟型“芙蓉”卷烟。至此，“芙蓉王”（金卡红）被“芙蓉王”（亚金）替代。截止 2000 年，常德卷烟厂共生产“金芙蓉”牌卷烟（七种规格）277.18 万箱，创牌于 1973 年的“常德”牌卷烟成为常德卷烟厂唯一一个年产量突破 30 万箱的品牌，和唯一一个总产量突破 300 万箱的品牌。“芙蓉王”牌、“芙蓉后”牌卷烟被评为“全国烟草行业名优卷烟”。

2001 年 1 月，“芙蓉王”被评为“中国最高认知率商标”。8 月，“芙蓉王”牌卷烟荣获全国“2001 年质量信得过产品”称号。11 月，“ 芙蓉王”牌卷烟被评为“2001 年度全国烟草行业名优卷烟”。同月，“芙蓉王”牌卷烟烟标荣获“2001 年中国烟标收藏博览会名牌烟标奖”。“芙蓉王”牌卷烟当年销量为 5.8 万箱，全国供不应求，批发价坚挺在 195 元 1 条以上，峰值超过 200 元 1 条。

2002 年 2 月，“芙蓉王”商标被评定为“中国驰名商标”。9 月，“芙蓉王”牌卷烟荣获“中国名牌”称号和 “中国名优卷烟”称号。

2003 年 1 月，常德卷烟厂推出“芙蓉王”蓝软包装品牌。

2004 年 4 月，“芙蓉王”牌卷烟荣列同类产品市场综合占有率前十位。9 月，常德卷烟厂推出“芙蓉王”钻石软包品牌。

2005 年 3 月,“芙蓉王”牌卷烟荣列全国市场同类产品畅销品牌 。8 月,“芙蓉王”被评为中国 500 最具价值品牌。

2007 年,“芙蓉王”商业销售收入为 225.82 亿元。

2008 年,常德卷烟厂推出“芙蓉王”蔚蓝星空包装品牌。是年,“芙蓉王”商业销售收入为 303.66 亿元,销量首次超过“中华”,排名高档烟市场第一。

2009 年 6 月 16 日,世界品牌实验室公布了《中国 500 最具价值品牌排行榜》,“芙蓉王”以 288.39 亿元进入中国最具价值品牌前 30 强(第 29 位)。

2010 年 2 月 1 日,“芙蓉王”(软金)相继在浙江宁波、内蒙古鄂尔多斯和江西吉安三地上市试销。“芙蓉王(软金)”是“芙蓉王”(蔚蓝星空)开发之后的又一款新品,也是“芙蓉王”品牌在高端规格中开发 4 款蓝色系列之后,首次以金色外观出现的规格。

2011 年 -2012 年,在“芙蓉王”软金品牌的基础上,再度研制“芙蓉王”金色短支和女士长支,目前仍在进一步的研制开发中。

二、工艺设备与技术革新

1988 年,常德卷烟厂与湖南省计算技术研究所共同开发“卷烟微机优化配方”项目获得成功。利用计算机进行卷烟配方优化设计,是卷烟配方技术的一项重大改革。从 1985 年到 1988 年,常德卷烟厂经过 4 年的攻关,取得该项成果。随后在无嘴“洞庭”牌卷烟产品上进行试生产,并逐步在其它产品上应用推广。12 月,该成果通过省科委鉴定,并获得省科技进步四等奖、省烟草科技二等奖。

1989 年 11 月,常德卷烟厂的硫酸烟碱提取技术成果通过省经委鉴定,并获国家专利。

是年 7 月,常德卷烟厂与常德市化纤厂共同研究生产的聚丙烯丝束投产。科研人员通过对 GLZ－12 滤嘴成型机进行局部改造和对丙纤丝成型的研究,生产出小批量的丙纤嘴棒。

1990 年 4 月,常德卷烟厂率先在全省生产出第一批薄片烟丝。5 月,常德市化纤厂聚丙烯烟用丝束通过国家烟草总公司验收,取得生产许可证,成为湖南省第一个定点生产烟用丙纤丝束的专业厂家,丙纤嘴投入批量生产。9 月,常德卷烟厂向云南昆明船舶总公司订购国产仿西德虹霓公司制丝生产线 1 条, 实现了从烟叶投料到制成烟丝整个工艺流程的全部自动化,年制丝能力达到 80 万大箱。12 月 4 日,常德卷烟厂系列技术改造“102”工程正式启动,并投资 978 万元新建了 6349 平方米的发酵车间。

1986–1991 年,常德卷烟厂共引进制丝生产线 1 条、卷接机组 17 台(套)、包装机组 13 台、滤嘴成型机 1 台,添置国产仿制德国虹霓制丝生产线 1 条,国仿成型机 4 台,国仿包装机 8 台(套),引进和更新科研监测仪器 40 台。

1994 年 12 月, 科研人员通过对 GLZ– 12 滤嘴成型机的烟舌烟枪等部位进行改造设计一套施胶系统，并使新开发的丙纤粘合剂充分施加到丝束中去，生产出基本上合格的、成型效果接近醋酸嘴棒的胶嘴棒。

1995 年，常德卷烟厂购进 1 条年生产能力 1.5 万大箱的制丝小线（“芙蓉王”制丝专线）。同时对引进英国莫林斯公司的 MK9 –5 卷接机组的接嘴装置进行改造，使设备的有效作业率进一步提高。

1996 年，常德卷烟厂的科技管理迈向更深领域，实现了科技现代化的大跨越。全年引进卷烟设备 19 台套，增加了 17.5 万箱甲级烟的生产能力，翻盖卷烟生产能力达到 15 万箱，70%的装备实现了国际现代化，梗丝、风力送丝送咀等 10 个项目共投资 2.26 亿元。10 月，对“芙蓉王”专线进行改进，年制丝能力增至 5 万大箱。

1997 年，常德卷烟厂投资 2.4 亿元，引进卷烟及配套设备 13 台套。

1998 年，常德卷烟厂的风力送丝、风力送嘴等配套工程全部完成。

1999 年，常德卷烟厂 oc 活动取得了丰硕成果，“减少加香误差”、“提高丙纤加胶咀棒质量合格率”分别荣获省烟草公司科技成果一等奖。

2000 年 8 月 28 日，常德卷烟厂投资 8.5 亿元，列为湖南省政府十大重点工程之一的联合工房隆重奠基，投入技术改造资金 12.5 亿元，引进 PROST70 卷烟机 9 台（套）、GDX2 包装机 8 台（套）、GDXl 包装机 2 台（套）、FOCKE 包装机 2 台（套）。

2002 年 8 月 28 日，常德卷烟厂联合工房建成投产，年卷烟生产能力达到 100 万箱。

2006 年 12 月，常德卷烟厂国家级技术中心与长沙卷烟厂国家级技术中心合并，成立了湖南中烟技术中心，并组建了博士后工作站。

第三节　卷烟配套经营

一、生产辅料配套

卷烟辅料的配套生产，伴随着卷烟工业的发展，其规模逐步扩大。20 世纪 70 年代，卷烟生产配套的纸料、丝束、滤嘴成型、商标印刷、纸箱、香精香料等工业生产企业发展到 60 余家，企业规模为中型。20 世纪 90 年代，卷烟辅料配套生产相对集中，1990 年前，常德境内有 13 家卷烟纸箱厂，1995 年后定点一家，20 世纪末，卷烟辅料配套生产企业规模逐步扩大，固定资产超过 5000 万元的有 4 家。

1988 年，生产卷烟纸的厂家只有津市市大洼造纸厂一家。该厂与湖南造纸研究所合作，选择生产周期短、纤维长、性能与针叶木浆大体相同的红麻全杆作为造纸原料，代替部分进口木浆来抄配卷烟纸。1991 年该产品获国家新产品奖。

汉寿县香精香料厂与常德卷烟厂联合开发烤烟型烟用香精“1106”成功，该产品 1988 年、1990 年分别获得湖南省新产品奖、省优质产品奖。

1989年,常德市化学纤维厂与常德卷烟厂联合开发烟用丙纤丝束(即聚丙烯烟丝束)成功,8月试产,投入原料3825kg,生产出TY/4000烟用丙纤丝束3600kg。常德卷烟厂技工刘成孝等人针对丙纤丝束张力不强,咀棒圆周成型达不到质量要求的问题,对丙纤丝束成型机进行改造,加配一对被动滚筒,将金属光面辊改成纹面辊,使丙纤丝束均匀松散开来,稳定地张开成型为滤嘴棒。

是年,汉寿县香精香料厂与轻工业部香料研究所合作,开发出梅拉德反应香料MR－3号、清香型表香1124号、异香型烤烟表香2214号、烤烟表香精2212号烟用香精。获当年省经委新产品奖。

常德滨湖印刷厂设计印制的“金芙蓉”“元帅”牌高级硬翻盖商标,经省级鉴定达到国内先进水平。

1990年,常德卷烟厂劳动服务公司成立,有员工40名,经营场地800平方米,注册资金100万元。1993年,更名为金芙蓉实业发展总公司。员工增至50名,占地面积1000平方米,注册资金增至400万元,公司下设水松纸厂、纸箱厂、铝箔包装有限公司、添加剂厂、综合加工厂、蓉园商场、招待所、薄片加工厂、废品加工厂等经济实体。1997年5月,改制为股份合作制公司。至2000年,公司拥有国内先进水平的铝塑复合管生产线、铝箔纸生产线、水松纸生产线、纸箱纸板生产线、专业分切成套设备和烟用胶生产成套设备和卷烟辅助材料生产基础。主要产品有水松纸、铝箔纸、卡纸、烟箱、烟用胶、卷烟盘纸、铝塑复合管等,年总产值达2.4亿元,年税利超过1000万元。

2000年,常德市鼎城区造纸厂开发研制成卷烟硬翻盖盒内白卡纸,部分替代进口纸料,填补了省内空白。

常德卷烟厂与常德化纤厂共同投资3700万元,联合开办常德金芙蓉化纤有限公司,常德卷烟厂占股55%。该公司引进意大利尔特高公司年产3000吨烟用聚丙烯常规丝束和年产2500吨改性低旦丝束生产线,引进美国计算机,使之成为中国烟草总公司定点生产烟用聚丙稀丝束的专业厂家。1993年生产聚丙烯烟用丝束600.17吨,实现产值957万元。1993年至1996年,累计生产烟用丝束3237.12吨,实现销售收入824.08万元。到2000年,公司先后被湖南省经贸委评为“湖南工业500家优强企业”“湖南省县级百强企业”。

1994年10月,常德卷烟厂与广东汕头客商合资筹建特种包装有限公司,主要生产印刷水松纸。1996年10月,金芙蓉实业发展总公司将涂布水松纸厂和印刷水松纸厂合并为常德市金芙蓉水松纸厂。

是年5月,汉寿县香精香料厂与常德卷烟厂科研所联合攻关,开发出了“3102”烟草增香剂。

常德市金芙蓉铝箔纸厂1992年底建成投产,主要生产用于包装的复合铝箔纸。1993年,生产复合铝箔纸180吨,完成产值864万元。1994年,生产铝箔纸1100吨,完成产值2100万元。1995年,生产铝箔纸1270吨,完成产值2600万元。1996年6月,常德市金芙蓉铝箔纸厂更名为常德金芙蓉铝箔包装有限公司,由香港贵联发展有限公司与常德金芙蓉实业发展有限公司合资兴办。

1994 年，常德卷烟厂进一步明确“配套主业、开拓发展”的经营方针，与主业配套的各个工厂及公司发展驶入快车道。

1995 年，常德金芙蓉化纤有限公司研制的改性纸旦聚丙烯烟用丝束，经湖南省科学技术委员会鉴定，在国内同行业中具有领先水平，填补了省内改性烟用聚丙烯丝束的空白。

二、烟草生产多种经营

1988—1991 年，常德卷烟厂虽然有过福利性经营，但尚未形成气候。1992 年，国家烟草总局提出“一业为主，多种经营”号召，常德卷烟厂便拿出专门力量和资金开展多种经营，相继兴办了金装材料厂、纸品厂、印刷厂、修理厂等附属企业。

1995 年 4 月 23 日，由常德卷烟厂与香港贵联发展公司共同投资 6500 万元，组建成立“金鹏凹版印刷有限公司”，占地面积 19569.4 平方米，具备 100 万大箱的烟标及酒盒、化妆品外盒、手提袋等各类纸质包装的设计和印刷能力，生产“芙蓉王”商标、“精品芙蓉”商标、“芙蓉后”商标、“襄阳”系列烟标、“德山大曲”系列酒标，成为常德卷烟厂的商标印刷唯一定点企业。1998 年，公司通过 IS09001 国际质量标准认证。2000 年 8 月，又与湘泉集团合资兴办“金泉包装印务有限公司”，总投资 1 亿元，其中金鹏凹版印刷有限公司占 65%的股份。金鹏凹印成立之前，常德县新源印刷厂、常德市彩印厂，安乡县印刷厂、汉寿印刷厂先后承担过常德卷烟厂商标纸印制业务。1990 年，境内各厂印制的卷烟商标纸占常德卷烟厂总的耗量 73%。

1997 年 12 月 29 日，芙蓉大厦竣工。至 1997 年底，常德卷烟厂为多元化经营累计投资 9849.8 万元，实现税利 6107.5 万元，实现利润 4803 万元。

1998 年 1 月 4 日，汉寿恒惠香化厂进行股份制改制。6 月，企业领取到中国烟草总公司国烟办发“香精香料定点生产供应证书”。3 月 30 日，海南金芙蓉渡假村开业。

是年，按照国家烟草总局“1144”跨世纪改革与发展基本思路中提出的“坚定不移地实施多元化经营，认真搞好产业结构调整”的要求，常德烟草行业多元化经营进入第三发展阶段，即从注重建设类项目投资向资本运营转化阶段，确立了“跳出行业，形成支柱”的思路，积极在电子、医药、新兴建材、高科技领域投资。对外投资盲目性逐步减少，理性化投资增多。

是年，金芙蓉实业发展总公司盈利 675 万元，金鹏凹版印刷有限公司盈利 5749 万元，常德金芙蓉化纤有限公司盈利 301 万元，金芙蓉纸品有限公司(分切厂)盈利 27.7 万元。

1999 年，常德金芙蓉化纤有限公司开发出第三代改性 PP 丝束产品，其物理性能已接近醋纤指标，产品畅销省内外，是年生产丝束 2002.01 吨，实现利税 700 余万元，跻身湖南省工业 500 强之列。是年，常德卷烟厂又投资 1000 多万元实施了铝塑复合管和玻璃功能膜两个项目。9 月，“金芙蓉宾馆”更名为“芙蓉大酒店”，重新修建后的“芙蓉大酒店”，建筑面积2200

平方米,有固定资产790万元,有餐饮、住宿、旅游、健身和娱乐等多种功能,2000年9月,“芙蓉大酒店”荣膺四星级酒店称号。

2001年4月,汉寿恒惠香化厂实行“两个置换”改革。经招商引资,由深圳商人林绪淼先生以126万元购得该厂所有资产,组建新的恒惠香化有限公司,企业性质为私有民营企业。

第四节 生产管理与市场营销

1988年,常德卷烟厂首次成为全省税利首户。该厂继续实行1987年的劳动合同制改革,新招工人一律实行劳动合同制。按指标招收的属全民制合同工,其政治、经济待遇跟固定工一样。同时,招收临时合同工(包括离退休留用人员)。

1989年,常德卷烟厂党委被中央组织部授予“全国先进基层党组织”荣誉称号。

1990年8月16日,常德卷烟厂在珠海工业产品展览会暨经济技术协作洽谈会上,一次签订了6000箱“金芙蓉”牌卷烟的出口合同,实现了常德卷烟厂产品走向国际市场“零”的突破。10月17日,国务院企业管理和生产委员会发给常德卷烟厂国家二级企业证书。

1991年,常德卷烟厂成功地开展了“质量、品种、效益年”活动,被国家经贸委等部委评定为“国家大型一档企业”。是年,该厂投资1500万美元进行补偿贸易,使卷、接、包生产能力增加15万箱。

1992年3月1日,卷烟市场零售价全面放开,卷烟批发价可上下浮动15%。6月18日,国务院发展研究中心《管理世界》和中国企业评价中心与国家统计局工业交通统计局共同进行的“1991年中国500家最大工业企业评价”公榜,常德卷烟厂位居全国500家第69位,烟草行业第5位。

1993年,常德卷烟厂开展了“质量效益管理年”活动。

1994年9月,工厂召开“芙蓉王”牌卷烟上市前的最后一次评吸会。同年12月,工厂决定对生产“芙蓉王”的机台实行封闭式管理。

1995年,常德卷烟厂进行岗位技能工资改革,制定《定岗定员暂行管理办法》,重新定员定编。全厂总岗位数为1083个,总定员数4229人,全厂厂领导及各科室的管理岗位核定为559个。至2000年,科室管理人员数无大调整。

1994年,常德卷烟厂面向市场,确立了“多元、高效、全球”的企业发展战略,启动名牌战略,开发推出高档品牌“芙蓉王”、“芙蓉后”、精品“芙蓉”系列,成功抢占全国卷烟市场,实现由规模经营型经济到质量效益型经济的过渡。居全国500家最大型企业第170位、全国烟草行业第7位。

1994年,国家局对常德卷烟厂进行了清产核资,固定资产原值重估前36704万元,重估后41045万元;固定资产净值重估前27834万元,重估后30663万元。

1995年10月10日,常德卷烟厂被列入国务院“九五”重点扶助的1000家大中型企业。

该厂围绕“一平衡、两达标、三突出、四增强”的经营方针，大力实施名牌战略。

1996年，常德卷烟厂提出“四保四争”目标和“优化结构、优化机制、优化体系”的工作管理思路，全年销售收入较1995年增长56%。

1997年，常德卷烟厂围绕“一条主线、五个重点、八化动作”的思路开展管理革新，进入国务院512户重点企业行列，并获“全国五一劳动奖状”和“全国环境保护先进企业”称号。

1998年，常德卷烟厂全面启动市场网络建设工程，培育市场，当年产品市场覆盖面在全国卷烟厂排位与长沙卷烟厂并列第3名。此外，常德卷烟厂还积极探索国外销售的新路子，通过代理出口、补偿贸易等方式，推动“芙蓉”、盖“芙蓉”、“南岳”、“元帅”、“芙蓉王”等牌号卷烟走出国门。是年，常德卷烟厂与共青团湖南省委、湖南省希望工程实施领导小组办公室联合首次主办了“‘芙蓉学子’——与希望同行”大型公益助学活动，当年出资130万元帮助贫困学生上大学。

1998—1999年，常德卷烟厂管理模式逐渐实现由重生产的“橄榄型”向重科技、重市场的“哑铃型”转变。

1999年12月，常德卷烟厂被评定为“中国食品工业优秀企业”。是年，被湖南省政府评为“双文明建设标兵单位”。12月1日，常德卷烟厂技术中心挂牌成立，厂长兼党委书记罗毅任技术中心主任，同时撤消科研所、二级烟草质量监督站、烟草试验站建制、科协分离工艺研究与工艺标准制订职能。

2000年，全省烟草系统工业企业清产核资工作展开，常德卷烟厂核定资产总额337965万元，负债总额140986万元，权益总额196979万元，固定资产净值12.4838亿元，固定资产原值18.5亿元。该厂当年实现税利总额108.4亿元，占全省工业税利总额371.4亿的29.2%。

2001年6月，常德卷烟厂被评为“全国食品行业质量效益型先进企业”。

2002年7月，常德卷烟厂被评为“2001年度湖南省烟草工业经济运行质量及效益一等奖”。9月，常德卷烟厂跻身于100家“全国质量管理优秀企业”行列。

2005年8月，常德卷烟厂被评为“2005年中国最具生命力企业第43名”。

2008年，5·12地震灾难发生后，湖南中烟启动了“芙蓉学子——情系5·12四川汶川地震灾区”特别助学项目。

第五节　企业介绍

【常德卷烟厂】　常德卷烟厂坐落在常德市洞庭大道西段，是一家专业生产优质卷烟的企业。企业始建于1951年，原名新湘烟厂，后更名为常德卷烟厂。至2000年，职工4899人，拥有卷接机67台(套)，包装机34台(套)，小型废烟机2台，薄片生产线2条，打叶复烤生产线2条，固定资产达124800万元。2000年8月，常德卷烟厂集制丝、卷接包、高架仓库及配套生产设备于一体的大型现代化联合工房正式启动。

2006年,收归湖南中烟工业公司,转为不具备法人资格的生产企业。

2010年以来,常德卷烟厂开展了"企业形象建设"活动,2012年在第三届中国企业形象年建设年会暨品牌战略研讨会上,常德卷烟厂获"2012年中国企业文化最具影响力"奖。此后,该厂启动ARIS流程梳理,深化质量管理,在2012年湖南中烟优秀QC成果发布中获奖。2012年,常德卷烟厂在同时推进了目标绩效管理、应急管理、转益六西格玛和问题管理,均取得明显效果。

建厂60多年来,常德卷烟厂先后荣获"全国先进党组织"、"全国五一劳动奖状"、"全国模范职工之家"、"全国质量效益先进企业"等省级以上荣誉100多次(项)。被国家经济贸易委员会首批确认为全国512家重点企业之一。常德卷烟厂占地面积128万平方米,分为一个主办公区、两个生产区、三个多种经营工业区、四个生活小区,拥有总资产96亿元。

【金芙蓉化纤公司】 常德市金芙蓉化纤有限公司成立于1991年9月28日,系常德卷烟厂与常德市化学纤维厂合资联营的全民企业,定点生产烟用聚丙烯丝束的专业厂家。公司位于常德市城区。1993年生产聚丙烯烟用丝束600.17吨,实现产值957万元。1995年经湖南省科学技术委员会鉴定确认该厂研制的改性纸旦聚丙烯烟用丝束,在国内同行业中具有领先水平。填补了省内改性烟用聚丙烯丝束的空白。1999年,开发出了第三代改性PP丝束产品。

【华南光电科技公司】 湖南华南光电科技股份有限公司是经国家经贸委经贸企改(2000)1111号文批复,湖南省工商行政管理局核准登记,于2000年12月19日成立的。通过中科院、科技部的"双高"技术认定,为国家级高新技术企业。

1995年,开始为烟机厂生产烟机零配件,1996年,取得烟机配字许可证。主要产品有:PROTOS切纸轮、GDXZ机压花辊、FOCKE三种高速烟机零配件等。

【金芙蓉实业公司】 常德市金芙蓉实业发展总公司系常德卷烟厂下属的一个集工贸产销于一体的跨行业综合性股份制公司。公司座落在常德市武陵区护城乡岩坪村。公司下设水松纸厂、纸箱厂、添加剂、综合加工厂、纸品有限公司、蓉园商场、招待所、薄片加工厂、废品加工厂等经济实体。

【金鹏凹印公司】 常德金鹏凹版印刷有限公司是常德金芙蓉实业发展有限公司(控股51%)与香港贵联发展有限公司合资兴办的专业从事设计、制版、彩印、特种加工处理的大型包装采印企业,公司于1995年3月立项,4月谈判签约,5月奠基动工兴建,12月27日开业投产,跻身于中国包装刷印龙头企业。公司1998年底顺利通过1S09001质量体系认证;2000年11月被中国包装技术协会和中国企业家联合会评为"中国200强先进包装企业",12月被湖南省质量技术监督局评为"质量信得过单位"。连续多年被常德市政府评为"贡献大户"和"利税大户"。

第六节　烟草行业先进单位和个人

罗毅　1948年12月出生，男，汉族，研究生文化，经济师，浙江省宁波人，中共党员。1970年6月，在常德烟草工业机械厂参加工作，后历任常德烟草工业机械厂车间主任，设备动力科科长、副厂长等职。1992年1月，任常德卷烟厂副厂长。1993年2月，任常德卷烟厂常务副厂长。1994年9月，任常德卷烟厂厂长兼党委书记。1999年1月，任湖南省烟草公司副总经理、党组成员兼常德卷烟厂厂长、党委书记。2000年8月，调离常德卷烟厂，任湖南省烟草公司副经理、党组成员6年，后调广西壮族自治区烟草专卖局（公司），任局长（总经理）、党组书记。常德卷烟厂第五届、第六届党委委员。1995年5月，获全国烟草行业、湖南省劳动模范称号。1996年7月，获"全国优秀党务工作者"称号，同年，当选为湖南省第七届党代会代表、湖南省第八届人大代表、常德市政协常委。1996年、1997年二次获湖南省"优秀企业家"称号；1998年获全国五一劳动奖章；2000年获全国劳动模范称号。

袁建华　1970年2月出生，男，汉族，大专文化，工程师，湖南省汉寿县人，中共党员，省级劳动模范。1990年7月从常德高等专科学校毕业，在常德卷烟厂参加工作。一直在生产一线工作。1997年、1998年度评为厂劳动模范，1999年获全国"五一"劳动奖章，省劳动模范称号。

陈汉清　1967年10月出生，男，汉族，研究生文化，工程师，湖南省津市市人，省级劳动模范。一直从事卷烟配方研究工作，1997年，获常德卷烟厂特殊贡献奖。2000年获湖南省劳动模范和全国五一劳动奖章。

王丽萍　1988年被评为全国烟草系统劳动模范，颁奖单位中国烟草总公司中国轻工业工会。

常德卷烟厂1988年被中国烟草总公司评为全面质量管理达标合格企业、设备管理先进单位。

1989年常德卷烟厂党委被中共中央组织部授予全国先进基层党组织称号。

1993年常德卷烟厂·滤嘴成型班获全国"五一劳动奖章"。

1997年常德卷烟厂获全国"五一劳动奖"。

2000年常德卷烟厂获评中国食品工业优秀企业。

第二章 电力产业

1988—2012年,常德市境内发电设施建设得到了前所未有的发展。火力发电不仅在石门兴建了大唐、华电两为一体的大型电厂,而且,可再生能源发电的理昂生物、中联环保地方小火电厂也应运而生,长江化肥、临澧华润、新澧化工、胜利化工、创元铝业、海螺水泥等一大批企业自备电厂如雨后春笋拔地而起。水力发电新建了凌津滩、皂市两座主力水电站,对王家厂、青山、黄石、竹园、三江口、艳洲等小水电站进行了扩建改造,还新建了金河、张家渡、所街、中军渡等小水电站。据统计:1988—2012,常德市境内拥有各类电厂(水电站)150座,装机330台,总容量256.4355万千瓦,累计发电6401224万千瓦时。其中火力发电厂14座,装机26台,总容量186.0250万千瓦,累计发电4441027万千瓦时。在火力发电中,国家大型电厂装机总容量和发电量位居其首,其次为企业自备电厂;水力发电站136座,装机304台,总容量70.4105万千瓦,累计发电1960197万千瓦时。在水力发电中,小水电站发电量多于骨干电站,而装机总容量则少于骨干电站。上述各类电厂(水电站)为常德及周边地区乃至湖南提供了丰富的电能。

各类电厂(水电站)情况汇总表

表2-2-1

序号	类别	电厂(站)(座)	装机(台)	总容量(千瓦)	累计发电量(万千瓦时)
1	国家大型电厂	2	4	1200000	3831984
2	地方小火电厂	3	6	19500	174037
3	企业自备电厂	9	16	640750	435006
小计		14	26	1860250	4441027
1	主力水电站	2	11	390000	889280
2	小水电站	134	293	314105	1070917
小计		136	304	704105	1960197
合计		150	330	2564355	6401224

第一节 火力发电

一、国家大型电厂

1988—2012年，建成了大唐石门电厂、华电两座国家大型电厂，总装机4台，总容量120万千瓦，发电累计3831984万千瓦时。这种规模的发电厂，1988年以前在常德区域内是没有的。

（一）大唐石门电厂

1991年7月4日，国家计委计能源〔1991〕966号文批准兴建石门电厂，厂址择定在石门县二都乡双土村境内。规划装机4台，总容量120万千瓦，分一、二期建设。一期装机2×30万千瓦（1#、2#机组），总投资27.3亿元。

1994年4月16日，石门电厂正式挂牌成立。

2002年12月，国家实行电力厂网分开，石门电厂1#、2#机组由中国大唐集团公司控股管理。

2004年11月，石门电厂实行公司化改制，由中国大唐集团公司出资61.5%，湖南湘投地方电力资产有限责任公司出资38.5%，注册成立湖南大唐石门发电有限责任公司（简称大唐石门电厂）。

企业改制后，大唐石门电厂先后投入资金2亿多元，开展环保设施建设和设备整治工作，取得了良好成效。

大唐石门电厂所发电能采用4回220千伏线路，由其升压站石岗Ⅰ602、石岗Ⅱ606、石盘Ⅰ608、石盘Ⅱ612开关分别送往常德岗市500千伏变电站（石岗Ⅰ632、石岗Ⅱ628）和石门盘山220千伏变电站（石盘Ⅰ608、石盘Ⅱ614）。

（二）华电石门电厂

2003年7月，中国华电集团公司实施石门电厂二期工程建设，是湖南率先同步建设脱硫装置的火电工程。二期装机2×30万千瓦（3#、4#机组），总投资22.5亿元。

2003年8月29日，由中国华电集团公司出资70%，湖南利德投资股份有限公司出资24%，湖南湘投地方电力资产有限责任公司出资3%，湖南华电实业有限责任公司出资3%，注册成立湖南华电石门发电有限公司（简称华电石门电厂）。

2005年9月29日，3#机组投产发电。由220千伏石岗Ⅰ、Ⅱ回并网运行。10月，升压站和62.075千米500千伏送出线路（石岗线）竣工投运。

2006年3月23日，4#机组投产发电。

二期工程全面竣工后，中国华电集团公司将3#、4#机组委托中国大唐集团公司（大唐石门电厂）运行维护管理。

2007年,该厂净资产收益率达8.04%,提前一年实现集团公司提出新项目净资产收益率达8%的增长目标;2008年1月,在湖南冰灾关键时刻,华电石门电厂机组开得出、带得上,为湘西北地区电网安全和电力供应提供了坚强支撑。

截至2008年底,华电石门电厂累计共向国家上缴税金2亿多元,列当地规模企业第一名;节能减排更是卓见成效,通过技术改造,年节约标准煤达13267吨;二氧化硫减排绩效比集团公司下达的责任目标降低了0.20克千瓦时。

国家大型电厂基本情况表

表2-2-1-1

序号	电厂名称	所在区、县(市)	电厂装机	投产年月	并网年月	电厂性质	主管单位
1	大唐石门	石门县	2×30万千瓦	1995.12	1995.12	国有	大唐公司
2	华电石门	石门县	2×30万千瓦	2005.09	2005.09	国有	华电公司
合计			120万千瓦				

国家大型电厂发电量统计表

表2-2-1-2

单位:万千瓦时

序号	电厂名称	1989—1990年	1991—1995年	1996—2000年	2001—2005年	2006—2008年	小计
1	大唐石门			881503	1498274	762829	3142606
2	华电石门				34415	654963	689378
合计				881503	1532689	1417792	3831984

二、地方小火电厂

1988—2012年,常德市地方小火电厂总装机6台,总容量19500千瓦(包括1989年以前建成后仍在运行的电厂),发电174037万千瓦时。

(一)常德电厂

常德电厂位于常德经济技术开发区德山镇老码头,始建于1950年,系原常德地区装机容量最大的火力发电厂。总投资1100万元,装机6台,总容量8250千瓦(不含5#机组),其中1#机组500千瓦,2#机组1000千瓦,3#机组750千瓦,4#机组1500千瓦,5#机组750

千瓦(1964年调出),6#机组4500千瓦。

2003年1月10日,历经41个春秋的6#机组厂房爆破拆除。常德电厂从1951年1#机组投产发电至1996年6#机组退出运行45年中,累计发电达9亿千瓦时,为常德经济发展和人民生活水平不断提高,作出了不可磨灭的贡献。

(二)石门环能电厂

石门环能煤矸石发电有限公司(原石门县火力发电厂,简称石门环能电厂)位于石门县二都乡新街口村,始建于1969年,原名石门县火力发电厂,系原常德地区第二大火力发电厂。总投资462万元,装机3台,总容量0.9万千瓦,其中1#、2#、3#机组各0.3万千瓦。2002年3月,石门县火力发电厂实行企业改制,更名为石门环能煤矸石发电有限公司。2007年2月,随着国家大型水、火力发电厂的投产发电和节能减排措施的强力推行,石门环能电厂1#、2#、3#机组全部退出运行,结束了36年发电的光荣使命。

(三)雪丽造纸电厂

津市市热电厂(湖南雪丽造纸有限责任公司热电厂前身)始建于1985年,厂址择定在津市市窑坡渡工业区。总投资2240万元,装机2台,总容量6000千瓦,其中1#、2#机组各0.3万千瓦。

1988年10月,1#、2#机组同时投产发电并供热。同年12月,由于供热用户较少,设备选型单一,1#、2#机组运行40余天后被迫停机。

1990年7月,湖南省计委以湘计能(1990)448号文批准津市市热电厂汽机更新改造计划,热电厂将1台3000千瓦背压式汽轮机技改为可协调汽电的抽凝式汽轮机,于当年10月5日投产发电。

2000年4月,热电厂实行股份制改造,由50余家股东出资重组,更名为津市市明达热电有限责任公司。

2004年11月,湖南雪丽造纸有限责任公司对津市市明达热电有限责任公司实行整体兼并,津市市明达热电有限责任公司亦相应更名为湖南雪丽造纸有限公司热电厂(简称雪丽造纸电厂)。雪丽造纸电厂所发电能除本公司使用外,富余电量全部上网。

(四)理昂生物电厂

湖南理昂再生能源电力有限公司(简称理昂生物电厂)位于澧县梦溪镇八根村,是以农业、林业废弃物、城市生活垃圾等可再生能源为燃料发电的新型、绿色、环保型企业。该工程既是湖南第一个投产运行的生物质发电项目,也是国内单个电厂装机容量最大的生物质电厂。总投资3.88亿元,装机2台,总容量3万千瓦,其中1#、2#机组各1.5千瓦。

2008年5月,一期工程立项并获环评批文。同年8月,一期工程开工建设。

2009年12月28日,二期工程开工建设。2010年10月,2#机组投产发电。同年11月10日,0.871千米35千伏送出线路(电梦Ⅱ)竣工投运。

2011年4月30日,1.277千米35千伏送出线路(电梦Ⅰ)竣工投运。

地方小火电厂基本情况表

表 2-2-1-3

序号	电厂名称	所在区县(市)	电厂装机		投产年月	并网年月	电厂性质
			(台)	(千瓦)			
1	常德电厂	常德经开区	1	4500	1951.09	1951.09	国有
2	石门环能电厂	石门县	3	9000	1971.03	1971.03	股份
3	雪丽造纸电厂	津市市	2	6000	1988.10	1988.10	股份
合　计			6	19500			

地方小火电厂发电量统计表

单位:万千瓦时

表 2-2-1-4

序号	电厂名称	1989—1990 年	1991—1995 年	1996—2000 年	2001—2005 年	2006—2008 年	小计
1	常　德	4648	11580	685			16913
2	石门环能	7741	21042	20241	17704	3727	70455
3	雪丽造纸	5507	21511	19737	24504	15410	86669
合　计		17896	54133	40663	42208	19137	174037

三、企业自备电厂

1988—2012 年，常德市企业自备电厂总装机 16 台，总容量 64.0750 万千瓦，发电 435006 万千瓦时。2008 年,全市企业自备电厂累计装机台数、总容量、发电量分别比 1988 年增长 50%、97%、75%。

(一)石门磷肥热电厂

石门磷肥厂发电车间(简称石门磷肥热电厂)位于石门县楚江镇,既是企业的自备电厂,又是石门县城最早的火力发电厂,并率先担负县城供电任务。总投资 147 万元,装机 2 台,总容量 2250 千瓦,其中 1# 机组 750 千瓦,2# 机组 1500 千瓦。1998 年 10 月,热电厂 1#、2# 机组退出运行,并报废处理。2001 年 5 月 14 日,石门磷肥厂倒闭破产。

(二)湘澧盐矿热电厂

湖南省湘澧盐矿热电厂(简称湘澧盐矿热电厂)位于津市市,系汽热自用和余电上网的企业自备电厂。总投资2584万元，装机2台，总容量1.2万千瓦。2011年10月，湘澧盐矿实行企业改制，更名为湖南湘澧盐化有限责任公司。湘澧盐矿热电厂所发电能除本矿使用外，富余电量全部上网。

（三）新湘糖业热电厂

湖南西洞庭糖厂热电厂位于西洞庭管理区祝丰镇东北湾，系利用公司生产蔗糖余热而发电的热电厂。总投资580万元，装机2台，总容量3000千瓦。2000年1月，西洞庭糖厂实行企业改制，更名为湖南新湘糖业有限公司，热电厂亦相应更名为湖南新湘糖业有限公司热电厂（简称新湘糖业热电厂）。

（四）杰新纺织动力厂

湖南省桃源纺织印染厂热电厂总投资380万元，装机2台，总容量3000千瓦。2001年1月，湖南省桃源纺织印染厂实行企业改制，更名为湖南桃源杰新纺织印染有限公司，热电厂亦相应更名为湖南桃源杰新纺织印染有限公司动力厂（简称杰新纺织动力厂）。杰新纺织动力厂所发电能仅供本公司使用，尚无余电上网。

（五）长江化肥热电厂

湖南长江化肥汉寿有限公司热电厂（简称长江化肥热电厂）位于汉寿县蒋家嘴镇，系利用公司生产合成氨余热而发电的热电厂。总投资100万元，装机1台，容量1500千瓦。2010年10月2日，湖南汉寿兴业化工有限公司被湖南长江化肥控股有限公司收购经营，更名为湖南长江化肥汉寿有限公司，热电厂亦相应更名为湖南长江化肥汉寿有限公司热电厂。长江化肥热电厂所发电能仅供本公司使用，尚无余电上网。

（六）临澧华润热电厂

1998年4月，临澧县太平热电厂开工建设，厂址在临澧县太平工业经济技术开发区，总投资2600万元，装机1台，容量6000千瓦。2000年9月28日，机组投产发电。2004年4月，临澧县太平热电厂实行公司化改制，更名为湖南临澧华润热电有限公司（简称临澧华润热电厂）。

（七）新澧化工热电厂

湖南新澧化工有限责任公司热电厂（简称新澧化工热电厂）位于澧县澧阳镇澄坪村，系专为公司生产无水硫酸钠提供低压蒸汽和电能的热电厂。总投资1.65亿元，装机2台，总容量10000千瓦。新澧化工热电厂所发电能除本公司使用外，富余电量全部上网。

（八）胜利化工热电厂

2004年12月，湖南常德胜利化工有限公司热电厂（系原桃源县氮肥厂所属，简称胜利化工热电厂）开工建设，厂址择定在桃源县漳江镇八字路村。总投资568万元，装机1台，容量1500千瓦。2006年2月，机组投产发电。胜利化工热电厂所发电能仅供本公司使用，尚无余电上网。

（九）创元铝业火电厂

湖南创元铝业有限公司自建发电厂（简称创元铝业电厂），位于桃源县盘塘镇廻龙庵村，系常德市工业企业自备的最大火力发电厂。总投资 28.5 亿元,装机 2 台,总容量 60 万千瓦。湖南创元铝业有限公司基本使用本电厂所发电能,电厂仅与常德电网联网运行。

(十)海螺水泥热电厂

湖南石门海螺水泥有限公司热电厂(简称海螺水泥热电厂)位于石门县新关镇七松村,系常德市四大水泥企业自备电厂之一。总投资 1.1 亿元,装机 1 台,容量 18000 千瓦。海螺水泥热电厂所发电能仅供本公司使用,尚无余电上网。

(十一)冀东水泥热电厂

湖南临澧冀东水泥有限公司余热发电分厂(简称冀东水泥热电厂)位于临澧县新安镇沙堤村,系常德市四大水泥企业自备电厂之一。总投资 5000 万元,装机 1 台,容量 10000 千瓦。冀东水泥热电厂所发电能除本公司使用外,尚无余电上网。

(十二)中材水泥热电厂

2007 年 7 月,湖南省湘经投资备〔2007〕070 号文批准成立湖南桃源中材节能余热发电有限公司(简称中材水泥热电厂),厂址择定在桃源县热市镇永丰村,系常德市四大水泥企业自备电厂之一。总投资 3447 万元,装机 1 台,容量 4500 千瓦。中材水泥热电厂所发电能仅供该公司使用,尚无余电上网。

企业自备电厂基本情况表

表 2-2-1-5

序号	电厂名称	所在区、县(市)	电厂装机		投产年月	并网年月	电厂性质
			(台)	容量			
1	石门磷肥热电厂	石门县	2	2250	1966.06	1970.01	国有
2	湘澧盐矿热电厂	津市市	2	12000	1972.02	1972.02	国有
3	新湘糖业热电厂	西洞庭	2	3000	1984.07	1984.07	股份
4	杰新纺织动力厂	桃源县	3	4500	1984.10	1984.10	股份
5	长江化肥热电厂	汉寿县	1	1500	1991.12	1991.12	股份
6	临澧华润热电厂	临澧县	1	6000	2000.09	2000.09	股份
7	新澧化工热电厂	澧县	2	10000	2002.10	2002.10	股份
8	胜利化工热电厂	桃源县	1	1500	2006.02	2006.02	股份
9	创元铝业火电厂	桃源县	2	600000	2008.05	2008.05	股份
合计			16	640750			

企业自备电厂发电量统计表

表 2-2-1-6　　单位:万千瓦时

序号	电厂名称	1989—1990 年	1991—1995 年	1996—2000 年	2001—2005 年	2006—2008 年	小计
1	石门磷肥热电厂	2009	5051	2556			9616
2	湘澧盐矿热电厂	9599	28064	33821	32673	23050	127207
3	新湘糖业热电厂	618	1794	2375	1661	418	6866
4	杰新纺织动力厂	2250	5660	4070	3900	2460	18340
5	长江化肥热电厂		3018	3820	3847	2235	12920
6	临澧华润热电厂			900	13130	7800	21830
7	新澧化工热电厂				12832	20756	33588
8	胜利化工热电厂					1123	1123
9	创元铝业火电厂					203516	203516
合　计		14476	43587	47542	68043	261358	435006

四、在建火电厂

(一)华电常德电厂

2007 年 10 月,中共常德市委、市人民政府拟兴建常德电厂,由中国华电集团公司控股,厂址择定在常德经济技术开发区德山镇枫树岗村。总投资 45 亿元,设计装机 4 台,总容量 260 万千瓦(2×30+2×100 万千瓦)。后因北煤南运受石长铁路单线制约,华电常德电厂因未能获得国家发改委的批准而暂停建设。

(二)中联环保电厂

2009 年 12 月,常德中联环保电力有限公司(简称中联环保电厂)开工建设,厂址位于常德经济技术开发区德山镇檀树坪村,系处理常德城区生活垃圾的火力发电厂。总投资 2.79 亿元,装机 2 台,总容量 24000 千瓦。

(三)凯迪生物电厂

2010 年 10 月,湖南凯迪绿色能源开发有限公司(简称凯迪生物电厂)开工建设,厂址位于临澧县安福镇农丰村,是以农业、林业、废弃物、城市生活垃圾等可再生能源为燃料发电的新型、绿色、环保型企业。总投资 2.8 亿元,装机 2 台,总容量 30000 千瓦。

(四)南方水泥热电厂

湖南常德南方水泥有限公司热电厂(简称南方水泥热电厂)位于鼎城区石板滩镇荷花堰村,系常德市四大水泥企业自备电厂之一。总投资9100万元,装机2台,总容量5000千瓦。2009年12月,热电厂开工建设,2011年投产发电。

第二节 水力发电

常德市水利资源十分丰富,拥有沅、澧两大水系,大小河流442条,水库1103座,水能理论蕴藏量164万千瓦,实际可开发107万千瓦。截止2008年底,已建成骨干电站和小水电站136座,装机304台,总容量70.4105万千瓦。1988—2008年,累计发电1960197万千瓦时。

一、主力水电站

1988—2008年,常德市有主力水电站2座,总装机11台,总容量39万千瓦,发电累计889280万千瓦时。这样规模的水电站,在1989年以前是没有的。

(一)凌津滩水电站

凌津滩水电站位于桃源县凌津滩镇凌津滩村,总投资35.2亿元,装机9台,总容量27万千瓦,每台机组均为30000千瓦,设计年发电量125000万千瓦时。1995年10月,水电站开工建设。1998年11月220千伏送出线路竣工投运。

(二)皂市水电站

皂市水电站既是渫水流域最大的水利水电工程, 又是国家治理洞庭湖水患的重点工程之一。水电站水库设计蓄水位140米,设计库容14.4亿立方米。总投资32.5亿元,装机2台,总容量12万千瓦。2004年2月8日,水电站开工建设。4月,1#机组投产发电。5月,2#机组投产发电。

主力水电站基本情况表

表2-2-2-1

序号	电站名称	所在区、县(市)	电站装机(台)	电站装机(千瓦)	投产年月	并网年月	电站性质
1	凌津滩水电站	桃源县	9	270000	1998.12	1998.12	股份
2	皂市水电站	石门县	2	120000	2008.04	2008.04	股份
合计			11	390000			

主力水电站发电量情况表

表 2-2-2-2　　单位：万千瓦时

序号	电站名称	1989—1990 年	1991—1995 年	1996—2000 年	2001—2005 年	2006—2008 年	小计
1	凌津滩水电站			76173	462393	323136	861702
2	皂市水电站					27578	27578
合　计				76173	462393	350714	889280

二、小水电站

1988—2012 年，常德市小水电站 134 座，总装机 293 台，总容量 31.4105 万千瓦，发电累计 1070917 万千瓦时。2008 年，全市小水电站总装机台数、总容量、发电量分别比 1988 年增长 46%、81%、86%。

常德市小水电站情况汇总表

表 2-2-2-3

序号	单位	水电站（座）	装机（台）	总容量（千瓦）	发电量（万千瓦时）
1	鼎城区	6	12	1840	8825
2	汉寿县	1	1	125	35
3	桃源县	62	122	45865	181389
4	临澧县	6	24	31500	145660
5	石门县	47	92	171245	564982
6	澧　县	12	42	63530	170026
合　计		134	293	314105	1070917

鼎城区有大小河流 21 条，水库 184 座，水能理论蕴藏量 2835 千瓦，实际可开发 2835 千瓦。截止 2008 年底，全区已建成五溪水电站、跃进水电站、超美水电站、党家庵水电站、南岳庵水电站、官庄陂水电站等小水电站 6 座，装机 12 台，总容量 1840 千瓦。1989—2008 年，全区小水电站累计发电 8825 万千瓦时。

汉寿县有大小河流 9 条，水库 209 座，水能理论蕴藏量 1000 千瓦，实际可开发 800 千瓦。截止 2008 年底，全县已建成小水电站 1 座，即江东市水电站，总投资 33 万元，装机 1 台，容量125千瓦。1989—2008年,全县小水电站累计发电35万千瓦时。2003年12月,常德市电机工程学会、汉寿电力局、汉寿县江东市水库管理所合资改建水电站,成立汉寿江东水电有限责任公司。2004年6月9日,机组正式并网发电。

桃源县有大小河流48条,水库320座,水能理论蕴藏量16万千瓦,实际可开发12万千瓦。截止2008年底,全县已建成黄石水电站、竹园水电站、马金洞水电站、会人溪水电站等小水电站62座,装机122台,总容量45865千瓦。1989—2008年,全县小水电站累计发电181389万千瓦时。

临澧县有大小河流119条,水库113座,水能理论蕴藏量46614千瓦,实际可开发37567千瓦。截止2008年底,全县已建成小水电站6座,装机24台,总容量31500千瓦。1989—2008年,全县小水电站累计发电145660万千瓦时。2008年,全县小水电站累计装机台数、总容量、发电量分别比1988年增长8%、63%、60%。

石门县有大小河流236条,水库163座,水能理论蕴藏量69万千瓦,实际可开发30万千瓦。截止2008年底,全县已建成三江口水电站、金河水电站、龙江水电站、张家渡水电站、金银湾水电站、所街水电站、金家沟水电站、中军渡水电站等小水电站47座,装机92台,总容量17.1245万千瓦。1989—2008年,全县小水电站累计发电564982万千瓦时。2008年,全县小水电站累计装机台数、总容量、发电量分别比1988年增长73%、98%、99%。

澧县有大小河流9条,水库114座,水能理论蕴藏量17万千瓦,实际可开发89620千瓦。截止2008年底,全县已建成王家厂水电站、艳洲水电站小水电站12座,装机42台,总容量63530千瓦。1989—2008年,全县小水电站累计发电170026万千瓦时。2008年,全县小水电站累计装机台数、总容量、发电量分别比1988年增长74%、90%、88%。

三、在建水电站

2010年,桃源水电站在建。

桃源水电站位于桃源县漳江镇双洲村,系沅水干流梯级开发的最末一级水电站。水电站紧邻桃源县城,上距凌津滩水电站38.2千米,下距常德市城区31千米。水电站预计年平均流量2060立方米/秒,水库正常蓄水位39.5米,总库容1.28亿立方米。总投资27.5亿元,设计装机9台,总容量18万千瓦,每台机组均为20000千瓦,设计年发电量79300万千瓦时。2010年9月,水电站开工建设,至2012年底,尚在建设中。

四、退运小水电站

常德市小水电站自1956年原常德县草坪镇放羊坪水电站建成投运以来,历经了兴建、发展、壮大三个阶段,其中1988年全市小水电站累计座数、装机台数为历史之最(269座、

411 台，含原慈利县）。后由于行政区划调整（慈利县划归张家界市），再加上水资源不断减少、小机组运行成本高、自发自供线路损耗大、大电网供电不断延伸等原因，不少小水电站相继退出运行，并停止发电。据不完全统计：1983—2008 年，除慈利县所属小水电站外，全市有 20 座小水电站退出运行，装机 25 台，总容量 1704 千瓦。

第三节　电网建设

一、城网

1917 年，伴随着朗朗电灯公司的成立，常德古城竖起第一根电杆，成为常德步入现代社会的标志。1946 年，常德城由新德、光明等 5 家私营小电厂，架设起 193 根电杆，扯起 6.5 公里的输电线路，常德有了城网雏形。

新中国成立后，常德城电网布局发生翻天覆地的变化，但由于条件制约，城区电网处于一种修修补补的境地。1998 年，常德城网改造展开第一期工程，形成了武陵区、武陵镇和德山开发区三个独立的版块，架有 110 千伏线路 10 条，线路总长 70 公里；35 千伏线路 2 条，线路总长 9.4 公里。2002 年到 2004 年，常德城区再次开展了以中压配电网为重点的二期城网改造。2004 年，常德城网售电量达到 7.55 亿千瓦时，2005 年城网售电量突破 8.5 亿千瓦时。

二、农网

常德的农村电网绝大多数是在个世纪六七十年代湖区电排歼灭战时建设起来的，经过 30 多年的运行，电网设备陈旧落后，电压质量低下。1998 年底，国务院发出在全国范围实施“两改一同价”通知，湖南省电力公司给常德市下达了第一批农网改造计划。常德市委、市政府成立了“两改一同价”工作领导小组，在“农网改造以配网改造为重点，配网改造以村网改造为重点”的指导思想下，推进农村电网改造。到 2005 年底，市电业局累计完成农网改造投资 10.8 亿元，完成了村级电网整改 4083 个，占全市应整改村 98.5%，农民入户改造 105.58 万户，占全市应改户数 93%；全市农村售电量由网改前 1998 年的 18.43 亿千瓦时提高到了 28 亿千瓦时。

第四节　电力管理

2006 年 4 月 9 日，经常德市委市政府批准，并予常编办〔2006〕45 号文件批准，成立常德市电力执法支队，属市经信管理的正科级行政执法单位，其主要职责是：负责监督检查电力法律、法规、政策及电力技术标准的执行；负责维护电力市场秩序，调查处理发供电纠纷、依法保障电力投资者、经营者、使用者的合法权益；依法查处电力供应与使用中窃电、破坏电力设施等违法行为，并作出行政处罚；参与电力安全事故的调查处理；负责进网作业电工和电力安装（修、试）人员资格的审查。

成立以来，在市经信委领导下，常德市电力执法支队积极参与全省经信系统“规范行政执法示范单位”创建活动，进一步强化执法监督，不断提高执法人员素质以及支队电力行政执法水平，在切实保障电力供应、驾驶电力行政管理、规范行政执法、维护电力市场秩序方面做了大量积极而富有成效的工作，为维护全市电力市场秩序，促进全市经济发展作出了贡献。

一、大力推进案件查办。全市共受理涉电案件218起，结案218起，涉及盗窃电能、破坏、危害电力设施线路安全、高价低接、擅自改变用电类别、变压器擅自增容等多个种类多个领域的违法违章用电行为，为国家挽回经济损失达800余万元，其中为供电追缴损失电费300余万元，移交司法机关的案件6起，4人被依法追究刑事责任。其中比较典型的、在全市有较大影响的案例有：2008年依法查处的德山何家坪村陈某、伍某窃电案。经查证实事后将其移送公安机关，并经检察机关批准，公安机关以涉嫌盗窃电能罪，宣布对两名犯罪嫌疑人执行了逮捕，人民法院依法对陈某和伍某分别判处有期徒刑一年和一年半，缓期一年执行。通过重点案件的查办，使该村村民树立了“电力是商品”，用电该缴费的意识。终结了该村长达40余年的混乱用电局面，农网改造得以顺利推进，且电费收取恢复正常

2008年强制清除德山何家坪村危及高压线路安全的高杆植物案。支队发出《关于禁止在高压线路区域内栽种高杆树竹的公告》，并联合市公安局、常德供电公司、常德经开区管委会、德山镇政府，组织了近百名人员，对危及线路安全的高杆植物进行了依法强制清除，并对有关人员进行了说服教育，确保了清除之后再没有发生类似违法行为。

2009年对安乡金安花园小区窃电案、2010年对武陵区芦山乡东常高速施工工地危害电力线路安全案、2011年对常德市德山塑料厂私自更改变压器铭牌参数窃电案、鼎城区灌溪镇中联重科外力袭击高压线安全案、德永线110千伏电力线路遭外力袭击案，2012年对德县某水泥厂窃电等案件都比较有典型意义，有力地维护了供电企业的合法权益和人民群众的根本利益，为我市经济社会的平稳发展起到了一定的促进作用。

二、大力开展普法宣传。在常德电视台图文频道开设了电力执法专栏，开展电力法律法规条文、电力执法案件展播；在《中国电力报》刊发专题文章，宣传常德的电力行政执法工作；利用每年节能宣传周、“12·4”法制宣传日等机关，走上街头，开展电力法律宣讲；利用市经信委网站等平台，开展网络宣传。联合常德供电公司在全市多年重要路口树立了大型公益广告牌，呼吁全市社会共同保护电力设施，维护电力安全，取得了较好的社会反响。

三、健全执法网络、大力开展执法培训。支队坚持边查办案件边推广经验、边开展工作边完善体系的做法，指导各县市电力行政执法大队开展电力行政执法工作，鼎城、临澧、

桃源、石门、安乡、汉寿、澧县、津市等 8 个区县市相应成立了电力行政执法大队，查办了一批电力行政执法案件，全市的电力行政执法网络得到了初步建立。

四、大力开展了省级"规范行政执法示范单位"创建。根据省经信委《关于开展创建"规范行政执法示范单位"活动的通知》，市电力执法支队申报创建首批"规范行政执法示范单位"，制定了详细的《规范行政执法示范单位创建工作方案》。2012 年底，市电力执法支队顺利通过省经信委组织的考核评审，被省经信委授予全省首批创建"规范行政执法示范单位"荣誉称号。

第三章　新材料产业

本篇题旨确定为"新材料产业"，基于 1988—2012 时段的史志实际，一方面因为产业归类初始时间确定有"有色及新材料"、"铝及新材料"和"新型材料"等称谓，皆有不准确和不涵盖的弊端；另一方面因为该时段内"建材产业"已发生根本性或者本质性变化，墙材完全是新型墙体材料，水泥完全是新型干法和散装，法规所限一律为环保绿色新型，且在材料范畴。

所以，单就"铝及铝材"或者单就"有色及新材料"，或者单就"建材"成篇，存在着资料占有不完全，而且剥离得不成类型等等现实状况。设立本篇时以归类为大前提，统称为"新材料产业"，比较合符实际，也便于成章成节记录。

当然，本篇所指"新材料"，并不包括电脑耗材，光纤材料等，仅以"料"本身的大宗性和直接性归类。

实际上，在编修 1988—2012 年期间"新材料产业"篇章时发现，常德市在这一时期对"新材料产业"发展是高度重视的，但对产业的界定却没有形成定论，以致于出现了"统计归类"上的混淆，甚至出现了牵强性的张冠李戴现象。修志的唯一宗旨是遵从史实，因而本篇除将铝及铝材单独成章，专门对铝制造和铝品加工独立记述外，对其它新材料产业企业归于一章，予以分类分节记述，这一方面是史料上的缺陷，一方面是此期间界定分类本就不够清晰。尽管如此，常德市新材料的发展轨迹仍是明显的，称其为支柱产业门类，也是合符实际的，足以卒章显志，让"新材料"独立成章、成史。

第一节 铝锭及铝材

一、创元铝业

常德市较大的铝制品生产企业湖南创元铝业,创办于2001年9月,是市委市政府招商引资,由湖南晟通科技公司、智信亚洲公司、香港莱孚公司强强联合组建的铝业企业。创元铝业位于桃源盘塘镇的创元工业园,占地2400亩,固定资产31.6亿元。

创元铝业2003年4月第一条5万吨电解铝生产线投产,2004年4月第二条6万吨电解铝生产线投产,从而形成年产11万吨,年产值19亿元的生产能力。2004年实际生产铝锭8.06万吨,完成工业总产值11.45亿元,工业增加值4.1亿元,入库税金2120万元,创利润1921万元,成为桃源县第一家产值过10亿元的工业企业。

2005年,创元铝业实现工业产值12.6亿元,在全市亿元企业排名中排名第二,仅次于常德卷烟厂(123.3亿元)。是年,全市铝材企业4家(创元、金芙蓉铝泊、华南铸造、德山铝锭),实现工业产值17.23亿元。

2006年,创元铝业实现工业总产值17.803亿元,在全市企业百强排名中名列第3,次于常德卷烟厂和常德电业局,是年,省发改委以《湘政发函(2006)71号》文件,将创元工业园纳入省循环经济试点园。

2007年,创元铝业追加固定资产投资,使总投资完成360亿元,企业占地面积达2500亩,建起了自备发电厂和铁路专用线,当年完成产值42亿元,入库税金达2.24亿元。

2008年,创元铝业克服冰雪灾害和电力短缺困难,工业总产值突破50亿元大关,达到52.22亿元。是年,企业通过了ISO-9001质量、ISI4001环境和职业健康安全三大体系认证,成立了湖南省铝加工工程技术研究中心,自主研发的铝板带箔、低硅低铁铝锭达到国际先进水平。

2009年,创元铝业遭遇到国内外电解铝形势影响,同时遭遇环保治理影响,全国非民用电价上涨影响,生产经营比较困难,元至5月半停产,直到6月份才全面恢复正常生产,当年完成工业总产值6.1亿元。

从2010年起,全国铝业形势好转,铝价由每吨1万上涨至1.7万元左右,国内需求也大幅上升,创元铝业这一年生产电解铝27.14万吨,2011年生产电解铝28.15万吨,2012年生产电解铝33万吨,总产值达56.5亿元,并呈逐年上升趋势。

创元铝业自备发电机组30万千瓦火电,其中1号机组2008年3月12日成功并网发电,2号机组于2008年8月15日并网发电。

创元铝业环保整治和节能减排获得国家和省环保部门一致好评,企业于2007年和

2008年先后投入共5亿元用于环保设施设备建设，达到了废水循环利用零排放；氟化物和粉尘单位排量达国家规定标准3%和8%；烟气排放全部进行了脱硫处理，成为国家和环保总局确定的全国第一批21家电解铝符合环保规定的企业之一。

创元铝业在2008年5月23日，发生万顺碳素环厂张志兵率众封堵创元铝业厂区大门事件。事件因万顺产品被环保部门评为不合格，创元铝业没有购买而闹事。责在万顺，不在创元，因而桃源县委负责人郑单祥、李雨初、唐汇浩对万顺厂及张志兵进行了严肃处理，保护了创元铝业正常生产经营。

二、其它铝材企业

全市生产铝材的企业共有6家，其中晟通科技生产铝制铸扎卷，创元新材料生产阳极，这两家企业都在创元工业园内，属创元铝业系单独核算企业。华佳铝业、华南铝铸和德山废铝璇等企业，都属于利用铝胚或废铝浇注压铸，生产铝制品的企业。全市这些铝材企业都属年轻企业，2010年共实现工业产值18.5亿元，2011年实现工业产值22.3亿元，2012年实现工业产值27.8亿元，处在连年增长期，平均增长23%以上。

另外，常德金芙蓉铝箔专业为常德卷烟厂生产烟盒用铝箔，年均产值在1亿元左右，但由于轧机和辊幅的限制，尚未开发生产其它用途的铝箔，比如食品包装用和空调防护用等产品开发尚在规划阶段，桥南市场等铝合金日用品生产企业，都处在年产值规模500万元以下，因而未形成一定的产业氛围。

常德市铝材产业在2010年前后，已完全具备了五个方面的发展优势：一是国家准入优势，这在宏观调控趋紧情况下，属于赢得先机，免受调控的优势；二是规模基础优势，创元工业园发展和创元企业发展，已经有年产值80亿元以上实力；三是企业经营管理优势，全市6家规模以上和24家小微企业，都已具备五年左右生产管理，市场开拓、产品研发等方面的成熟经验；四是市场空间优势，从2007年到2010年，全国电解铝产量连续四年突破1000万吨，保持了世界第一位置。铝业的下游生产也逐年以26%速度增长，特别是汽车业用量空间巨大；五是利好环境优势，经过严格的国家环评和省市环评，创元铝业和其它企业，都已达到了“最难过关”的“核准过关”要求，创元工业园还被批准为循环经济发展园区。

但是，在这一时期，铝业也存在三个方面的劣势：一是铝矿资源缺乏；二是产业链条不长；三是经营风险变化大，尤其是电力对电解铝供应波动大，世界市场铝价波动大，这些劣势，致使全市铝业发展处于艰难求存境地。

第二节 其他新材料

常德市新材料产业从2005年才凸显出来,恰逢全国各地把新材料作为高新技术产业重点发展机遇,从而得到快速发展成长。仅通过不到3年的建设、技改和研发,到2009年底,全市643家规模工业企业中,就拥有了新材料企业20家,实现工业产值超过10亿元。而2005年时,只有金芙蓉铝箔产值2亿元,力元新材过亿元,华南铸造产值800万元,德山监狱产值500万元等,全部新材料工业总产值不到5亿元。

2010年,新材料企业在地方政府的帮扶支持下,克服多重困难求发展,获得较前两年更好的业绩,实现工业总产值17.2亿元,增幅达59.5%,2011年实现工业产值23.6亿元,增幅达64%,2012年实现产值27.8亿元,增幅达21%。

力元新材始建于2003年,2005年正式投产,2008年进行深度技改,是一家生产能源材料泡沫镍、镀镍带的专业厂家,2008年后其能源材料实现与电池整合,生产大功率动力电池,属国际先进产品,年产300万平米电池材料,年产能达5亿元。

金天钛业属湖南湘投公司投资的控股子公司,主要致力于钛合金铸锭,钛大重卷、钛盘条等钛材料生产,属填补国内空白产品,设计能力为年产钛及钛合金铸锭1万吨,产品适用于军工、航天、交通、石化、核电领域。2009年建成投产,2010年工业产值达到12.5亿元。

耀弘纳米是从事电压敏材料研发和生产的企业,2004年主打产品"等离子汽相反应炉"获国家发明专利,同时生产纳米氧化铋、氧化锌、ATO、ITO等产品,产泛用于电子业、化学工业、医药工业和国防工业。2010年全面建成投产后,形成年产氧化铋300吨,氧化锌3000吨,其它产品500吨的能力。

嘉盛电陶是一家生产环保创新材料的企业,主要生产陶瓷板类产品,具有独立知识产权,2010年产能达到4000万片,产值过亿元。

耐摩特聚合材料由北京矿磁电材料公司和中南大学合资组建,主要生产高分子聚乙烯耐磨管材,2009年正式投产,当年实现产值1200万元。

此外,还有金诚研磨、磊鑫科技、中泰特种装备等企业,也属于新材料企业,2010年以前全部建成投产,其中2010年金诚研磨实现产值2200万元,磊鑫科技实现产值2500万元,中泰特种实现产值5000万元。

湖南中泰特种装备有限责任公司成立于2001年3月,位于湖南临澧经济开发区,总资产3亿多元,是国家火炬计划重点高新技术企业,公司截止2012年有员工600多人,专业技术人员180人,专家38人。建有科研所和博士后科研工作站。产业化生产高强高模聚乙烯(HSHM—PE)纤维(2000吨/年)、无纬布(UD)(15000吨/年)、防弹衣、防弹防刺服(60万件/年)、防弹板(30万块/年)、防弹头盔(10万顶/年)、防切割手套(10万双/年)、缆绳(200吨/年)等系列产品,并完全具有自主知识产权。获国家科技进步二等奖。先后被国家科技部等五部局确定为国家重点新产品。公司被解放军总后勤部军需装备研究所定为科研实验生产基地，是公安部警用防弹衣和防弹防刺服定点生产企业，国爱国民经济动员办公室批准公司建立“国家特种防护装备动员中心。”

公司2010年以来每年实现产值2亿元，上缴国家税金1000多万元，以高强高模聚乙烯纤维研发为基础，集中投入，重点开发，快速推进，站稳国内外军警装备新高地，并大力拓展民品市场。形成纺丝8000吨、无纬布3000吨的生产能力。在先进复合材料领域打造出国际一流品牌。

另外，常德市新材料工业从2010年以后，又先后兴起了生产膨润土、石墨、环磁、钨条、绝缘材、锂电池等新材料产品的多家企业，其中规模以上新材料企业2010年达38家，年产值亿元以上的企业15家，除创元系的6家，还包括力元新材、中泰特装、晟辉玻纤、楚品新材、金德镭射、毅力能源、德溢盛、耐摩特和集水复合等9家。

2010年，全市规模以上企业1006家，其中新材料企业38家，约占4%；全市规模工业总产值1237.8亿元，新材料工业总产值在当年的“产业调研”统计中是17.2亿元，而从市经信委的“年度规上企业主要经济指标表”中的反映是34.5亿元，占全市工业总产值约3.5%。

2012年，全市规模以上企业830家，其中新材料企业41家，约占5%；全市规模工业总产值1648.3亿元，新材料工业总产值在当年的“产业调研”统计中是27.8亿元，而从市经信委的“年度规上企业主要经济指标表”中的反映是38.2亿元，占全市工业总值约4%。

为什么会出现上述情况，主要原因是“新材料”概念涵盖不清楚，并将“新材料”中的相关企业“拉郎配”统计进了别的产业门类，比如将中泰特装纳入纺织产业，将石墨、膨润土纳入化工或建材产业所致。

2012年铝及新材料骨干企业产品、产量、产值情况

表2-3-2-1　　单位：万元/万吨

企业名称	产值	利润	税收	产品	产量
创元铝业	526546	12612	15054	铝锭	33
晟通科技	253375	3143	1209	铸轧卷	12.8
晟通熔铸	122210	4236	468	铝材	8.2
创元新材料	61491	3654	3105	阳极	148
力元新材	20242	341	776	泡沫镍	180平米
晟辉玻纤	12665	507	16	玻纤	1.1
耐磨特	11926	326	3	管道	6万米

续表 2-3-2-1

企业名称	产值	利润	税收	产品	产量
集水复合	8152	214		复合材	0.88
耀弘纳米	7536	169	32	氧化铋	0.31
进拓金属	5932	216	15	金属品	0.24
金冶冶金	6600	85	6	合金	0.2
德祥盛轧钢	11629	868	90	线材	2.6
合金耐磨	7301	318	36	铸钢	0.05
广森铸业	8982	91	208	生铁	2.1
华佳铝业	2042	13	116	铝材	0.8
聚摩光电材料	3035		8	光学材料	253 吨
友星高科	3710	275	24	膨润土	2 万吨
金尼兹材料	7103	327	6	膨润土	5.9 万吨
飞来峰材料	4707	420	14	膨润土	23.5 万吨
星光钢石	7558	21	21	石墨	9.6 万吨
中泰特长	40541	2659	998	复合材料	1448 吨
金固力油墨	6758	406	456	油墨	1475 吨
磊鑫科技	4212	56	26	重质钙	3.6 万吨
楚晶新材	18459	136	22	石墨	6009 吨
航天磁材	7764	9	82	环磁	8132 吨
北恒钨业	3400		28	钨条	99 吨
金德镭射	19800	385	330	PET	1.04 万吨
晶鑫绝缘材料	4235	296	233	绝缘材	620 吨
毅力能源	14260	647	76	锂电池	107 万块
成长鹰科技	3653	124	208	水性粘剂	300 吨

第三节　新型建材

常德市建材产业起步于土窑红砖，成业于水泥木材，成熟于环保节能，其间绿色意识与科技进步，与时俱进，构成了该产业的健康持续发展，并彰显出“新型建材产业”的特征。

一、资源条件

常德市境内，可用于发展建材工业的资源十分丰富，主要包括石灰石、石煤、矽砂、石膏、陶土、竹木材等。其中石煤蕴藏量居全国第一，石膏蕴藏量居全省第一，矽砂属亚州 8 大矿区之一。

石灰石：全市储量 52 亿吨，分布于鼎城、桃源、临澧和澧县，含钙量均高达 50%以上，是水泥生产的主要原材料，总储量可供年产 1000 万吨水泥企业生产 300 年以上。

石煤：全市储量 25 亿吨，主要分布在鼎城、石门、桃源、澧县，发热量均在 1000~2000 大卡 / 公斤之间，是主窑水泥的最佳节能利用原料。

矽砂：全市储量 1.82 亿吨，其中 C+D 级工业储量 808 万吨，是硅酸盐、工业硅系列产品的原材料，主要分布在石门。

石膏：全市储量 50 亿吨，主要分布于临澧、澧县和石门。

陶土：全市储量 2000 万吨，是烧制陶瓷的主要原料，主要分布在临澧。

竹木：全市储量丰富，各区县都有，每年砍伐的木材约 30 万立方米，楠竹约 250 万根。

二、企业门类

1988—2012 年，全市建材产业企业依据资源占有状况生存和发展，形成了水泥、石膏制品、建筑陶瓷、竹木制品、新型墙材等产业门类。全市企业达 220 多家，其中规模以上企业达 168 家，是全市十一大生产中企业数最多的产业。

水泥企业：经 2008 年行业整顿，取缔关停了一批后，获得生产许可证的企业共有 54 家，其中鼎城 9 家。桃源 12 家，临澧 11 家，石门 8 家，澧县 11 家，汉寿、安乡、津市各 1 家。按年产能分：8.8 万吨以上 27 家，6.6 万吨以上 15 家，4.4 万吨以上 12 家。按生产工艺分：有旋转窑 11 家，其中湿法生产旋转窑 7 座，机立窑 58 座，其中窑经 3 米的 11 座。

石膏企业：主要企业有 21 家，分布在临澧、石门和澧县，2010 年产能 160 万吨，2012 年达 200 万吨。

矽砂企业：主要的企业有 3 家，2008 年产能 45 万吨，2012 年产能 47 万吨。

新型墙材企业：全市达规模以上的有 54 家，规模以下的约 130 家，企业分布在武陵区、鼎城、桃源和澧县。主要产品有墙板材、地板材、砖、防水材等16个品种,2008年产能达14亿块标砖,2012年产能达16亿块标砖。新型墙材企业的最大优势在于节约资源,保护环境。据2008年统计,是年节约土地2000亩,节能能源78万吨标煤,利用工业废渣15万吨,社会效益大于经济效益。

陶瓷企业:规模以上企业有4家,分别在澧县和临澧,2008年实现工业产值1800万元,2012年实现工业产值4850万元。

新型竹木企业:全市共有规模以上企业18家,主要分布在汉寿、桃源、安乡、鼎城和武陵,主要产品有建筑模板、各种胶合板、竹木器具。汉寿有3家省级龙头企业,主要加工欧美杨板材,2008年实现工业产值1.8亿元,2012年实现工业产值2.1亿元, 全市新型竹木企业2012年实现工业总产值8.75亿元。

三、企业发展

1988—1993年,是常德市建材企业蓬勃发展的重要阶段:一是挖土烧砖企业被依法扼止,新型节能环保建材企业从此成为发展主力;二是经济振兴带来的建设建造,给建材企业提供了大发展,强发展空间。

1988年,全市11家预算内建材企业完成工业总产值3900万元,而到1993年,全市这11家企业实现工业总产值9330万元,增幅27.4%。其中市值建材产业实现工业产值5307万元,增幅达37.6%。1993年,全市建材企业发展到1300多家,其中规模(当时为500万元)以上企业176家,其中水泥企业56家,县级预算内建材企业22家。当年,56家水泥企业共生产水泥180万吨,创历史最好水平。

在这一阶段中,全市建材企业借发展之势上技改项目和研发新产品,5年共上技改项目10个,完成投资1.55亿元,其中石门特水改造原玻璃厂生产线,转产水泥,新建2条湿法回转窑生产线, 形成年产30万吨特种水泥能力, 新开发了商标号水泥,R型水泥等新产品22个,其中5个填补省内空白,2个属国家级新产品,石门特水1993年实现工业产值3250万元,其中新产品产值率达25%。

在这一阶段中,墙体材料改造强力推行,市级和县级分别成立机构,出台了文件,使墙材发展走上了环保节能的健康发展轨道,到1993年,新型墙材应用达7.6万平方米,节约田土1000多亩,节煤350吨,利用工业废渣4万多吨。散装水泥的全面推行,连续5年获全省第一名。

1995—2000年,是常德市建材产业大浪淘沙的时期,此前的1300多家企业,到2000年只剩下了460多家,淘汰2倍多。其中,规模(仍然是500万元)以上企业都增加了,达到380多家。其原因是:乡镇工业破产兼并挂靠、淘汰了一部分弱小的;同时是小水泥、小玻璃、小钢铁等“五小淘汰”,还有就是政府散装水泥和墙材改革,淘汰了一批企业。

2000年, 全市规模(500万元以上)水泥企业年产量达330.76万吨, 比1993年增产

150.76万吨，比1995年增产72.5万吨。标砖1.54亿块，机制瓦546万片，板材4283立方米，石膏6.62万吨，竹木材料制品1753立方米。是年，全市建材产出能力超历史，解决就业人数达6.8万人。

2000年下半年—2002年，全市建材企业跟其它产业工业企业一样进入改制改革期，但产能产值依然处在增长期。

2003年，全市工业增加值首次突破“百亿元”大关，达103.4亿元，工业经济综合效益指数首次居全省第一，达185.6。这其中建材工业也作出了贡献：50家规模以上建材企业均已完成改制改革，安置就业职工1.13万人，完成工业增加值22.5亿元，比上年增长19%。新增技改投入8200万元，开发新产品15个。壈道水泥公司当年实现工业产值1.05亿元，新厦水泥当年生产水泥33.5万吨，实现产值5548万元。是年，建材产业资源节约与综合利用成绩突出：纳入省级考核的18家水泥企业和8家墙材企业，综合利用所产生的产值2.98亿元，创造利润368.5万元，享受到国家优惠税额达2648万元，废物利用量80万吨，其中石煤渣43万吨，煤渣18万吨，农林三物利用9000多立方米。

2005年，全市建材工业发展更上一层楼，一方面更新改造上新型墙材项目，一方扩建上规模。是年，全市确认发证新型墙材企业41家，比上年增21家。全年生产9.5亿块标砖，比上年增产2.1亿块，节约土地共1568亩，节煤5.89万吨，利用废渣38万吨，征收墙改基金460多万元，同比增长80.4%。是年，得益于市政府出台《限时禁止使用实习粘土砖函告》，在严厉执法下推动了建筑商使用新墙材。

此后到2010年，全市工业经济综合效益一直居于全省第一，建材产业同样又好又快发展，也一直处在全省同行业的前列。

2011年，全市建材工业在前几年完成改制改革，淘汰落后产能，关闭高能耗高污染企业后，留下来的86户规模以上企业，聚能向上，加上全国水泥行业巨人海螺、南方、中材、冀东四大家投资常德建厂，从而赢得了向上的更大正能量：实现工业总产值91.7亿元，占全市全部工业总产值的6.6%，其中水泥产量903万吨，比上年增长8.5%，创历史新高。墙材产量51.6亿块标砖，比上年增长12.2%。更具正能量的是：水泥企业新型干法水泥熟料达681万吨，占水泥熟料总量的88%，高出全省76%的水平12个百分点；新型墙材占整个墙材产量的79%，高出全省平均水平10个百分点；全市建材工业实现利润7.2亿元，占全市工业总利润的12.14%，实现了水泥企业家家盈利，墙材企业户户赚钱。

2012年，全市建材工业砥砺前行，更加注重了创新发展：新型干法水泥在上年增长基础上，再度增长6.2%，粉磨水泥减压8.9%；新型墙材占总墙材比上升到90%，石门特水、科辉墙材等13家节能免税优惠4700万元，固废利用量达181万吨，综合利用产值达9.8亿元。

是年，全市建材工业实现总产值103.83亿元，成为全市6个产值过百亿的支柱产业之一。

四、依法发展

1988—2012年期间，全市建材工业做到了严格依法发展，尤其是在绿色、环保、节能、综合利用几个方面，坚持了依法整治，严肃了关停并转的处理，归纳这一时期既依法又用活了的政策方面文件，有61件，其中国家和省有55件，常德市有6件。常德市的6件是：

1、常德市人民政府关于限时禁止使用实心粘土砖的通告(常政通告〔2005〕2号)

2、常德市财政局、常德市经济委员会转发《湖南省财政厅、湖南省经委关于印发〈湖南省50、新型墙体材料专项基金征收使用管理实施办法〉的通知》(常财办发〔2009〕38号)

3、常德市财政局、常德市经济和信息化委员会关于印发《常德市新型墙体材料专项基金反退管理办法》的通知(常财办发〔2010〕110号)

4、《常德市室内装饰行业管理试行办法》(常政办发〔2009〕22号)

5、《关于室内装饰行业管理有关问题的会议纪要》(常德市人民政府专题会议纪要第55次2010年8月19日)

6、常德市经济和信息化委员会关于印发《关于加快常德市预拌砂浆发展的实施意见》的通知(常经信发〔2013〕30号)

五、行业管理

自1986年元月始，常德市就加强了对建材行业的依法管理，为了使行业行政执法得一以落地，专门成立了“常德市散装水泥管理办公室”、“常德市墙体材料等新办公室”。这两个专门的管理机构，分别于1990年、1992年、1995年先后三次增加编职和由副科单位升格为正科单位，一方面接受市散装水泥工作领导小组和市墙体材料等新工作领导小组的领导和重视，一方面接受市建材工业局的垂直管理。

2003年11月，经市编办发文批复，市散装水泥办和市墙体材料改革办划归市经信委管理，属市经信委二层单位，正科级事业单位。

从此，市经信委将这两个二层单位作为建材产业依法行政管理专门机构，强化了对产业的管理提升和生产经营提质方面的工作。其主要管理职责和任务是：

1、协助市经信委拟定散装水泥发展规、新型墙体材料推广应用规划和年度计划，经人民政府批准后组织实施；

2、贯彻执行发展散法度水泥和墙体材料革新的政策、法规、并拟定本市实施办法；

3、负责全市使用袋装水泥的行政许可和对新型墙体材料产品认定申请进行审核；

4、负责新建预拌混凝土、预拌砂浆生产项目的论证；负责全市水泥生产企业、使用单位、墙材企业和建设工程项目的散装水泥和新型墙体材料生产使用情况的监督检查；

5、负责对违反条例规定使用袋装水泥和粘土实心砖等行为实施行政处罚；

6、负责市区报建建设工程项目的新型墙体材料专项基金的征收、使用、管理、返退和工程现场勘验工作；会同有关部门对区、县、市散装水泥专项资金和新型墙体材料专项基金征收、使用和管理的监督检查；

7、负责散装水泥和新型墙体材料推广应用的信息服务、统计和宣传教育、指导新型墙体材料的研究开发、生产和使用；

8、承担全市室内装饰行业的监督管理、指导与协调；拟订室内装饰行业发展规划；负责室内装饰装修工程招投标工作的监督；牵头组织对室内装饰行业的执法检查；指导室内装饰行业协会相关工作。

9、完成市委、市政府及市经信委交办的其他工作任务。

市散装水泥办和市墙改办所做工作的主要成就是：

（一）散装水泥量逐年攀升，散装水泥率稳步提高。2012 年全市散装水泥量为 535 万吨，散装率达 57.52%以上。特别是农村推散呈现转机。3 年多来，我们在着重抓好 3 个农村散装水泥销售网点的同时，又狠抓了各区、县农村网点的发展，主要发动各区、县（市）管理机构，明确目标任务，取得了新的进展，现在有水泥企业的区、县（市）都在积极筹建农村散装水泥销售网点。

（二）新墙材料产能持续扩大，市场应用日益广泛。"禁实"工作取得新发展。全市实心粘土砖生产企业由上年的近 300 家下降到233 家，实心粘土砖产量由上年的 28 亿块标砖下降到本年的 20 亿块标砖。我市新墙材总产量达到 53 亿块标砖，产量占墙材总量的 70%以上，2012 年全市新增新墙材产能 3 亿块标砖，市本级建筑应用比例达 95%以上。

"两办"2010 年合并办公后，两项事业明显呈现新的生机，尤其为全市节能减排及绿色经济发展作出了较大贡献。2010 年至 2012 年三年共推广散装水泥 1500 万吨，并闭实心粘土砖厂 125 家，新增新墙材产能 12 亿块标砖，两项事业共节约标煤 13.43 万吨，节约木材 49.5 万立方米，节电 1.08 万千瓦小时，减少粉尘排放 0.63 万吨，减少二氧化碳排放 13.66 万吨，创综合经济效益 5.2 亿元。

（三）专项基金征收到位，使用管理严格规范。2009 年至 2012 年，市本级共征收两项基金 4606 万元，其中散装水泥专项资金 1092 万元，新型墙体材料专项基金 3514 万元。墙材企业及示范工程、散装水泥网点共拨付扶持资金 334 万元。

市本级 2010—2012 年对 24 个建设项目进行了返退，共返退新型墙体材料专项基金 603.64 万元。

（四）预拌混凝土发展迅猛，推广应用势头较好。截止 2012 年，全市有预拌混凝土生产企业 28 家。预拌混凝土生产能力达到 700 万立方米，实际生产预拌混凝土 250 万立方米。市城区预拌混凝土应用率已达 70%以上。

（五）骨干企业蓬勃发展，示范带头效果显著。近年来，我市着重进行行业整合，引进大型企业集团,推广新型干法水泥生产技术,建成了以石门海螺、临澧冀东、常德中材、常德南方、石门特水等骨干企业为主的先进生活工艺水泥产业集团。我市科辉墙材有限公司今年新投资5000万元,新增产能1亿块标砖;鼎城区则形成了以鼎城区大龙站镇为中心的页岩新墙材产业园,振鹏、五富等五家新墙材企业在该镇落户投产。骨干水泥企业和骨干墙材企业起到了较好的带头作用,示范效果显著。

六、行业先进单位和个人

先进单位有湖南石门特种水泥有限公司、湖南湘北水泥有限公司、常德市巨龙建材制造有限公司、湖南省石门登峰环保建材有限公司、桃源县兴业页岩空心砖厂、桃源县三鹏新材料有限责任公司、常德市天厦建材有限公司、澧县金辉石膏制品有限责任公司、中材常德水泥有限责任公司、湖南省科辉墙材有限公司、常德泰富新型建材有限公司、湖南涔澹新型建材有限公司、湖南石门强盛水泥建材公司、石门新铺水泥有限公司、石门白云山水泥有限公司、石门官渡建材有限公司、澧县银丰水泥有限公司、澧县甘溪水泥有限公司、临澧县龙凤山特种水泥厂、临澧县伟厦水泥有限责任公司。

先进个人有赵金秋、敖治平、徐合林、侯益红、覃爱平、伍云支、唐远财、陈中亚、覃基山、杨启贵、覃事贵、陈凤喜、朱宪荣、樊小平、黑威。

七、行业代表人物

彭世凤 曾任澧县码头铺水泥厂厂长，现任澧县银丰水泥有限公司董事长，湖南省第七、八届人大带表,1955年获“湖南省劳动模范”称号。

皮世琳 曾任澧县甘溪水泥厂厂长，现任澧县甘溪水泥有限责任公司董事长,1955年获“湖南省劳动模范”称号。

王少波 曾任澧县洞庭水泥厂厂长,获“湖南省优秀企业家”“常德市劳动模范”称号。

闵泽国 曾任临澧新厦建材股份有限公司董事长、临澧县人民政府助理调研员,获“湖南省优秀企业家”“常德市劳动模范”称号。

张丕贵 曾任临澧龙凤山水泥厂厂长,获1986年“全国优秀青年厂长”和1988年“湖南省劳动模范”称号。

毕文祥 曾任临澧县龙凤山水泥厂高级工程师,1990年被评为“享受国务院特殊津贴科技人员”。

刘永山 曾任桃源明月水泥集团有限责任公司董事长,湖南省第七、八、十届人大代表,第九届全国人大代表,获“全国优秀共产动员”和“全国优秀企业家”称号。

敖治平 曾任桃源热市水泥厂厂长,现任科辉墙材公司董事长,湖南省第十二届人大代表，获“常德市劳动模范”“常德市十大新闻人物”“全国先进个体工商户”“全国助人为乐的好人”等称号。

雷光跃　石门三江水泥厂操作工，1990 年 5 月获 “全国生产能手”“五一劳动奖章”、1995 年被国务院授予“全国劳动模范”等称号。

谌友荣　曾任石门水泥厂、石门特种水泥厂厂长，获“湖南省优秀企业家”“湖南省优秀企业经营者”称号。

刘圣山　石门特种水泥厂化验室主任，1997 年“全国五一劳动奖章”获得者。

徐合林　湖南石门特种水泥有限公司董事长，2013—2010 年常德市水泥协会徽章，2009 年获“全国建材行业劳动模范”“湖南省劳动模范”称号。

龙希昌　曾任常德县水泥厂厂长，现任湖南省硅酸盐学会常务理事，是“国家建材院三等奖”和“国家科学进步二等奖”获得者。

高明清　曾任湘北太阳山水泥厂、常德县水泥厂厂长，现任常德金江水泥有限公司董事长，湖南省第八、九届人大代表。

杨启贵　常德市鼎城武陵水泥有限公司、常德金德山水泥有限公司董事长，湖南省第十一、十二届人大代表。

赵金秋　湖南湘北水泥有限公司董事长，常德市人大代表，获“常德市十佳优秀企业家”称号。

第四章　装备制造产业

常德市装备制造产业对常德地域经济社会发展起着支撑作用，是常德经济社会发展的支柱产业和推进其它产业发展的动力源。

1988—2012 年，常德市装备制造产业在此前规模小、技术与管理水平低、市场影响力小、品牌少、产品出口外向能力不强的状况下，发展形成了百亿级产业集群，技术、管理与国际先进水平接轨，部分技术领先国际水平，品牌创新创优能力增强，产业外向度不断扩大，堪称常德工业经济的强力支柱。

1988 年，常德市装备制造产业共有企业 336 家，按当时的统计口径，全是国营和集体企业。当年装备制造行业年销售收入 5.8 亿元。到 2012 年，全市规模以上装备制造企业按年产 500 万元以上规模统计，发展到有企业 214 家。按性质划分，国有和国有控股企业 11 家，“三资” 和民营企业 203 家；按规模划分，年销售收入过亿元的 31 家，5000 万元 ~1 亿元的 42 家，1000~5000 万元的 110 家，500~1000 万元的 20 家。生产加工的产品有工程机械、烟草机械、纺织机械、轻工机械、农业机械、汽车及零部件、船舶、电工电器、电子元器件等 160 多个品种,近600个型号。其中,中联重科等16家企业的塔机等20多个品种占据了行业内细分市场10%以上的份额 。

到2012年,全市装备制造产业当年完成规模工业总产值235.4亿元,入库税金7.2亿元,利润18.8亿元。

第一节 通用机械制造业

1988年,全市通用机械制造业(注:2002年以前,常德市统计年鉴中均用"普通机械制造业"为行业名称。2003年,改为"通用机械制造业"),有规模以上企业166个,员工8948名。当年实现工业总产值1.77亿元,产品销售收入1.7亿元,入库税金912.7万元,利润1133万元。

1989年至1993年,通用机械制造业通过实行技术改造,开发新产品等措施,生产稳步发展。1993年,完成工业总产值3.45亿元,产品销售收入3.19亿元,入库税金1194万元,利润889万元。但因受各种涨价因素影响,虽然工业总产值和销售收入分别比1988年增长94%和87%,但利税总额比1988年仅增加37.3万元。

1994年至2002年,受市场变化及随后全球经济危机的影响,通用机械制造业出现持续性产大于销,导致全行业连续9年亏损局面。亏损最多年份为1997年,当年亏损额为1107.7万元。期间,规模以上企业数量锐减。到2002年,规模以上企业仅剩18家,其中有6家还是亏损企业。

2003年,随着全球经济形势逐步好转,通用机械制造业的企业开始加大技术创新投入,并向国外市场拓展,产销与效益开始出现回升,当年实现工业总产值4.93亿元,销售收入4.24亿元,行业利润扭亏为盈,实现利润3642万元。当年新产品产值465万元,实现出口交货值2071万元。

从2004年开始,随着全球经济逐步回暖,通用机械制造业加大技术改造、新产品开发和拓展国际市场力度,到2006年,常德通用机械制造业进入10亿产业行业。当年实现工业总产值11.63亿元,销售收入11.52亿元。当年新产品产值达1.59亿元,出口交货值1.64亿元。

2007年,实现工业总产值和销售收入,均比上年翻番,当年实现工业总产值22.73亿元,销售收入22.06亿元。利润首次突破亿元大关,达1.49亿元。新产品产值达3.85亿元,出口交货值达9458万元。当年利税总额突破2亿元大关,达2.17亿元。是年,规模以上企业达50家,其中亏损企业7家。

2008年至2011年,通用机械制造业稳步快速发展。2011年,实现工业总产值137亿元,销售收入135亿元,正式进入百亿产业行业。是年利税总额达23.89亿元。规模以上企业为68个,其中亏损企业减少为3家。

2012 年，通用机械制造业实现工业总产值 138.8 亿元，销售收入 136.1 亿元，出口交货值突破亿元大关，达 1.48 亿元，利税总额 24.95 亿元。

通用机械制造业代表企业发展状况如下：

湖南省常德通用压缩机有限公司

湖南省常德通用压缩机有限公司的前身是常德通用机械厂，2002 年 1 月改制为股份制民营企业，是国家定点生产气体压缩机的骨干企业。公司坐落在常德市郊的沅水之中，毗领桃花源机场，自建有 500 吨深水码头，厂区大路与 319 国道、长—张、长—吉、长—渝高速公路相连，交通十分使得。公司占地 14 万平方米，建筑面积 357 万平方米；注册资本 1095 万元，固定资产原值 3433 万元，流动资产 2687 万元，资产负债率为 8.97%；员工为 160 人，其中各类专业技术人员 30 人；拥有以数控机床为代表的各类生产加工设备 418 台套。生产设备完善，检测手段先进，且持有压缩机生产许可证和一、二类压力容器设计、制造许可证及煤矿用产品安全标志证，其备年生产各种气体压缩机 5000 台能力。

公司充分发挥自身研发人才，一线员工技术的高素质及良好的设备优势，并与相关科研院携手不断联合开发新产品，能生产七大系列 53 种规格大、中、小、微型有油、半无油及全无油润滑空气压缩机、辊杆压缩机等系列产品。主要产品 L 系列空气压缩机和无油空气压缩机及其变型产品。主要产品：V 系列空气压缩机及其相应的柴油机驱动空压机；W 系列空气压缩机和柴油驱动空压机；Z 系列汽车、机车专用空压机和机车专用空气压缩机；全无油空压机系列及其变型产品；双螺杆机系列及工程系列搅拌机和全液压履带岩台车等。其中 WW-0.6/10 型全无油润滑空压机属国家评定的优等品；W-1.6/10、VF-3/7、VF-6/7、L-11/7、L-22/7 五种产品属国家评定一等品。其产品走俏全国各地，并出口印度、越南东南亚地区及古巴等国家。

公司在整个生产经营过程中，注重产品质量管理，强化精益生产和质量目标责任制的落实，并实行严格检查考核，半月一次质量分析例会，有效促进了企业的全员管理。2003 年通过 ISO9001：2000 国家质量体系认证。

湖南凯斯机械股份有限公司

湖南凯斯机械股份有限公司创办于 1998 年，是一家非公有制机械零部件专业制造企业，坐落在湖南省安乡工业园，占地 120060 平方米，建筑面积 31680 平方米，注册资本金 4246.8 万元，总资产达 1.29 亿元。有三个子公司，即宁波凯斯机械有限公司。员工有 768 人，其中具有大专以上学历和中级职称及以上者逾 80 人。各类生产加工及检测设备有日本、台湾和国产的各型号卧式、立式加工中心、数控铣床及其它配套设备 650 多台(套)，主要业务是为沿海发达城市、台湾、日本及欧洲等国家的先进企业提供工业缝纫机所需零部件服务。

公司一直秉承“严谨、文明、向上”的企业精神，在强化产品质量的同时，还十分注重严格的产品质量检测工作，并在质量的硬件和软件上狠下功夫，通过引进三坐标测量机、测高仪及粗糙度仪等先进检测设备，使公司的检测质量接近国际水平。全面质量管理工作也上了一个新的台阶，产品质量得到有效保证，为保无缺陷产品出厂，深得用户青睐，产品远销日本等20多个国家和地区，并与世界500强中的机械企业如博世、三菱等建立了业务关系。2005年，“凯斯”商标被评为“湖南省著名商标”；2007年，“安凯牌”被评为湖南名牌产品；2006年，公司被湖南省授予“湖南省高新技术企业”；2008年，被评为“全国轻工业企业信息化先进单位”、“湖南省知识产权优势培育企业”及“常德市十佳科技创新型企业”等。

第二节　专用设备制造业

1988年，专用设备制造业有规模以上企业36个，员工9689名。当年实现工业总产值1.51亿元，产品销售收入1.45亿元，入库税金1101万元，利润2538万元。

1989—1993年，因其他产业企业转产机械制造，加上新办企业，企业数量由1988年的36个1993年增加到70个，工业总产值由1988年的1.5亿元增长为4亿元，销售收入由1988年的1.45亿元增长为3.84亿元，入库税金由1988年的1101.7万元增长为2396万元，利税总额由1988年的3639.7万元增长为5244万元。

1994—2001年，受市场变化及随后全球经济危机影响，专用设备制造业开始出现全行业亏损，亏损最多年份为1996年，当年亏损额为2516万元，企业个数由1994年的90个减少为61个。

2002年，随着全球经济逐渐回暖，技术改造新产品开发和拓展国际市场力度加大，当年实现工业总产值8.35亿元，销售收入7.83亿元，尽管当年在18家规模以上企业中仍有5家企业亏损，但全行业实现扭亏为盈，当年实现利润5516万元，新产品产值达1.33亿元，实现出口交货值2466万元。

2003年，专用设备制造业实现工业总产值10.8亿元，销售收入10.1亿元，利税总额1.75亿元，分别进入生产规模10亿元，利税亿元行业。

2004—2012年，专用设备制造业进入稳步快速发展阶段，并实现了2010年至2012年的连续3年产、销跨级跳跃。2010年实现工业总产值36.24亿元，销售收入35.71亿元。2011年实现工业总产值70.82亿元，销售收入69.80亿元。2012年实现工业总产值80.38亿元，销售收入78.61亿元。规模以上企业数增加到32个。当年实现利税总额9.75亿元。

专用设备制造业最具代表性的是七一机械厂、常德烟机厂和常德纺机厂等企业。

常德七一机械厂是解放后第一家国营中一型机械企业，亦是常德市机械工业的摇蓝。

1951 年建厂,1953 年收归湖南省工业厅直属厂,1958 年再度下放常德地区专员公署,1962 年 10 月又被收归省机械工业局,1970 年 10 月再一次下放给常德专员公署。1987 年以后,由于生产经营滑坡,转产成为烟草机械专业制造企业。

1988 年,转产后的常德七一机械厂开发出 YHB300C 卷烟横包机组,使产值比上年增长 24.42%,利润比上年增长 100.36%。1990 年全厂全面实行工人合同制,同时加大技改投入专业生产烟草机械,是年 9 月被省政府授予先进企业称号。1992 年厂长王福魁调任武汉重机厂党委书记后,第 10 任厂长汪啸风上任,使七一机械居全国机械系统第 7 位,全省百强企业第 15 位,当年实现工业产值 2508.92 万元,实现利税达到 1000 万元。

1998 年,常德七一机械厂作为国家大二型国有企业,率先实施公司体制改革,企业更改名称为常德七一股份有限公司。

2000 年,常德七一机械股份有限公司纳入全市“两个置换”改革,进行了破产重组。

常德烟草机械有限公司的前身是常德光电源机械厂,1987 年 1 月更名为常德烟草工业机械厂,隶属中国烟草总公司管理。1999 年进行公司改制改革,更名为常德烟草机械有限公司。

1988 年,常德烟机生产的 YJ14 卷烟机和 HJ23 接装机获湖南省经委“优秀产品”称号,1998 年被省政府评为“湖南省先进企业”,1990 年被省政府授予“重合同守信用”企业,1991 年被国务院确定为国家二级企业,1993 年被评为“中国企业 500 强”第 145 位,1995 年科委评为“科技进步三等奖”,同年被评定为“省高新技术企业”。

1992 年起,常德烟机实现产品出口创汇,是年 5 月出口朝鲜,创汇 116 万美元;1996—1999 年,先后出口莫桑比克和菲律宾,共创汇 1600 万美元。

2000 年 5 月 28 日,常德烟机实施场地搬迁改造,从鼎城石板滩迁至武陵开发区。是年,实现销售收入 1.33 亿元,利税 1500 万元。2010 年,完成产值 12.2 亿元,实现销售收入 10.5 亿元,利税 1.88 亿元。2012 年,完成产值 130.6 亿元,实现销售收入 108.2 亿元,利税 3.58 亿元。

专用机械制造业代表企业发展状况如下:

常德烟草机械有限责任公司

常德烟草机械有限责任公司的前身上常德烟草工业机械厂,创建于 1969 年,1999 年 12 月改制,是中国烟草机械产品研发生产制造企业之一,国家大二型企业。公司坐落在常德市武陵区长庚路 99 号,靠近 207 国道和石长铁路,交通方便;占地 184 亩,建筑面积 54545m²;员工 8000 余人,其中专业技术人员 400 余人,注册资本 3.9 亿元人民币,资产总额达 10 亿元;各类主要先进生产和检测设备有德国的卧式加工中心、日本的多面体龙门加工中心及意大利的三座标测量仪等 146 台套,生产香烟卷接机组、卷烟储存输送系统及装盘机等产品。

公司一直坚持着科技创业精神,靠科技创新做大做强企业。ERP、CAD/CAPP/CAM/PDM 等信息技术被广泛应用,有效提高了工作生产效率和经济效益。1998 年,公司被国家烟草专卖局确定为首批技术创新试点企业,1999 年又被湖南省科委确定为高新技术企业。同年通过 ISO9001 国际质量体系标准化认证、“全国五一劳动奖状” 和 “全国机械行业文明单位”。2008 年通过环境和职业健康安全管理体系认证,并被认定为湖南省首批高新技术企业。

金融危机的冲击、国外烟机企业对国内市场的觊觎,让企业清醒地认识到,要想在激烈的竞争中占有一席之地,唯有一懈创新。常德烟机将继续紧紧围绕“做优、做精、做强”企业的战略目标,弘扬“团结、勤奋、拼搏、奉献、求实、创新”的企业精神,不断增强市场竞争力和企业综合实力,为国内外客户提供更优质的产品和更满意服务,使每一天的创造都精彩。

公司加快推进自主创新,提高自主创新能力,研发了一批拥有自主知识产权的烟机设备。目前公司主要产品有 XJ17(7000 支 / 分钟)、ZJ17C(8000 支 / 分钟)、ZJ112(10000 支 / 分钟)型卷接机组,ZF12、YF13 和 YF14 型卷烟储存输送系统,YJ35A 型装盘机,YF171A 型滤棒气力输送装置等。主导产品的质量可靠性达到国际同类产品先进水平,产品畅销全国,远销欧美亚非,深受各大卷烟企业喜爱。同时公司还为客户提供优质的烟机大项维修和零配件服务。

主要产品

卷接机组,卷烟储存输送系统,装盘机,滤棒储存输送装置,纤维滤棒成型机组,滤棒气力输送装置等。

常德纺织机械有限公司

常德纺织机械有限公司是全国最大的经编机和摇架制造销售企业。由原国家纺织工业部于 1966 年投资设立的纺机骨干企业,现为中国恒天集团下属控股公司——“经纬股份”的子公司,国家二级企业。公司位于湖南省德经济技术开发区高新技术工业园内,占地 25 万平方米,总资产 34500 万元,固定资产 16000 万元,拥有职工 1600 人,其中专业技术人员占 20%,2003 年通过 ISO9001 质量管理体系认证。

公司拥有包括精密设备,数控设备,大型设备,加工中心在内的生产设施及设备 2000 余台(套),其中数控化率约 35%以上,年生产机械产品能力上万吨。经过 44 年励精图治,企业在科技创新和产品开发上形成了一套自己独有的组织体系,现有产品大多数为国内首创,并基本达到国际先进水平,其中经编机制造跻身于全球三强,摇架产销量高居世界第一,市场占有率均超过 60%。产品除在国内市场名列前茅外,还远销西班牙、意大利、英国、越南、印度、印度尼西亚、巴基斯坦等 20 多年国家和地区。

其生产的产品经编机有 KS 型、E2528 型、E2518 型特里科高速经编机,E2178 型拉舌尔高速经编机、GE2725M 型毛巾经编机,E2281、E2291、有 2288 型双针床经编机,多轴向经编机以及双轴向经编机等 8 大系列近百个品种,适应编织服装面料、席梦思面料、鞋面料、拉绒织物、棉毯、室内装饰织物、汽车座垫、弹性织物和工亚织物等不同织物的需要,市场占有率达 60%,并批量出口到欧、亚国家。“常德纺机”已成为全国独树一帜、技术一流、代表民族经编机水平的名片，企业成为全国最大经编机产销基地。

摇架有弹簧加压、气加压及紧蜜纺专用摇架11大系列63个品种，能够为不同纤维长度的棉、毛、麻、绢及化学纤维提供全方位牵伸加压解决方案。2010年3月，已累计为全球一亿纱锭提供了配套摇架产品，其中具有多项专利的QYJ30系列气加压摇架2009年被中国纺织报评为“60年最具影响力的品牌”，成为当前最为热销的产品。“常德摇架，纺天下”常德纺机摇架在外观和压力等性能指标上与国际一流品牌并驾齐驱，日产达12000套，高居全球榜首。市场占有率已高达60%，并随主机和单独出口。

企业将逐步把特里经编机和拉舍尔经编机向高速 、高密、宽幅、全电子化方向发展，加快开发多轴向、双轴向经编机、贾卡提花多梳栉经编机、无缝内衣经编机、高速毛巾机、无纺布设备，开发行业外产品，介入工程机械、铁路交通设备等产业。

常德纺机从建厂初期的小型机械制造企业，逐步发展成为年产销达5亿元、利润3000多万元、纳税3000多万元、经济效益居全国同行业前列的知名纺机企业，并成为常德支柱工业企业，创造了良好的社会效益和企业效益。

多年来，公司始终坚持“以人为本、实事求是、不断创新、持之以恒”的企业文化建设原则，努力构建和完善的和谐文化、诚信文化、执行有力文化和创新文化、精心打造“协同、创新、卓越”的企业精神，充分发挥国有资本的影响力，以持续创新的精神努力完成打造装备旗舰，引领纺织发展的使命。

2002年以来，公司被认定为湖南省高新技术企业、国家火炬计划重点高新技术企业、湖南省重点高新技术企业、湖南省省级技术中心、湖南省百强企业，公司“巨鹰”商标为湖南省著名商标。同时，企业还连续荣获中国纺机集团“先进企业”称号、中国恒天集团“先进集体”称号，获常德市“明星企业”称号。2006年荣获中国纺织工业协会授予的“全国纺织和谐企业先进单位”，2007年荣获湖南省“十佳学生型组织”，同年还荣获“全国机械行业文明单位”称号，成为全国上百家纺机行业企业中唯一获此殊荣的企业。

在科技创新的推动下，公司实现了持续稳定发展。依托优良的技术和装备优势，积极开发领先于国内市场的新一代高速经编机和新型摇架，全国推进企业持续良性发展。每年开发3至5种新产品并当年投放市场。每年新增专利技术5项以上，实现经编机出口比重达5%，摇架出口比重达30%。

主要产品

经编机、摇架及粉末冶金制品。

中联重科建筑起重机械分公司

中联重科建筑起重机械分公司为长沙中联重工科技发展有限公司下属分公司，创建于2006年6月，公司总部和主体生产基地坐落在常德灌溪工业园，其余四个基地分别在中联重科长沙麓谷工业园、广州生产基地、北京大业生产基地、江苏江阴生产基地等四个工业园区。主要从事塔式起重机系列产品的设计开发、生产制造和销售服务。公司拥有的11万余平方米的现代化厂房,生产和检测设备均达到国际先进水平,有预处理绒、后处理绒、长达5000米的自动呼中悬挂链涂装和系统、松下焊接机器人、数控等离子下料机、精密、镗床等大批高精尖设备。现在员工1400余人,其中各类专业技术人员1200人。目前塔机产品已成系列,生产可从63tm到5200tm的普通型、动臂型、平头型三大系列四十多个型号品种,年产值逾10亿元。2009年公司完成工业总产值11.88亿元,入库税金6343万元。

公司在国内建立了36个直接销售点和服务网点,对各驻外分公司实现了计算机闻机网络管理,售后服务实现了三个24小时的承诺,让遍布全球的中联用户,在可靠的塔机性能和专业的售后服务中,享受着人机和谐的巨大科技魅力,使国内外的市场份额不断扩大。在全球出口贸易中,塔机产品远销美国、俄罗斯、阿联酋、印度等六十多年国家和地区。2005年,公司一举中标国内塔机出口第一大单,79台塔机一次性远销国外,一时轰动媒体,中央电视台进行了跟踪报道。

公司充分发挥强大的技术实力,在产品研发上推陈出新。1956年中联设计完成中国第一台拥有自主知识产权的QTZ160塔机;1996年中联开发全国首创的全变频无级调速塔机;2008年中联成功开发出目前国内最大吨位动臂塔机TCR6055,并推出D1100超大型塔式起重机;2010年公司又成功中标目前国内最大吨位5200吨·米超大型塔机设计、开发和制造,肩负起了"重大装备国产化"的神圣使命与光荣任务。从1956年到2012年的56年中,公司秉持"为客户创造价值"的终极目标。为客户创造"安全、可靠、专业、高效"的塔机产品。

主要产品

QTZ160塔机、全变频无级调速塔机、动臂塔机TCR6055等。

第三节　交通运输设备制造业

1988年,全市交通运输设备制造业有规模以上企业62个,员工6868名。当年实现工业总产值9.55亿元,销售收入8.98亿元,入库税金3230万元,利润4590元。

1989年至1993年,交通运输设备制造业通过加大技术改造投入,加大新产品开发,生产出现较快增长。1993年,实现工业总产值38.41亿元,销售收入16.85亿元,分别为1988年4.02倍和1.87倍。

1994年至2002年,由于其他产业的企业转行进入及新建企业增加,1994年企业个数增加到101个,尽管受全球经济滑坡冲击,交通运输制造业保持了平衡发展态势。除1996年、1999年、2001年出现行业亏损,其他年份产销均处于在约有波动中增长态势。2002年,全行业实现工业总产值9.14亿元,销售收入9.27亿元,利税总额6672万元,分别比1994年增长82.32%、88.03%、5.65倍。

2003 年,交通运输设备制造业在规模以上企业仅剩 18 个,其中 5 个亏损的情况下,实现工业总产值 10.19 亿元,销售收入 9.4 亿元,利税总额 5728 万元。当年新产品贡献产值 3.59 亿元,出口交货值 1979 万元。交通运输制造业生产规模步入 10 亿元产业行业。

2004 年至 2011 年,交通运输设备制造业在市委市政府“工业强市、园区兴工、项目立园”战略和交通运输设备制造产业迎来加速发展期的推动下,随着中联重科、三一重工等优势企业的进入带动,战略性产业集群的形成,交通运输设备制造产业出现产、销和效益连年增长好势头,到 2011 年,全行业实现工业总产值 60.56 亿元,销售收入 59.57 亿元,出口交货值 1.25 亿元,利税总额 4.78 亿元,产值、销售收入和利税分别比 2004 年增长 5.71 倍、5.71 倍和 9.06 倍。

2012 年,市统计局统计口径将交通运输设备制造业一分为二,分别为汽车制造业、铁路、船舶、航空航天和其它运输设备制造业。当年汽车制造业实现工业总产值 43.04 亿元,销售收入 42.11 亿元,新产品产值 2.59 亿元,出口交货值 2565 万元,利税总额 4.46 亿元。铁路、船舶、航空航天和其他运输设备制造业实现工业总产值 5.1 亿元,销售收入 5.09 亿元,利税总额 5015 万元。

全市交通运输机械制造业代表企业发展状况如下:

中国大汉汽车集团有限公司

中国大汉汽车集团有限公司是一家拥有客车、专用汽车生产资质的机械装备制造企业,公司现有员工 600 余人,总资产 19556 万元,占地面积 200 余亩,生产办公用房 5 万平米,主要涉足客车、专用汽车、液压机械制造、粮食机械制造、精密机械加工和房地产开发等产业。

公司秉承“贡献社会、发展企业、成就员工”的企业宗旨,在客车引进德国“尼奥普兰”品牌技术、专用汽车引进日本“金田野”技术的基础上,努力实现产业快速发展,铸造“大汉”品牌。

集团公司旗下现有六家控股公司:从事装备制造产业的公司为:

湖南飞涛专用汽车制造有限公司:是在原“湖南专用汽车制造厂”基础上经过改制建立起来的股份制企业,公司已通过 ISO9001 认证和“3C”认证。其主导产品随车起重运输车的制作技术,是经原国家计委立项,从日本多田野株式会社独家引进的。公司秉承十几年专业生产随车吊的传统优势;立志创中国随车起重运输车(含直臂吊、折臂吊、轨道吊机)龙头品牌。

常德大汉专用汽车有限公司:是集起重运输车、高空作业车、桥检车、清障车、环卫车等各式车辆研发、生产、销售于一体的专用汽车生产企业。公司具有丰富的专用汽车研发、制造经验,聚集一批在专用车辆制造领域颇有造诣的专业人才。

常德双猫机械有限公司:是一家以粮食加工机械(含砻谷胶辊)制造为基础的机械企业,公司通过 ISO9001 国际质量体系认证,建立完善的公司治理结构,产品畅销海内处三十多年国家和地区。目前,公司正立足现有产品,以大汉汽车集团为依托,积极向富车领域发展(12 米以下客车),努力打造一支优秀的经营团队,创造新的经济增长点,实现公司的可持续发展。

常德汉风液压机械有限公司:是一家以专用汽车油缸、液压件及传动箱体生产制造为主导产品,其他机械加工为辅业的新型股份制企业。公司拥有先进的油缸加工成套设备、各种精密机械加工设备,延续了原“二纺机”数十年机械加工的传统。公司已通过 ISO9001 质量体系认证,具有良好的生产管理、产品质量管理体系基础。

主要产品

客车、专用汽车、液压机械制造、粮食机械制造、精密机械加工等。

常德达门船舶有限公司

常德达门船舶有限公司的前身是湖南省常德船舶厂, 创建于 1950 年,1994 年 1 月,湖南省人民政府批准成立为外商独资企业,以生产销售民用船舶、船舶零部件、船舶修理船舶设备及售后服务为经营范围。公司坐落在常德市武陵区德山街,靠近长常高速公路和沅江,交通便捷。现有员工 383 人,其中各类业技术人员 51 人,完成总投资 550 万美元,注册资本 433 万美元;拥有省内最大的船台滑道,600 吨级浮船坞等机器设备近 391 台套,厂房设施面积 30711 平方米,总资产达 7682 万元。

公司通过多年努力,已具备设计、建造新型 ASD 全回转拖轮、CZ 绞吸式挖泥船、WSD 刀轮式挖泥船、挖泥船辅助船和 Stan Tug 标准拖轮的能力。到目前, 已完成 6.3 米钓鱼船、StanTug1605、StanTug1606 三个系列前规拖轮,CZ450 绞吸式、CZ500 绞吸式和 WSD400 刀轮式三个系列挖泥船及 ASD2310、ASD2411、ASD2509、ASD2810、ASD3111 五个系列全回转拖共 11 个系列产品的设计生产能力,并使之标准化。

公司建立了自己船舶设计团队,坚持引进、消化、吸收、创新的技术发展思路,广泛应用 AutoCAD、Cadmatic、Nupas、3Dmax 等专业软件进行船舶设计, 在与国外公司合作的过程中,使公司研发设计能力不仅满足自身的需要, 而且从 2007 年开始承接国外船舶设计生产业务。

公司产品遍布亚、欧、非、南北美、大洋洲等世界各大洲,销售收入迅速增长。2007 年销售收入突破亿元大关。

2008 年实现销售收入 1.5 亿元,出口交货值 2370 万美元;2009 年,公司建造销售各类船舶 64 艘,实现产值 2.5 亿元,销售收入 2 亿元,出口创汇 3000 万美元,成为常德市出口创汇大户,是国家加工贸易出口重点企业。为促进企业快速成长,公司实施高速船、新型拖轮项目,产品研发已经启动,项目实施后使公司产品多元化,产能进一步提升。

主要产品

全回转拖轮、标准拖轮、挖泥船、工作船、辅助船及船舶配件等。

第四节　电气机械及器材制造业

1988年,电气机械器材制造业有规模以上企业53个,员工6011名。当年实现工业总产值9844万元,销售收入9657万元,入库税金488万元,利润422万元。

1989—1993年,电气机械及器材制造业通过加强技术改造,新产品开发和市场开拓,生产保持基本稳定和发展势头。1993年,实现工业总产值2.3亿元,销售收入2.13亿元。分别为1988年的2.3倍和2.21倍。

1994—2001年,受市场因素冲击,电气机械及器材制造业呈现连续下滑态势。1998年更是出现断崖式滑坡。1998年规模以上企业数由上年的41个减少为8个，实现工业总产值4301万元,销售收入3741万元,分别比上年减少9350万元和8618万元。

2002—2012年,电气机械及器材制造业随着加强技术改造、新产品开发和市场形势的逐步好转,生产销售出现了持续快速增长。2010年,实现工业总产值10亿多元,生产规模进入全市10亿产业行列。2011年实现工业总产值、销售收入同步突破1.4亿元,利税总额突破亿元大关,达1.18亿元。2012年实现利税总额达到2.26亿元,实现了效益在高起点上的高增长。

电器机械制造业代表企业发展状况如下:

常德国力变压器有限公司

常德国力变压器有限公司的前身为常德市变压器厂,始建于1966年,2001年改制为股份制民营企业,是国家原机械部、电力部定点生产变压器的企业,中国电器工业协会变压器分会会员,湖南省"小巨人"计划企业、湖南省高新技术企业及湖南省输变电设备产业联盟骨干成员,综合实力在湖南省变压器行业排名第二。近年来,公司先后获得国家级荣誉1项,省级荣誉5项,市级荣誉12项。

公司占地5万多平方米,建筑面积3.1万平方米,拥有总资产7408万元。现有员工290人,其中各类专业技术人员96人。公司拥有加工数控冲、弯及等离子切割、焊接设备,自动数控铁芯横、纵剪线机,数控、箔式、卷铁芯绕线机,压力真实浸漆设备,150立方米立式真空干燥罐,变压器真空干燥罐,局放仪、测试仪、油色谱分析仪等先进关键设备及常规设备242台套。年产变压器能力可达200万千伏安,产值2个亿。

公司坚持走"借助外力、联合办企"的发展道路,常年与沈阳变压器研究所、湖南大学、中南大学、湖南文理学院等科研院所合作研发,使企业创新能力获得长足进步。产品被原国家经贸委列入《全国城乡电网建设改造所需主要设备推荐目录》,其中8项产品填补省内空白,并相继获得国家、省、市科技进步奖,35KV及以下电力变压器、组合式变压器荣获湖南省名牌产品称号,公司与沈阳变压器研究所开发的非晶合金变压器技术,处于国内领先水平,全部拥有自主知识产权,有4项获得国家专利证书。2009年,通过2008年ISO9001国际质量体系认证,企业图形商标被认定为湖南省著名商标。

公司凭借名牌和著名商标产品实力顺利打入电力、铁路、水利、水电、核工、军工、房地产等领域,成为湖南、内蒙古、四川、江西、贵州等省电力公司集中规模招标入围企业,产品畅销20多个省、市、自治区,且出口蒙古、印度、尼泊尔、越南、俄罗斯等亚欧国家,深得用户好评。

主要产品

110kv级及以下油浸式、组合式、干式和非晶合金变压器。

常德恒力调压器有限公司

常德恒力调压器有限公司由原国有企业常德电机总厂于2001年4月改制分块组建,主要产品由原常德电机总厂调压器分厂单一的感应调压器和感应型稳压器扩展到感应调压器、感应型稳压器、试验型感应调压器、双圈隔离式感应调压器、感应式调电抗器、可调可稳感应调压器、大功率柱式电动调压器、大功率稳压电源、试验变压器、电源变压器、大电流变压器等,其单机容量由10-500KVA扩大到10-8000KVA,其电压等级由380V扩充到380V、6000V和10000V,其机座号由4个机座号增加到9个机座号。

公司通过五年的创业发展由租赁原无线电设备厂的厂房和设备发展到在五一工业园内自己修建厂房、办公楼群 配置各种设备20台,总资产达500万元。并拥有雄厚的技术力量,其中有高级工程师2名,技师5名,公司通过不断开发新产品,加强质量控制,有效拓展市场,使企业得到快速发展。

2004年11月,应湖南安淳高新技术有限公司配套要求,在全国首创6000V输入0—650V输出隔离式感应调压器,提高了我国化肥行业装备,由原来的通用型产品转变为科技型产品,使之在同行业中具有核心竞争力。2005年公司参与由沈阳变压器研究所主持的感应调压器产品国家标准的制定工作,成为感应调压器国家标准参与制定单位。

从2001—2009年,公司先后为湘潭电机厂、株洲田心电力机车厂、株洲冶炼厂、遵义钛业有限公司、葫芦岛锌厂、中国船舶第七研究院第七三二所、中国核动力研究设计院、中南大学铁道学院、沈阳工业大学、武汉钢铁集团公司、湖北宜华等单位生产配套产品,产品销往除台湾之外的全国各省市,并与株洲田心电力机车厂配套出口哈萨克斯坦,得到用户一致好评。

主要产品

单、三相干式、油浸式感应调压器,感应可调电抗器,大容量柱式稳压电泊,特种变压器、电抗器等。

第五节　电子及通信设备制造业

1988 年,电子及通信制造业有规模以上企业 9 个,员工 3574 名,当年实现工业总产值 2652 万元,销售收入 2630 万元,入库税金 115.5 万元,利润 182 万元。

1989—1993 年,电子及通信设备制造业生产销售保持稳步上升态势。1993 年,实现工业总产值 1.54 亿元,销售收入 1.74 亿元,分别为 1988 年的 5.81 和 6.6 倍,生产规模进入亿元行业阵营。但 1990 年实现利润出现亏损 120 万元,此后三年的实现利润均未足百万。

1994—2002 年,受市场变化的影响。电子及通信设备制造业生产规模在维持了两年稳定后,于 1996 年滑出亿元行业阵营,当年实现工业总产值 8948.1 万元,此后三年生产连年下滑,到 1999 年,是年实现工业总产值仅 2811.2 万元,销售收入仅 1859.2 万元,2000 年,随着宏观经济形势好转,生产快速回升,2001 年实现工业总产值 1.01 亿元,重回亿元行业阵营。2002 年,实现工业总产值 1.41 亿元,销售收入 1.14 亿元,双双过亿元,在效益方面,1994 年至 1999 年中,除 1997 年实现利润 82 万元外,其余年份均为亏损,亏损额最多的年份为 1994 年,全行业亏损 1306 万元,其他年份亏损额均在 500 万元以上。到 2000 年,电子及通信设备制造业实现扭亏为盈,当年实现利润 213.3 万元。2002 年,实现利润为 1784 万元,为 2000 年 8.36 倍。

2003—2012 年,随着常德市政府加快工业园区建设,打造百亿产业集群和加强招商引资等政策的推进,以及老企业加大技术改造力度,电子及通讯设备制造业出现了跳跃式发展。工业总产值 2003 年为 1.44 亿元,2004 年达到 5.31 亿元,2007 年达到 6.43 亿元,2010 年达到 18.7 亿元,2011 年达到 30.6 亿元,2012 年达到 41.38 亿元。期间,销售收入也实现了同步跳跃式增长。2012 年实现利税总额 5.17 亿元,企业个数增加到 30 个。

电子通信制造业代表企业发展状况如下:

湖南英仕达机械设备有限公司

湖南英仕达机械设备有限公司是由香港瑞辉发展有限公司与湖南汉寿长源新材料有限公司合资组成,公司成立于 2003 年 10 月,占地面积 10000 平方米,坐落在汉寿县龙阳镇范家路 45 号、东临 S205 国道、北临汉寿沅水大桥,地理位置优越,交通方便。公司生产的五金电配产品全部由香港外销。

公司技术力量雄厚,设备设施齐全。公司现有员工 80 人,其中大专以上学历有 30 人,高级职称技术人员 15 人,博士 1 人,研究生 4 人。拥有现代化标准厂房 2000 平方米。公司主要产品有电池材料及五金、电线管配件等。公司生产的"COT"电线管线管配件产品品牌在香港市场上属于同行业知名品牌,深受广大用户欢迎,它主要用于高层建筑及高级酒店使用,一直按 ISO9001:2000、英国电器标准 BS4568 和 BS4662 标准生产,通过香港房屋检测中心检测,成为香港政府房屋协会认可进入香港政府工程的产品。现出口到英国、新加坡等国家和香港、澳门地区。2007 年开始研发与中试的电池材料高品质电池级磷酸铁是针对锂电池正极材料—高密度、高活性磷酸铁材料的特性要求而专业生产的精细化工产品。磷酸铁是引发锂电革命的一种新材料,是锂电池行业发展的最前沿。因其优势而广泛应用于混合动力汽车、电动工具、电动自行车、电动助力车、发电储能装置等各个领域。产品投放市场以来,深受广大用户青睐和好评。

磷酸铁锂项目现已被国家纳入 863 计划,公司高品质磷酸铁的研制成功,填补了国内空白,其生产工艺和合成技术属国内首创,处于国际先进水平。公司于 2009 年开始新增投入 2184 万元资金用于该项目的研发与生产,项目建成投产后,每年新增产值 8000 万元,年利税 800 万元。

主要产品

电线管配件,电池材料、高档五金件等。

第六节　仪器仪表及文化办公用机械制造业

1988 年,全市仪器仪表及文化办公用机械制造业有规模以上企业 10 个,员工 3574 名。当年实现工业总产值 4917 万元,产品销售收入 5370 万元,入库税金 1795 万元,利润 3060 万元。

1989—1993 年,1992 年前 4 年仪器仪表及文化办公用机械制造业生产销售均处于较平衡状态。1993 年开始,受市场大环境变化影响,生产出现大滑坡。当年实现工业总产值1628 万元,比 1988 年下滑 67%,效益出现行业性亏损,亏损额 63 万元。

1994—2002 年,受市场变化因素的影响,自 1993 年至 1997 年,仪器仪表及文化办公用机器制造业连续 5 年出现行业亏损,亏损额最高年份为 1997 年,亏损 1400.7 万元,期间,该行业随着招商引资企业加入,以及老企业加大新产品开发和市场拓展力度,行业规模在 1996 年跨入亿元行业阵营,当年实现工业总产值 2.58 亿元,销售收入 2.34 亿元,1998 年至 2000 年,全行业生产、销售均保持在亿元以上,效益实现了扭亏为盈。2001 年,因出现产大于销,库存过大,再次出现行业性亏损。当年实现销售收入 2.39 亿元,销售收入 1.47 亿元,实现利润为负 292 万元。2002 年,通过采取限产去库存措施,当年实现利润 574 万元,成功扭亏为盈。

2003—2012 年,仪器仪表及文化办公用机械制造业除 2004 年产销未达亿元(工业总产值 7343 万元,销售收入 7100 万元),利润亏损 1489 万元外,其他年份产销均在 3 亿元以上,产销最高年份为 2011 年,实现工业总产值 7.19 亿元,销售收入 6.84 亿元。实现利润除2005 年外,均达到 1000 万元以上,最高年份为 2011 年,实现利润 4448 万元。

仪器仪表制造业代表企业发展状况如下:

湖南常德牌水表制造有限公司

湖南常德牌水表制造有限公司的前身为湖南常德水表厂，创办于1965年，2002年改制为现公司，地处交通便捷的湘西北经济文化中心，即常德市城区青年中路42号。公司注册资金1080万，总资产4500万元，占地为2.5万平方米，其中厂房建筑面积1.3万平方米；现有员工200余名，其中专业技术人员52名，现有各类生产检测设备300余台（套），其中水表专业生产设备200余台（套），年生产水表能力200万台，是原国家经贸委定点生产水表的专业厂家，系湖南省最大的水表生产企业，也是同行业内较具实力和影响力的专业生产企业。

经过四十多年水表制造与开发能力的厚积。企业产品工艺技术更为先进，检测手段更加完备，生产保障有力。公司制造的产品有旋翼式冷、热水表、螺翼式冷、热水表，干式磁传式冷、热水表，单流束冷、热水表已达60个品种、206个型号规模，使产品形成一个品种较齐全、规格系列化的产品群，规格从DN15至DN400，规格之全之大是国内水表生产企业少有的，极大地满足了广大用户的不同需求。公司还开发出新型、实用、技术含量高的滴水动水表、垂直螺翼式水表、远传水表、IC卡智能水表、TM卡电子水表等各种新产品，使企业产品技术含量更高，市场竞争力更强。

公司视产品质量为企业生命，产品质量达到GB/T778.1—2007标准，是省内水表行业唯一获得ISO9001:2008质量管理体系认证单位，并获中华人民共和国出口企业资格证书，在国家及省、市级水表抽查中连续多年检测合格。公司产品拥有自主知识产权专利9项，先后是“国家免检产品”、“湖南省名牌产品”荣誉，“常德”注册商标是省内唯一的水表产品著名商标、国家免检产品，产品畅销国内，远销海外。企业荣获全国质量信得过单位、全省民营企业百家质量信得过单位、“产品质量、服务质量”双满意单位、湖南省价格、计量信用得过单位及AAA级信用企业、常德市私营企业百强单位等殊荣。公司系中国计量协会水表工作委员会会员单位、中国国际商会常德商会会员单位。

公司秉承“造一流产品、做一流服务、创一流品牌、成一流企业”的企业方针，对内加强企业会员管理，加大技术改革力度，加快产品开发速度。对外势力打造品牌形象，创知名品牌和知名企业，扩大占领国内外市场份额，打造企业航母，力创国际品牌，用质优价实的产品、至诚至信服务，做到了让消费者买得放心、用得称心。

主要产品

旋翼式水表、螺翼式水表、高灵敏水表、发讯水表、IC卡水表、饮用水计量表、水平螺翼式复式水表、旋翼式单流束水表、无线远传水表、无源直读远传水表及水表配套产品，户表控制系统箱，管道安装配件等。

第七节 其他制造业

其他制造业在整个装备制造产业中长期处于规模以上企业数量少,所占比例小的状态。到2001年,规模以上企业仅3个(其中1个亏损),员工258名,当年实现工业总产值3757万元,销售收入3359万元,入库税金263万元,利润116万元。

2002年开始,企业数量逐步有所增加,到2007年,规模以上企业增加到7个(其中1个亏损),当年实现工业总产值1.30亿元,销售收入1.28亿元,产、销步入亿元行业。但入库税金仅391万元,利润亏损25万元。

2010年,其他制造业行业随着出口增加,生产和效益均有较大增长,当年实现工业总产值4.47亿,销售收入4.36亿元,出口交货值9355万元,入库税金1623万元,实现利润1916万元。

2011年开始,随着部分企业转产转行,当年统计企业数量减少为3个,但当年实现工业总产值5.12亿元,销售收入5.13亿元,出口交货值1.92亿元,入库税金2429万元,实现利润1916万元,均比上年有较大幅度增长。

2012年,受企业继续减少,出口业务转移影响,当年2个企业实现工业总产值3.79亿元,销售收入3.73亿元,入库税金2884万元,利润1806万元。

全市其它机械制造业代表企业发展状况如下:

湖南双狮橡胶制品有限责任公司

湖南双狮橡胶制品有限责任公司是原湖南省常德粮机厂经过两次改组成立的国有参股、民营控股的股份制公司,公司坐落在武陵工业园,临靠207国道和石长铁路,交通方便,是国内制造销售砻谷胶辊、橡胶制品及粮油机械配件最大专业厂家。公司注册资本660万元,其中自然人资本500万元,国有资本160万元,全资控股常德市金狮机械有限责任公司,控股金鹰包装有限公司。公司现有员工有150人,其中具有大专以上学历技术人员40人,中级职称以上管理人员20人。2006年,投资3000多万元又在常德市武陵区工业园新区建设双狮科技工业园,2007年4月竣工投产。

公司主导产品为“双狮”牌砻谷胶辊,有40多年生产历史,目前已形成完善的砻谷胶辊专业化生产体系和质量保证体系。拥有成熟的技术、先进的设备、丰富的生产经验和完善的检测,该产品曾多次获省、部优质产品称号。从1999年至2008年中,先后四届被评为“湖南省名牌产品”;从1997年至2007年“双狮”商标连续四届被评为“湖南省著名商标”;2010年企业获得湖南省质量信用A级企业称号。2005年通过ISO9001-2000质量认证;产品热销全国二十几个省市自治区,并出口东南亚、欧洲、南美洲、北美洲等几十个国家和地区,每年创外汇300多万美元。“双狮”品牌效应、性能价格、优质的售后服务及完善的销售网络，确保了“双狮”牌砻谷胶辊在同行业中的龙头地位。

充分发挥企业在橡胶行业中的技术和装备优势，遵循“做大主体、横向延伸、品牌经营、多元发展，争光一流”的方针，做好砻谷胶辊、印刷胶辊、汽车胶带、造纸胶辊等产品。

湖南芙蓉机械有限责任公司

湖南芙蓉机械有限责任公司坐落在常德经济技术开发区，公司始建于1970年，前身是湖南柴油机厂，现为湖南万安达集团公司下属国有全资子公司。公司现占地面积40万m^2，生产区面积15万m^2，厂房面积近5万m^2。现在正式员工400余人，其中工程技术人员70余人（高级工程师10人，工程师40余人）。拥有铸造、锻压、机加设备600多台套，其中加工中心、数控机床等大型设备20多台套，是集产品研发、生产、销售一体的重型汽车配件、工程机械零部件生产加工基地，是国家定点的135柴油机及柴油发电机组生产厂家。公司具有三十多年的机械加工生产历史，技术力量雄厚、生产经验丰富，有严格的质量管理保证体系和完善的售后服务，并通过了ISO9001：2000和TS16949国际质量体系认证。产品行销全国，远销东南亚、中亚、非洲、澳洲、拉美和欧洲俄罗斯等国，深受客户的青睐。

2003年以来，公司坚持大力发展重型汽车配件产业，积极整合企业资源，调整产品结构，进行产品研发，并先后组织实施了三轮技术改造，到2008年下半年，建成了主轴加工、大支座加工、桥壳加工、平衡桥装配等四条汽车配件流水生产线，形成了年产后悬架平衡轴系列产品5万台套、后桥壳1万台套的生产能力，公司发展成为重型汽车桥类配件的生产基地。目前，公司生产的汽车配件有后悬架平衡桥总成，中、后桥总成等16吨以上牵引、载重、自卸专用车等重型汽车的配套产品近20个品种，已为国内多家重型汽车厂配套。其中，芙蓉牌重型汽车后悬架平衡轴因性能稳定、质量可靠，被国内重卡厂家指定为出品车专用产品。

公司作为国家135柴油指定生产厂家，不仅拥有国家135柴油机生产许可证，船用柴油机还获得了国家船用机型式认可证和国家渔机检验证书。“芙蓉牌”135系列柴油机可广泛为电站、消防机组、船舶、压缩机和工程机械等提供动力；5—1000KW柴油发电机组系采用名牌发电机和柴油配制而成，产品性能优良、性价比高，是目前国内矿山、工地、医和宾馆等十分理想的自备电源。

此外，公司还长年从事来料加工、来件加工和来件组装生产，有近3万m^2的生产加工厂房和近3000人的从业生产人员。

公司坚持“人品决定产品，品质铸就品牌”的经营理念和“诚信敬业、创新卓越”的企业精神，不断开发新产品，不断提高产品质量。2010年产值、收入过亿元，利润200万元。

主要产品

柴油机、5—1000KW柴油发电机组系、悬架平衡轴系列、后桥壳等。

第八节　装备制造业技术进步

1988—2012年,装备制造业企业普遍重视了提高企业自身各项管理工作,加快企业各项管理向国际先进水平看齐的工作。经过不懈努力,绝大多数企业先后取得了ISO9001国际质量体系、ISO9001—2000质量体系,SGS公司(瑞士)的ISO/TO16949质量体系,WCS公司(英国)的ISO14001环境管理体系,GB/T28001—2001标准职业健康安全管理体系等认证,有力地促进了产品质量的提高和新产品开发能力的增强。

1989—1993年,常德装备制造企业加大了引进国外先进技术设备和开发新产品的力度,开发、鉴定投产的机械新产品90项,其中达国际水平7项,国内先进水平8项,省先进水平1项,填补国内空白产品7项,省内空白产品67项,达到国际水平产品有常德七一机械厂生产的YHB30000C型烟草包装机组、常德市仪器厂生产的SSL型砂粒度测定仪、津市洞庭工程机械厂生产的HL60振动平板夯实机、临澧湖南气门厂生产的MPS—145701型气门、常德市低压电器厂生产的ZG干燥过滤器、湖南津市油泵电机总厂生产的AOB、AB两个系列的三相机床冷却油泵。国内先进产品有常德粒度分析仪器厂生产的GBS试验筛、SBS铸造试验筛。常德粮油工业锅炉厂生产的DZBL—1.25—D稻糠锅炉、津市新华机械厂生产的JLBP—3型水旱耕整机、常德水表厂生产的微机控制水表流量试验装置、常德轴承厂生产的电蚀印字机、常德变压器厂生产的STS—10KV20—1600KNA系列新型变压器、常德七一机械厂生产的YBV22细长支香烟横包机。省内先进产品有澧州机械厂生产的脱水莱加工成套设备。填补国内空白产品有常德通用机械厂生产的VY40/6—18型增压机,桃源汽车液压泵厂生产的铃木ST双管路制动总泵、EQBLS6制动总泵、叉车CPZT、CP3545制动总泵、常德水表厂生产的水表夹表器、常德德山开关厂生产的DZHTL—口型电磁缩合集中控制台。填补省内空白产品有常德通用机械厂生产的3W—0.85/25型乙炔压缩机、YB100型真空压力复合泵、ZV—0.45/7型全无油润滑压缩机、K0.6、K0.9型空气净化器、2Z—0.2/7型空气压缩机、VW—22/7型、VW—10/7型无油润油空压机、3W—0.8/25型空压机、V—3/7节能型空压机、常德水表厂生产的LXCD—80电子水表、LXS—15E—20F水表、Q80—150旋翼式水表、Dg20气功球阀、桃源汽车液压泵生产的BJ130汽车双管路液压制动泵、湖南汽车车桥厂生产的EOS6型客车底盘,HNQ6600型客车、HNQ3130自卸汽车、津市电工合金材料厂生产的带钎料层电触头材料、桃源车拨叉厂生产的BJ130汽车变速叉、桃源县桃花源活塞环厂生产的49ZQL铝活塞、石门连杆厂生产的6105Q直喷式柴油机连杆、粮油锅炉厂生产的DZW07-0.7-411往复排锅炉、澧州机械厂生产的BX350-6B弄叶式混流泵、桃源县码钢厂生产的锚板、常德市阀门厂生产的Z4JH—16CDN150型、Z41H—16CD/N50—100楔式阀口、常德轴承厂生产的401720H、42211、106、108、7000109、12205K轴承、常德中兴机械厂生产的BGV—500型玻璃瓶罐头拉丝式易开盖、LV1.5型油脂精炼成套设备、桃源柴油机厂生产的S175、

S180、TV165F柴油机、常德市仪器厂生产的中药饮电加工成套设备、钢质组角推拉窗、安乡机械厂生产的VD高压静电煤气净化塔、多用包扣机、WY—801削皮机、南方125摩托车消声器、6105专用柴油机离合器壳体、武陵液压件厂生产的DLSS系列多路换向阀、PHY—G15系列平衡阀、Q1—243—O上部操纵阀、张拉机、QLY2工业轮胎起重机、常德电机总厂生产的FTSJA—20/0.5—380/0—180、FTSTA—30/0.5—380/0—180感应电压调整器、132M—6—4、160V—4—15、180V—4—22正弦组电机、常德七一机械厂生产的350AVB—6型350ZL型8轴流泵、YN22A—3000型横包机、YB51型透明纸包装机、津市新华机械厂生产的XSM20-32型加压式塑密炼机、常德市电线厂生产的聚脂漆包圆铜线、纸包铜扁线、湖南气门厂生产的ZH115WC气门缸盖、澧县刮水器厂生产的微型汽车刮水器总成、常德变压器厂生产的DBZX—4隔煤型照明信号电源箱。

2003年,常德纺织机械厂技术创新投入1100万元,申报7个项目,鉴定创新项目3项。该厂创新研制的E2292—130、136型双针床短毛绒经编机、同达机械有限公司的TDXB60A/TDZB20药品外包装机组、产品还在研制中,就被客户订货。常纺机研制的双针床高速经编机和常烟机研制生产的超高速卷烟厂被称为世界性价比最高的一流产品。

2004年,79家规模以上装备制造企业共投入技改资金1.2亿元,用于改造生产车间、自动流水生产线及关键工艺、技术及设备等28个项目,当年开发新产品56个,常德烟机公司开发的"烟友微波重量控制系统"填补了国内空白,对推进烟草行业的发展具有重要意义,常德诚信液压有限公司开发的XC*B—G28L比例组合操纵阀，性能稳定度和质量精度均达到国际先进水平,填补了国内空白。

2005年,常德纺织机械有限责任公司被湖南省科技厅批准认定为"湖南省重点高新技术企业"。同年7月自行研制的加长型数控钻铣床研制成功,填补了国内空白。8月19日,KSA系列型经编机通过省级科技成果鉴定,达到同类机型国际先进水平,完全替代了进口同类机型。该项目产品自2003年到2005年6月,累计销售收入超过2.2亿元,向国家交税5955万元。10月,该公司设计部副部长、机械工程师李鸿威及"KSA型和KSB型系列经编机"项目,荣获由香港桑麻基金会设立的"桑麻纺织科技二等奖"。湖南华南光电仪器厂做为军队装备采购制度进行重大改革首家试点企业,12月通过全军总装备部承制单位资格审查,进入全军"装备承制单位名录"。常德烟草机械公司自主研制的跨行业新产品,THII型手帕纸包装机组销往常德德惠纸业公司,标志着市政府招商引资项目在常德烟机获得成功,是年常德达门船舶有限公司设计建造的ASD全国转拖轮受国际市场好评,技术水平国内领先,达国际先进水平。

2006年10月，常德纺织机械有限责任公司自主开发的填补国内空白的新产品KS3B/DZ-180型经编机,在第十届北京中国国际纺织机械展览会展出。11月,KSA型高速经编机获国家科技部、商务部、质监总局、环保总局联合颁发的国家重点新产品证书;同年8月,该公司E2291A双针床经编机通过科技成果鉴定,获中国纺织机械集团科技创新奖,并被评为湖南省新产品。公司获当年"常德市十佳科技创新型企业"称号,周孝文、李鸿威等9

名技术人员获“常德市2005年度科学技术进步奖”一等奖。

2007年6月,常德烟草机械有限公司员工符国强、朱云飞、何敏被评为中烟集团“第二届烟草机械工业技术能手”。符国强被授予“第八届全国烟草技术能手”荣誉称号。常德纺织机械有限公司是年5月27日在成都“2007年全国经编技术交流会上,荣获由中国针织工业协会、中国纺织工程学会针织专业委员会颁发的‘中国经编事业杰出贡献奖’”。5月,该公司投资2986万元新建的新型经编机总装车间顺利投产。7月在全国纺织行业质量管理小组代表大会和湖南省第二十八次质量管理小组代表大会上,公司3名个人、四个QC小组获表彰。11月30日,公司获“全国机械行业文明单位”称号。12月8日,“新型高速特里科经编机”项目,通过国家“纺织专项资金项目”验收,同日,KS2B型经编机通过省级科技成成果鉴定,整体技术达到国际先进水平。

2008年,常德烟草机械有限公司责任公司被国家安全生产监督管理总局核准为“一级安全质量标准化机械制造企业”,列入湖南省2008年首批高新技术企业名单。7月,10000支/分钟(ZJ112型)卷接机组国产化项目,通过中国烟草机械集团有限责任公司主持的项目验收,一致认为其主要技术指标已达到国际同类产品的先进水平,能够替代进口产品。是年3月,常德纺织机械有限责任公司在全国纺织行业科技工作会议上被命名为“纺织技术创新示范企业”,公司有10个项目获“科学技术进步奖”。

2009年,全市装备制造企业新开工投资2000万元以上项目13个,其中亿元以上项目3个,竣工投产项目7个。

2010年,常德纺织机械有限责任公司投入技术改造资金1300余万元,投入新产品研发资金2100多万元,全年完成新产品开发5项,两款高速经编机通过湖南省科技厅成果鉴定,申请专利2项,4项专利被授权,当年完成新产品销售收入近2亿元。

2011年,常德烟机机械有限责任公司经中国烟草总公司(中烟办〔2011〕6号)批复同意,启动实施“超高速、高速卷接机组技术改造及厂区扩建项目,常德纺织机械有限责任公司三项专利获国家授权,12月6日,公司被省科技厅、省国资监督委员会、省总工会联合命名为“湖南省创新型企业”。

2012年,常德烟草机械有限责任公司顺利通过湖南省高新技术企业复审,公司金工车间加工中心操作手符国强荣获国家烟草专卖局“2011年全国烟草技术能手”称号,“全国五一劳动奖章”、“湖南省劳动模范”称号。常德纺织机械有限公司获得“湖南省创新型企业”称号,中国经编行业“创新企业”称号。QYJ30系列气加压摇架获中国纺织工业联合会“科学技术进步三等奖”。是年,有7项经编机和摇架新产品进入成台(套)试制和挂布试验阶段,申请新专利15项,年度有12项获国家授权,其中一项为发明专利。3月5日,公司女工,全国人大代表代朝霞赴北京参加第一届全国人民代表大会第五次会议。12月4日,在“纺织之光”2012年度中国纺织工业联合会科技教育奖励大会上,QYJ30系列摇架项目获“纺织之光”2012年度科技进步三等奖。

第九节　装备制造业创优创牌

获得“中国驰名商标”“中国名牌产品”共有11项产品，分别是：“中联重科”塔式起重机、施工电梯；“中联重科”混凝土水泵车、混凝土拖泵、混凝土布料机、混凝土运输车；“中联重科”汽车起重机，履带式起重机，全路面起重机；“中联重科”推土机，挖掘机，装载机；“中联重科”旋挖转；“中联重科”沥青拌合站，压路机，冷路面铣铯机，高铁施工设备，摊铺机，平地机；“Sany”三一重工沥青搅拌站；“北互”500KV及以下高、中、低电流、电压互感器；“常德”水表系列产品；“安福”气门，气门座，摩擦帽等各种内燃机气门与气门组件；“锦龙”牌电动机。

获得湖南省著名商标和名牌产品的有26项，分别是：“湘创电气”高低压成套开关设备及控制设备；“大汉”豪华客车、“大汉”飞涛随车吊；“兴业”屠宰分割肉类机械设备；“巨膺”经编机、摇架；“锦马”电机；“武陵牌”35KV及以下电力变压器、组合式变压器；“双狮”橡胶系列产品；“安福”拖拉机；“金牛”农用拖拉机；“青浪”电动车；“大力”通讯铁塔、建筑机械；“先淘”不锈钢水龙头；“三鑫”缸套；“凯斯牌”缝纫机；“飞桥”牌EQ140系列汽车钢板弹簧；“双豹”牌砻谷机胶辊；中原料工业缝纫机系列，AK系列；LGL轮式砻谷胶辊；节煤炉灶；LXS、LXL型水表；12KV及以下高低压成套开关设备；“桃花牌”系列农用柴油机；“劲龙”油泵电机；“三骏”高效节能变压器预装式变电站，高低压开关柜；“德山”水表系列产品；“帝隆”车载式混凝土泵车、履带式挖掘装载输送机等工程机械。

第十节　装备制造业走出国门

装备制造业产品在这一历史时期出口形势较好，共有39大类180多项产品出品。出口国家和地区共46个。出口产品的品类主要有：ZJ17机组，ZF12A系统，YJ35装盘机；摇架、经编机；TC7030B塔式起重机；前后桥总成；泡沫镍；工业缝纫机；摄像头；电动机；常德牌水表系列产品；无石棉汽车制动片；汽车发动机，气缸体，气缸盖，曲轴，连杆；高、低压配电设备；电力变压器；挖泥船系列，全国转拖轮系列，钓鱼船；圆柱滚子轴承，深沟球轴承，汽车轴承；有油、半无油及全无油润滑空气压缩机螺杆压缩机系列产品；高低压开关柜，电能柜，预装式变电站；双狮牌砻谷胶辊；长螺成套装备；自装卸起重运输机械，港口机械，高空作业机械，轮胎起重机；气缸盖、气缸体、曲轴连杆；砻谷胶辊零件；汽车走台板及仪表架；桥梁检测作业车等；电池材料及五金、电线管配件；桥梁模板等；伟明牌导线管及配件系列产品；电线管配件系列产品；摩托车、汽车、火车轮船配件活塞环；“安福”牌气门、气门座；拖式混凝土输送泵等；不锈钢制品；轿车连杆；“航天磁”牌高档铁氧体磁性材料；燃气暖风机；灰口铸铁，球墨铸铁，有色金属中小铸件；轮毂轴管，后桥半轴等；“飞桥”汽车板簧；135柴油机及柴油发电机组。

第五章 电子信息产业

1988—2012年,是常德市电子信息产业经历从小到大、从弱到强的发展阶段。一方面,信息营运企业电信、移动、联通等经历了分分合合的阵痛,在不断深化改革中强化了信息服务的功能;一方面,电子信息生产企业由不到两位数户数增长到过百家,并成为全市十一大支柱产业之一。

常德市地方志编纂委员会和常德市电子信息化办公室,在此前编修《常德市电子信息化志 1988—2012》,其内容既涉及电子类工业企业,同时涉及信息营运企业,本工业志书只侧重于"信息化"推进方面编修史实。

本篇立足于阐述"企业",实施"电子工业"和"电信营运"两方面企业的历史发展记录,并为了避免雷同,只侧重了在经济成果数据上予以编修反映。因而,有关"化"的内容,本篇不予赘述,仅就产业状况做记述。

第一节 信息产业发展

一、信息营运企业发展

1988年,常德地区市话交换机总容量2.7万门,长途话路485条,市话杆长476公里,农话杆路1.28万公里。直到1990年,常德市的市话通信实现自动化,全市的市话自动交换机总容量达到3.79万门。

1991年,常德市邮电局开通万门程控电话。

1993年10月,全市各区县程控电话开通。是年,全市邮电单位开展了"1321"和"518"工程实施,34兆微波单位建成并投入运行,长路电话通信能力为1988年的4.8倍。

1995年6月25日,常德市电话网升级,电话号码从6位升7位,其中武陵区和鼎城区在原号码前加"7",其他区县市在原号码前加相应数字,全市启用"0736"同一长途区号。

1996年,全市相继建成多媒体通信网、计算机互联网,并再次增加投资2300万元,完成了"路路通"服务平台建设。是年1月9日,常德设立电信局,开通移动电话通信网,即电信网。

1998年,全市电信加大数字数据和宽带通信投入,使信息传递进入变速公路时代。

1999年7月17日,常德移动通信从电信局分离,组建常德移动分公司,成为独立经济实体，隶属省移动通信公司。是年 7 月 22 日零时，“全球通”移动电话号码从 10 位升 11 位，升位方法为原号码第 3 位后加“0”。

1999 年，常德联通公司成立并运行，承载固定用户达 2 万(门)户。到 2010 年，全市联通公司无线用户上升到 162.2 万户，提供无线话务量 21489Erl。

2000 年，全市邮电、电信、联通、移动参与全省百万电话和三百万电信工程行动。

2004 年，市电信局实施企业转型升级，投资 7964 万元改造接入网，投资 252 万元改造企业信息系统建设。

2007 年，市移动公司投资 2.1 亿元扩容，全市移动覆盖率达达 95%以上。

2009 年，中国网通和常德联通合并，提升了业务承载能力。

2010 年，全市电信系统营运商形成电信、移动、联通三足鼎立局面，共同为常德市电子信息业的发展做出了较大贡献。

2011—2012 年，常德市移动、电信、联通大举进行宽带网建设，电信公司还开始了光纤宽带的建设。与此同时，铁通宽带、有线电视宽带也随之投入竞争市场，从而使信息渠道和客量有了更高层次的发展。

二、信息营运业务发展

1988 年及以前，常德市的电话通信事业还处在“摇把子”电话和“电杆拉线”时代。

1989 年，始有自动交换机 400 门，1990 年实现全市市话自动化，自动交换机总容量上升到 37868 门。

1991 年，建成微波系统，开通了万门程控电话，到 1993 年，全市各区县市微波系统建成运行，信息商业营运创造经济收入突破 30 亿元大关。

1994 年，常德市移动电话用户达到 1569 户，到 1998 年上升到 22794 户。是年底，已发展起来的模拟移动用户通信网基本封网，引进 G S M 数字移动电话，并推出 137、136、135 三个网号。

1999 年，电信局独立运行，中国联通进入常德，移动公司从电信分离运行，因而到 2000 年，全市 G S M 承载网基站建设迅猛发展，GPRS 业务承载能力大大加强，全市基本实现了移动通信全覆盖。

进入 21 世纪，信息化率快速提升，2010 年全市发展互联网用户 24.4 万户，移动用户发展 358 万户，其中移动公司用户 263.9 万户，联通公司用户 62.2 万户，电信小灵通为主的用户 32.4 万户。全市固定电话用户达 78.78 万户。

2011 年，全市互联网用户达到 36.7 万户，比上年增加 12.3 万户。移动用户和固定电话用户基本与上年一致。

2012 年，全市互联网用户达到 48.8 万户，固定电话用户与移动电话用户基本保持上年水平,但电信移动用户都飙升到 61 万户,改变了前两年入网户数偏低状况,真正成为了信息化占有率三足鼎立局面。

三、信息化产业发展

1988 年,常德地区邮电局隶属省邮电局管理,独自承担常德境内电信经营,邮电通信业在全省处于落后状态。

1989 年常德地区邮电局改为常德市邮电局,年底,全市邮电系统综合经营能力大幅提升,从全省落后位置一跃成为全省 14 个地级市前 3 位。

1990 年,人工信息网络和宏观经济数据库开始建立,形成了信息化产业的起步。

1991 年,市邮电局开通 7000 门数字程控电话。

1992 年 5 月开通模拟移动通信网。到 1998 年常德市电信局正式成立,信息化产业从此走向市场,移动、联通紧接介入并营运。在 2002 年湖南省移动上市后,常德市移动分公司信息化建设更是加大投入,抢占了常德市信息产业龙头老大位置。联通、铁通、电信等也各自推出各自的信息服务品牌,呈现出大发展状态。

从 2003 年 5 月起,常德市工业信息化随之拉开大幕,首先在常德烟草机械有限公司试点,逐步推广,并由湖大远程公司投资 10 万元,组织工业信息化专业培训,共培训 12 期,培训结业 140 多人次。华南光电仪器厂还先后从大专院校引进工业信息化人才 25 名。

2004 年 9 月,根据市政府要求,市信息办在市政府门户网站开辟"企业信息化建设"栏目,有力推动了全市工业企业信息化建设。

2005 年,工业信息化被列入企业重点考核项目,有常德烟厂、常德纺机、常德电业局、金健米业、洞庭水殖等企业被评为工业信息化先进单位。

2006 年,常德市成立企业基础信息共享协调领导小组,协调处理企业基础信息共享中心的矛盾和问题,使工业信息化得到规范应用和普及。

2007 年, 省信息产业厅组织了对常德工业信息化专项调查,24 家企业被列为调查对象,分别是金鹏凹印、重啤国人啤酒、恒发纸业、杰新纺织、东信棉业、中泰特装、广源麻业、湖澧盐矿、中石化常德公司、新澧化工、常纺机、常烟机、湖南车轿、发福气门、中联起重机、湘福新材、石门特水、创元铝业、石门电厂、常德电业局、三金药业、洞庭药业、益侨制药和创善物流等企业。

2009 年 3 月,市电信公司向市政府提出"十大信息化工程"规划,成为全市信息化进入工业企业、城市管理、政务官务一体化建设主力军。

2010 年,市政府与湖南省电信分公司签到深度合作协议,各区县市也分别与市电信公司签订合作协议。是年,出口宽带由 2G 升为 5G,完成了城市区 54 个点宽带提速。

到 2012 年, 城市宽带覆盖率提高到 98%, 农村宽带覆盖率达到 85%。互联网用户达 48.8 万户,移动电话用户达 320 万户,固定电话用户达 67 万户。

第二节　电子产业发展

一、企业提质

1988 年,常德地区电子产业企业不到 10 家,年总产值 320 万元。

1989 年,原常德地区电子技术应用研究所更名为常德市电子技术研究所,在全市推介电子应用技术、自动化控制、计算机硬件软件技术。

1989 年,始建于 1970 年 5 月的湖南华电光电有限公司,在接收原南京大学中南分校“654”工程项目后,成为常德市研制光、电、机相结合的高科技电子生产企业。

从 1990 年开始,华南光电在原生产“桃花源”电风扇、眼镜片、电器仪表基础上进行技术升级改造,大力发展摄像机、望远镜、瞄准仪等高端电子产品生产,到 1993 年,共生产 5 万台黑白和彩色摄像机,是年光电类电子产品产值达 1.68 亿元。

自此,电子产业如同曙光瞩目常德大地,企业新办增多,原中小企业扩能生产,形成了“八五”期间常德电子产业发展的辉煌。常德有线通信扩充发展为集团公司,着力研制开发和生产局用数字程控交换机,1995 年投放市场获得巨大成功,1996 年率先在湖南省开通 2 个试验局,运行情况良好,获得国家电子工业部规模化生产鉴定和批准。

1994 年,常德变压器厂研制成功有载调压电力变压器,空载损耗和空载电流下降成果明显,被国家机械部和电力部列为第十六批节能产品推广项目,并获科技进步二等奖。

是年,华南光电可视电话研制开发获得成功,初步定型了“以计算机为平台的远程监控”、“液晶显示一体可视电话”、“家庭电话机插接组合可视电话”三种系列产品。

2000 年,全市电子生产企业达 32 家,年工业总产值达 13.84 亿元。

2005 年,市政府将市机电建材行业办管理的电子信息产业管理职能,划归为市信息化办,并在市信息化办成立信息化产业科,综合协调全市电子信息产业发展。

2009 年,市委、市政府明确电子信息产业列为全市支柱产业之一,并出台了《常德市电子信息产业发展规划》(2010—2020 年),同时,设立了电子产业发展专项扶持资金每年 500 万元。

是年,市政府组织了“常德(深圳)信息产业招商活动”,签约项目 8 个,投资额 23 亿元。

是年,全市电子信息产业企业达到 39 家,年工业总产值达到 14.1 亿元。

起步于 2007 年 6 月的湖南三升光电,刚投产不久就承担了“2008 北京奥运”鸟巢和水立方的 LED 显示屏工程项目,到 2000 年产品出口到日本、俄罗斯等 30 多个国家和地区。

湖南嘉业达电子于 2004 年从深圳迁入常德,于 2009 年被认定为国家级高新技术企业,开发出片式压电滤波器,属国内首创,获第三届科技博览会创新金奖,至 2000 年,先后研发了锡电极应用、超声雾化换能两个专利产品。

2009 年,湖南华富高科落户常德,成为湖南省重点扶持高科技企业,主产品电脑摄像头、高拍仪、蓝牙音响等消费类电子产品获欧盟认证,产品远销全世界 60 多个国家和地区。

还有常德佳达有线电缆、湖南贝特莱尔光电科技、金晟安智能、盛美达集团等电子产品企业,也在 2000 年至 2010 年 10 年间,扩大了产品门类,提升了产品档次,成为全市电子产业中的佼佼者。

2012 年,全市电子信息产业规模企业达到 41 家,当年完成工业总产值 45.2 亿元,其中华南光电、寰球电子、力元新材等 13 家企业年产值过亿元。

到 2012 年,全市电子信息产业初步形成了电子元器件、消费类电子、电线电缆制造、电子新材料共四个产业板块。

二、产业集群

自 2009 年市委、市政府确定电子信息产业为支柱产业之一后,全市各级把加大电子信息产业发展作为大事来抓,并着力打造产业服务平台,促进了产业集群发展。

年初,全市开展了“信息技术改造提升传统产业”试点,并筛选确定汉寿特涂、科辉墙材、东鼎动力、天马电器、石门二化等五家企业为试点扶持企业,首次启动“电子信息产业专项扶持资金”,扶持试点企业的发展。

2009 年 3 月,市政府组织电子信息产业企业参与全省“两化融合”活动,积极培植并推荐汉寿特涂、安乡凯斯、石门玉叶、安福气门等 7 家企业,争取到省财政“两化融合”扶持资金共 1000 多万元。

2009 年 6 月 5 日,市政府对德山电子工业园重新规划,总投资 50 亿元建设德山开发区电子信息产业园,获得省政府发文批准。是年,引进电子信息产业企业 20 多家,并使该园列为省级电子产业园和国家级高新技术产业基地。

2010 年,澧县、临澧、安乡、武陵区 4 家电子信息产业园正式投入规模化运营,对外招商,共引进电子信息企业 13 家,引进总投资规模达 20 多亿元。

2011—2012 年,全市 5 个电子信息产业园外加华南电子信息集中区共 6 个集群,生产经营保持了年均 28.5%的增速,比全市工业经济年均增速高出 6 个百分点。全市园区电子信息产业规模企业户数达 33 户,占全市电子信息规模企业总户数(41 户)的 80.3%;2012 年完成工业总产值 42.03 亿元,占全市电子信息产业总产值(45.2 亿元)的 93%。

三、行业门类

1988 年至 2012 年,经历企业改革和调整转型,全市电子信息产业基本形成了电子元器件、消费类电子、电线电缆制造、电子新材料四大行业门类。

（一）电子新材料

截止 2012 年，常德市生产的电子新材料主要产品有：金属电子材料、电子陶瓷材料、高分子电子材料、玻璃电介质材料、云母、气体绝缘材料、电感器、磁性材料、电子陶瓷、压电晶体、电子转细化工材料、电子轻工纺织和建筑材料、电子锡焊、PCB 制造材料、电子五金件等。

电子新材料生产制造骨干企业主要是常德力元新材和常德毅力能源等，力元新材料的主打产品为泡沫镍产品、铅布铅酸电池、高能锂电池、镍氢电池等动力仓类产品。毅力能源的主打产品为锂电子电池，总投资达 1.8 亿元，以生产制造圆柱锂电池为核心，同时发展生产制造电脑电池、便携式数码产电池、电动产品电池和高倍放电电池。

（二）电线电缆制造

自 2008 年电信事业大发展时期起，常德市便把握住光纤通信发展变化，承接引进国内外光纤通信产业转移，抓住了 G652、G655、G656 和 FTTH 光纤棒的生产机遇，形成了年产各类光纤预制棒 500 吨生产能力。

电线电缆制造代表企业主要有常德德力西电器、湖南佳达电线电缆等。其中佳达电线电缆主要产品有低压电缆、交联电缆、硅烷交联电缆、阻燃耐火电缆、架空电缆、控制电缆和绝缘电线等系列千余种规格的产品。

（三）电子元器件

主要产品有半导体分立器件、传感及敏感元器件、聚合物光波、晶体振荡器、雾化换能器等等。

主要骨干企业有华南光电、力元新材、三升光电、嘉业达电子、大壮互互感、协力电子、胜美达等。其中华南光电主要生产计算机信息系统集成、弱电系统和智能影像系统的产品，包括数字硬盘录相机、CMOS 高传摄相机、CCTV 安防配套器材等：三升光电主要产品有 LED 显示屏、LED 背光源、工程照明及汽车景观照明等；嘉业达电子主要产品有频率电子元件。晶体振荡器、雾化换能器等；胜美达主要产品有功率电感器、隔离式电源模块、电源变压器、信号磁生元件、模块组件等。

（四）消费类电子

常德市消费类电子产品生产主要集中在德山电子信息产业园和区县市电子产业园。德山电子信息产业园坚持产业基地配套建设为引领，广泛招商引进上下游相关联的电子产业企业，重点发展手机配件、影像类产品主件配件、电脑类配件、学习和办公用打印机、扫描仪、复读机、硬盘存储阵列等主件和零配件生产。

深圳良田科技落户德山电子信息产业园，投资 1 亿多元建成消费类电子生产企业，产生了示范效应，带动了上下游关联企业，从而使德山电子信息产业园区成为湖南省知名的消费类电子产品生产基地。

湖南融源数码投资 1.5 亿元建设数字视频项目，生产手机终端、移动电视、数字电视EOC

等产品,成为湖南省专业生产数码通信产品的最大产业基地。

第三节 电子信息产业科技进步

1987年,上海开通中国大陆地最早的“大哥大”,此后于1992年7月18日,长沙市在全湖南省率先开通“大哥大”,紧接着在当年10月,常德市成为全湖南省第二个开通“大哥大”的小城市。是年底,全市移动手机“大哥大”用户达到1000户。

1999年7月,常德市电信和移动正式分立,并随即在移动公司实施“398”移动通信工程,即通过3年努力,建成9大通信网络,使移动电话用户达到39.8万户,结果是如期按要求完成了目标任务。

2003年初,常德移动通信再度实施“798”工程,即通过3年努力,到2005年底,使全市移动电话用户达到了79.8万户。

到2004年,常德市移动通信网络全市覆盖,建起基站500多年,网络质量在全省第一,网通率达99.8%,语言质量达99%,乡镇音质达97%。

电信公司从1998年底的全市交换机容量13566门, 此后每年保持2位数增长, 并于2000年9月启动宽带网点建设,宽带网用户在2005年达5万多户,电信传输全部实现了光缆化,宽带普及率和电话覆盖率在全湖南省排名第一,2010年,常德电信荣获“全国五一劳动奖章”。

电子产业生产企业加大科技进步力度,推动了产业的迅猛发展,到2012年,动力电池生产规模能力达40亿元, 消费电子产品生产规模能力达25亿元,LED照明生产能力达10亿元,平版显示器生产能力达5亿元,集成电路生产能力达5亿元,电子元器件和广电设备生产能力达15亿元。

其中,CCD摄像机及电视监控系统的开发和生产,自“七五”起步到1998年,形成了年产5万台,黑白和彩色摄像机生产能力。到2012年,华南光电开发和生产该两大类产品在全国居于前列,并被纳入高端军事应用。

常德有线通信集团从1995年初起, 联合华中理工大学开发生产民用数字程控交换机,1996年开发成功,在湖南省率先开通2个试验局,运行良好,被国家电子工业部誉为21世纪信息高速公路产品。

常德变压器厂肖进、黄世付等研制开发的SFS28—2000/110有载调压电力变压器,使空载损耗下降24%,空栽电流下降35%,获国家机械工业和电力部好评,并被列入全国第16批推广产品。

华南光电于1993年研制开发的可视电话,1998年正式进入市场,并形成“以计算机为平台的远程监控系列,液晶显示一全机可视电话系列;家庭电视机屏幕与电话机组合可视电话系列共三个系列产品,年销量过万台。

长北互互感器生产的500KV电流电压互感器获中国驰名商标，市场评价甚高，并获得科技进步二等奖。

创业德力电气生产的“湘创电气高低压控制设备”获湖南省著名商标；企业生产的六大系列50多个产品，其中有20项属自主知识产权的专利产品。

沃尔特莱生产的ELD系列照明灯，荣获第61届德国纽伦堡国际发明展金奖，2012年生产的室内照明产品被人民大会堂首选使用。

第四节 企业选介

湖南华南光电(集团)有限责任公司

湖南华南光电（集团）有限责任公司（国营第5618厂）隶属国家机械工业委员会。2000年，公司通过了科技部与中国科学院组织的“双高”认定，为国家高新技术企业。2001年被湖南省有关部门认定为“省级技术中心”、“软件企业”，并通过了ISO 9001-2008质量体系、ISO 14001环境与职业健康安全管理体系认证，是湖南省78家重点企业和26家重点高新技术企业之一。2009年集团公司跻身世界企业500强、2010年列第275位，中国制造企业8强。集团旗下拥有长安、天威、嘉陵、建设等50多家企业和研发机构。

华南光电始建于1970年5月，在接收原南京大学中南分校（“654工程”）的基础上，经40年的创业与发展，成为以生产和研制光、机、电相结合的高科技产品为主的国家大型二类骨干企业。2004年11月，控股湖南华南光电科技股份公司。当年，公司研制和生产的产品有CCTV监控系统等高科技产品。公司生产的产品，先后荣获国家科技进步特等奖和科技进步一等奖。1991年公司被授予国家二级企业，1990年被授予国家一级计量单位，2009年公司位列湖南省电子信息制造业二十强第九位。2010年5月续评为全国高新技术企业。

公司主要承揽计算机信息系统集成、建筑智能化工程（弱电系统、安防监控系统工程等）项目设计和施工；提供智慧城市、金融等行业智能解决方案。

公司先后取得住建部“建筑智能化工程设计与施工一级资质”、国家工信部“信息系统集成及服务二级资质”、湖南省“安全防范系统设计、施工单位一级证书”等资格证书，拥有多项软件产品著作权，是中国银行总行、中国农业银行总行、中国民生银行总行认定的安防设备采购及工程安装定点企业。成功实施了珠海横琴岛横琴新区环岛电子围网系统、常德市平安城市建设、海南环线高速公路建设等大型系统集成项目的建设与施工。为“智慧城市”建设，促进社会和谐发展提供强有力的技术支撑。

常德力元新材料有限责任公司

常德力元材料有限责任公司位于湖南省常德市德山经济开发区，是一家由长沙力元新材料股份有限公司投资控股从事泡沫镍、三维冲孔镀镍钢等新型能源材料的开发、生产、销售为主的高新技术企业，其主导产品高强度超强结合力型泡沫镍项目已被列入国家高科技产业化示范项目和国家科技部“863”重大攻关项目。

2003 年 3 月,公司在常德市工商行政管理局注册登记,开始筹建,占地 102 亩,总投资额 1.3 亿元，当年完成 200 万平方米泡沫镍工程和 1000 吨 / 年产三维冲孔镀镍钢带工程建设。

2005 年,公司投资 12000 万元完成年生产 200 万立方米动力型泡沫镍生产线的扩建工程,年产值达 5000 万元 。

公司主导产品：

1、PVD 法生产的高强度超结合力型泡沫镍:作为镍氢电池的新型储能材料,被广泛应用于移动通信设备、电动工具、电动汽车电池制造。

2、准三维冲孔镀镍钢带:采用复合镀层工艺和特殊热处理工艺研制和开发的一种高强度、高性能二次镍电池负极骨架材料。

3、作为镍氢、镍镉动力电池基板材料全国最大的生产厂家,公司拥有当时最先进的泡沫镍生产技术和工艺,拥有自主知识产权和发明专利的连续化三维冲孔镀镍钢带生产线,公司致力于该领域产品的研究开发与制造,为电池行业和新能源行业生产性能更强、更优的基材。

湖南三升光电有限公司

湖南三升光电有限公司是常德市人民政府 2007 年 6 月重点招商引资的高科技企业。公司主要从事 LED 半导体发光材料及 LED 器件应用的研发和生产。产品主要涵盖 LED 芯片的封装,LED 显示屏、LED 背光源、LED 工程照明、汽车照明、景观照明等。拥有一批在光电物理、半导体器件与设备、纳米物理、光电显示原理、结构学、热学及高速数字图像处理等多个学科领域中的高科技技术人才,科研力量雄厚。

公司现拥有 LED 相关专利二十多项,属国内 LED 显示屏行业内最早同时通过 ISO 9001(2000)国际质量体系认证和 ISO 14000(1996)国际环境体系认证的企业。公司的 LED 显示屏产品先后通过国家部级新产品鉴定,被授予“名牌产品”称号,相继获得“重合同守信用企业”“用户满意企业”称号,并荣登“企业客户诚信榜”,通过了 CE、ROHS 等国际认证。

公司的 LED 产品遍布世界五大洲,累计完成各类 LED 系统工程 3000 多项,是 2008 年北京奥运会主会场国家体育场(即“鸟巢”)和国家游泳馆(即“水立方”)显示屏工程的承担者。公司出口三十多个国家和地区,日本、韩国、法国、西班牙、俄罗斯、哥伦比亚、委内瑞拉、南非等都是公司重要的国际市场领域。公司的LED显示屏、LED照明产品已广泛应用于体育场馆、城市广场、机场车站、数字交通、金融证券、道路隧道工程照明、停车场、居家、城市景观等场合,产生巨大的社会效益和可观的经济效益。

第六章　纺织产业

常德市纺织业因得天独厚的资源禀赋,尤其是作为棉麻主产地区的资源优势,支撑了纺织产业的生存和发展,故尔一直以来都是地方经济发展的支柱性产业。

棉花在1970年种植面积突破100万亩,年产10万吨左右,2007年曾高达12.7万吨,占全省产量的一半。

苎麻种植从1978年升温,1987年高达108万亩, 总产达77650吨。每公斤价格达16元,半年后价格猛跌,种植面积因此萎缩,1999年只有6018亩,总产量降到8831吨。

黄红麻种植在1985年达到32.37万亩,产量1.16万吨。1999年种植面积仅10万亩,产量不到5000吨。唯独汉寿县保持了“全国苎麻之乡”美誉,1994年种植仍有8.1万亩,产量1.44万吨,占全省当年总产的10.5%。

澧县、津市种桑养蚕,历史悠久,80年代种桑面积2万亩左右,产量600多吨,1990年仍保持产量675吨,种植面积约达1万亩。

上述资源,为纺织业提供了企业创办、生存和发展的条件。

纺织工业受政策性因素影响非常敏感,进口少,则产业兴,进口多,则产业弱;政策补贴以抵制进口,则产业发展快,少了政策性扶持,则产业发展受制。1988—2012年期间,纺织产业经历过五次起伏,但从2000年以后,基本处于市场决定兴衰时期,产业发展完全由企业经营方略决定成败。

第一节 棉麻纺织

一、棉纺织

1988年,常德地区共有纺织企业28家,拥有环锭纺纱锭226584枚,气流纺1248头,自动穿梭织布机5698台,当年生产棉纱31976吨,生产棉布11882万米,在全省地州市名列榜首。是年,全市纺织工业总产值5.78亿元,比上年增2%。但企业亏损巨大,共2600万元属亏损额较大的行业。

1989年,全市纺织企业达到60家,比上年增加32家,职工3.8万人,纱纺绽32万锭,印染能力7700万米,分别占全省的1/3和1/5,居全省第一位,从此常德市被誉为“纺城”。但生产经营仍处在困难期,当年实现工业总产值7.3亿元,企业亏损仍达2000万元。

1990年,常纺和桃纺晋升为国家大二型企业,其它纺织企业形势下滑,当年生产实现工业总产值6.8亿元。产值较上年下降,亏损仍达3000万元之多。

1991年,市政府与桃纺签约第二轮承包经营责任制合同,对搞活桃纺生产经营起到了推动作用。是年,桃纺外贸出口实现数量和质量翻番,其中出口质量获全省一等奖。该年全市纺织行业实现工业总产值7.3亿元,比上年增年8%。

1992年, 常纺和桃纺在产品销售上出新招, 每家聘请了10名以上高素质形象公关小姐,轮流到全国各大中城市推销展示纱产品和印染产品,使当年销售率比上年提高近10个百分点,全市棉纺行业该年普遍产量回升、销售回升、盈利回升,是年全市只工业总产值7.9亿元,增速达9%,销售率提升8个百分点,亏损额下降到768万元。

1993年,全市纺织业实现“五个超历史”,即总产值超历史,达9.29亿元;质量稳定率超历史,达92%,货款回笼率超历史,回笼98%,效益增长超历史,比上年增长达55%,是年,抓品种结构调整取得成效,获省优产品54个,部优产品8个,石门县织布厂实现产值1609万元,保持了1990年省级先进企业业绩。

1994年,全市五大纺织企业常纺、桃纺、澧纺、汉纺、安纺在上年技改竣工投产后,市级领导和县级领导分别派员上企业督办和协调,重点解决棉花收购资金和收购量难题,促使这五大纺织企业当年总产量上升16个百分点,总产值比上年增长23%,1995年,全市纺织厂依然处在增产增利期。

1996年,棉纺织行业出现前所未有的滑坡,主要原因是市场销售疲软,棉花收购资金短缺。市委市政府对此采取了“三头倾斜”、“四面出击”措施,即领导精力、资金调剂和重奖设置,向纺织企业倾斜;在剥离后勤轻负担、压缩非生产开支降费用、增大外贸增出口和重奖销售功臣四个方面出击,从而使该年全市纺织产业保了稳定。全年共解决调棉资金1亿多元,增大外贸出口4个百分点,剥离后勤精简非生产人员500多人。是年,市毛巾厂和市经编厂实行了破产处理,常纺和桃纺剥离后勤精简1480人,每月节约工资性支出25万多元。

1997—2000年,是纺织行业的低速期,基本上家家亏损,尤以常纺和安纺、汉纺等企业亏损更为严重,1997年,桃纺为解脱困境推出豪兴服装产品,出口美国、德国,豪兴牌和桃花源牌服装被省经委和省消协评为市场最受欢迎品牌。1999年,常纺为降亏搞活,实行了分块租赁经营,其它企业甚至采取了放假3个月及以上只发员工生活费措施。1997年,全市统计口径纺织企业100家,工业总产值18.78亿元,亏损0.9亿元;1998年统计口径,企业仅31家,因大部分已停产,因而是年工业总产值仅8亿元,亏损3000万元;1999年企业36家,工业总产值10.08亿元，亏损4800万元；2000年，全市纺织企业39家生产，实现工业总产值11.32亿元，亏损3700万元。于是，在当年全面进入“两个置换”，没有保留一家，家家都进行了资产重组，产权易主，2000年进入“两个置换”改革时，全市39家纺织工业企业年末固定资产原值71.57亿元，年末职工人数1.57万人。

2002年，全市纺织行业企业改制改革后，调整组织结构后大上技改项目，迎来了生产经营重大转机，全年完成技改投资近10亿元，实现工业产值14.93亿元，比上年增长8%。

2003年，全市纺织企业在近两年获得快速发展的基础上，完成产值23.66亿元，比上年增长61%，云锦纺织再度投入5000万元抓技改，对原常纺设备更新99%，开发新产品68个，纱的平均支数都在40支以上，比上年新增品种28个。产品质量在年内通过ISO9001认证，天锦牌精细纱获得市场广泛好评。杰新纺织在安置原下岗工人2000人的同时，再度招工1000人，组织大生产，全年生产棉纱7300吨，生产坯布2813万米，生产印染布1819万米，产品销售率达95%，而且还获得省出口创汇先进企业称号，共出口创汇730万美元。

2004年，纺织工业规模企业达到62家，比上年净增17家，完成产值27.57亿元，增长16%，生产能力增加到80万纱锭，从业人数达到2.44万人。是年，62家企业家家增产增利，广源麻业增幅66.07%，杰新增幅16.25%，云锦增幅19.1%，东信棉业产纱6334吨，坯布2996万米，当年产值达1.2亿元。

2005年，纺织行业成为全市第三大产业，实现工业产值34.58亿元，比上年增长25%，企业户数达160家，比上年净增98家，纺纱能力过80万锭，织布机6000台，印染能力1.5亿米。是年，常德市被评为全国21个纺织城市之一。

2006年至2010年的“十一五”期间，是常德纺织业的快速发展期，逐年形势见好。

2007年全市规模以上纺织企业73家，实成总产值48.86亿元，占全市工业总产值的8.5%，年产值过亿元的企业达13户，占全市亿元企业总户数的23%，从业人数2.7万人，占全市工业从业人数的1/4。拥有棉纺纱锭70万锭，分别占全省的22%，仍居全省第一位，是年生产棉纱8.47万吨，占全省30%，生产布2.25亿米，占全省45%，其中棉布2.14亿米，占全省75.8%，印染3705万米，占全省19%。

2009年12月底止，全市拥有棉纺纱锭107.9万锭，13624头气流纺，7.5万麻纺锭，3604台无梭织机，2508台宽幅织机，1.2亿米印染能力，规模居全省第一。是年，生产纱14.83万吨，比2005年增长79.57%，生产坯布2.43亿米，比2005年增长44.6%，染色布1127万米，苎麻亚麻布2300万米。

2010年，全市纺织企业，加大了科技力度和产品调整优化力度，益彬纺织新上了3万锭精疏密纺，友联纺织扩建1.5万缴纺织锭，宏力纺织新增3万锭精密纺，娄星纺织新增2万锭竹节纱纺锭，云锦纺织投资6.5亿元，新扩建16万新型细纱锭，广源麻业投资3.8亿元，新上10万锭紧密纱纺锭。

2011年至2012年,全市纺织产业持续向好,其中主要骨干企业2012年生产经营情况如下表:

主要骨干企业2012年生产经营情况

表2-6-1-1　　单位:万元,万米,吨

企业	工业产值	销售收入	实现利润	入库税金	产品	产量
合计	1048942	1000738	27992	17794		
云锦集团	76961	70492	708	1751	棉纱	2200
天锦纺织	32277	29848	1898	1639	棉纱	631/9119
东信棉业	23689	25305	1158	1376	棉纱	1274/7646
兴达纺织	13309	12785	77	254	纱	3565
金盛织丰	8141	8141	286	3	纱	1722
金丝鸟麻业	7368	7767	173	46	纱	5768
德馨纺织	7563	7453	83	56	布	552
东方纺服	7223	7129	80	155	布	600
丰德纺织	6767	6767	34	20	布	1024
顺达纺织	4715	3962	1	80	纱	2076
特季轻纺	2325	2242		57	纱	1568
力邦纺织	3047	2135	21	63	纱	467
玉帛纺织	3023	4130		124	纱	1600
杰红织布	5484	4526		230	纱	1198
锦豪纺织	21679	22000		361	布	4000
益九纺织	2805	5690		75	纱/布	1012/645
泰鑫麻业	12349	18463	1395	120	苎麻布	120
紫阳纺织	17991	16929		61	苎麻布	150
鑫源纺织	17373	16271	1302	190	苎麻布	145
逐鹿苎麻	17140	15254	90	55	麻纱	140
隆源纺织	14271	13356	209	188	棉纱	1890
德乐纺织	12417	12073	418	84	精干麻	0.55

表 2-6-1-1

企业	工业产值	销售收入	实现利润	入库税金	产品	产量
银阳纺织	12349	10898	1071	58	纱	15000
克明纺织	4199	3699	38	3	纱	340
天源纺织	29717	29716	239	114	纱	130000
银盛纺织	16357	16130	13	210	纱	6002
天裕纺织	7024	7311	439	156	纱	2422
杰新纺织	45683	43875		1721	纱/布	9124/5763
鑫玉花纺织	6897	6734	259	46	纱	3122
其强棉纺	3409	3412		75	纱	1631
裕乐纺织	2735	2769		58	纱	1342
飞龙棉纺	8021	8021	32	53	纱	1967
娄星纺织	38912	34949		1139	纱	2300
友联纺织	7280	6556		175	纱	10000
恒品纺织	2935	3954		2	纱	1431
楚天纺织	2449	2364	54	68	纱	911

二、苎麻亚麻纺织

苎麻是常德市传统优势产业之一,享有“中国苎麻之乡”的美誉。全国苎麻产业中有 90%以上来自湖南,而湖南的优势在常德,产量位居全国前列。尤其是“十五”以来,全市的麻纺产业得到了加速发展,展露了良好前景。

一是发展步伐快,社会贡献较大。截止 2012 年,全市共有麻纺企业 19 家,其中规模以上企业 17 家,主要集中在汉寿县和安乡县,以汉寿最为突出。据统计,该县共有苎麻加工企业 17 家,其中规模企业 15 家,2006 年实现产值 9.4 亿元、销售收入 6.8 亿元、增加值 2.35 亿元、入库税收 1857 万元,分别比 2005 年增长 27.6%、7.1%、27.4%、30.1%,五年内的平均增速分别达到了 20%、15%、23.5%、26.4%。安乡则以亚麻的种植、初加工为主,全县有安裕、安昌、安德三乡种植亚麻 2.01%万亩,填补了湖南亚麻种植的空白,亚麻初加工始于 1980 年代,复兴于 2005 年,现拥有加工企业 2 家,年加工打成麻、开松麻 1.21 万吨,2006 年实现产值 0.85

亿元、销售收入1.02亿元、增加值0.29亿元，与2005年相比，均增长50%以上。

从汉寿来看，苎麻产业2006年共加工精干麻3.5万吨，占全国总产量的33%；长麻纺6万锭、麻棉混纺1万锭、气流纺2000头，占全国总产量的20%左右；拥有织布机1140台，生产白坯布5000万米，占全国的18%。整个产业的产值、销售、增加值、入库税收四项指标分别占到了全县规模工业的4.5%、40.5%、39.6%、35.8%，成为了该县无可争议的主导产业。

汉寿17家苎麻加工企业共吸纳就业人员6000人，其中90%属于农村富余劳动力，亚洲最大的种植、加工基地—蒋家嘴镇广大麻农更是把这种“中国草”变成了“致富草”，高峰时期年种植收入达到了3.15亿元，即使在去年比较低迷的情况下，也创造收入2.45亿元。蒋家嘴镇每年GDP的60%来自于该产业，加工企业每年为职工发放的工资就达1个亿左右，人平16000元以上。

二是发展基础好，集群趋较强。产业集群发展的要素禀赋主要是资源、核心企业、配套企业、产品、市场等。而常德市的麻纺产业在这几个方面都有了一定的基础。有原麻种植基础。汉寿、桃源、安乡三县种植苎麻，总面积达20万亩，年产原麻3万吨左右，其中汉寿县一般保持在13万亩左右，高峰时期曾达到过25万亩。2005年1月，汉寿县就赢得了中国特产之乡推荐暨宣传活动委会授予的“中国苎麻之乡”称号，正式被国家权威部门认定为全国苎麻发展基地县。2000年以来，该县从提高农产品转化率、延伸加工升值的链条着手，一手抓基础产品推广，一手抓加工升值，使整个苎麻产业形成了企业连基地，基地连农户的产业链条，实现了农民受益、企业赢利、财政增收的“三赢”目标。有产品加工基础。随着市场体制的不断完善、行业技术水平的不断提高，汉寿县目前已培育出以广源、鑫源为代表的5家省、市农业产业化龙头企业。这些麻纺企业几乎家家盈利，个个充满生机。12家原麻脱胶企业中，年加工能力3000吨以上的6家，5000吨以上的3家。广源麻业已发展成为拥有固定资产原值1.14亿元、吸纳就业3282人、年加工精干麻能力突破1万吨、年产值3.3亿元、年销售收入突破3.1亿元的大型麻纺企业，成为了常德麻纺产业的龙头老大，在湖南乃至整个中部地区麻纺行业都具有举足轻重的地位。在未来的几年结构调整中，众多麻纺企业计划苎麻的粗加工向深加工、高附加值延伸，以提高苎麻纺织产品的档次。有市场营销基础。得益于水域广、水质好的洞庭湖的滋养，汉寿苎麻脱胶具备得天独厚的条件，精干麻质量在全省首屈一指，在全国仅次于四川，有很好的声誉和知名度。该县还成立了苎麻行业协会，健全了“农户+基地+企业”的市场运行机制，形成了农、工、科、贸“一体化”的苎麻产业流通服务网络。与全国20家大型纺织企业建立了稳定的伙伴关系，其产品远销浙江、江苏、广东、上海等10多个省市。纯麻纺织品也直接或间接出口西欧、北美、日本及东南亚。广源、鑫源等几家骨干企业正计划由单纯的纺纱织布向衬衫、牛仔裤、T恤等系列成衣深加工延伸，极大地扩充了产品的增值空间。有百姓创业的基础。蒋家嘴镇的15家麻纺企业都是本地老百姓自己创办发展起来的，经过多年的打拼和市场的熏陶，企业主们创业的思想更加坚定，信心更加充足，经验更加丰富，市场经济理念更加成熟。

虽然常德市麻纺产业已初步形成了规模，养成了气候，但在产业发展过程中，企业一直是带“病”发展的。

1、产业链条短，盈利空间小。虽然苎麻种植面积占全国的10%，脱胶能力占33%，纺纱能力占25%，在全国具有很重的份量，但同时也存在着产业链条短的致命伤。在麻业的生产链条上，有种植、打麻、精干麻加工、纺纱、织布、染整、服装及家用、产业用品加工等7大环节。而全市15家苎麻企业和2家亚麻企业只能进行初加工，苎麻企业仅能生产精干麻、纱及坯布等低附加值的半成品，在染整、服装等高附加值领域是空白，能够生产家用及产业用麻纺织品的尚无一家。亚麻产业链仅至精干加工环节。完全为外地企业提供原材料，如安乡金成沅纺织有限公司就直接为其母公司重庆涪陵金帝集团供应精干麻。在麻业的价值链条上，从原麻脱胶到纺纱再到织成坯布等环节利润只占20%—30%，而染整、服装、麻纺家用、产业用纺织品等深加工环节的利润占到了70—80%。坯布出售价只有7元／米，而加工成服装及其他成品后立即增值10倍以上，出口则利润更为可观。在欧洲，高档麻衣服每件售价高达2万元左右。这种利润布局必然决定了常德市苎麻产业产品附加值低，企业盈利空间小，利润大头都拱手送给了沿海地区的终端产品生产企业及出口企业。

2、环境污染重，生存难度大。2006年以来，全省加大了环保治污力度，防治方式从末端治理为主向生产全过程预防为主转变。洞庭湖被列入排污控制重点区域，从造纸企业的关停风波以后，纺织业也被列入省内七大高耗水、高污染行业。苎麻产业的污染主要集中在初加工阶段。手工打制过程中，浸泡鲜麻皮的水和打下的麻壳及其它粘附物会造成水域污染；在脱胶过程中，大部分企业仍采用传统的化学脱胶，排放的污水中含大量酸、碱及COD，对环境污染更大。全市15家苎麻企业中有12家专门从事精干麻加工，日排放污水4万吨，且没有一家有污水处理系统，对本地及下游水域造成了较大污染。央视《中国法制报道》栏目“长江行动”在2008年5月时汉寿县进行了专题报道。对此，汉寿县委、政府随即采取了诸多措施，拿出1800万元资金治污。但是，治污后的成本压力和利润倒挂使大部分企业产生了顾虑。据测算，加工1吨精干麻要排放300吨污水，增加成本400元，再加上治污项目的固定资产折止及其他使用，每吨精干麻要增加成本800到1000元，而目前每吨精干麻加工利润仅为500元／吨。

3、规模普遍偏小，自身力量并不雄厚。全市除广源、紫阳、鑫源、兴源等4家固定资产原植在1000万元以上，其余13家规模都较小，自有资金十分缺乏，一是在收购环节上缺资金；二是在治污上缺资金；三是流资贷款和技改贷款难。

第二节　化纤纺织

常德市化纤纺织业起步较晚，因而总体规模也一直不大，但产品的先进性都一直在全省仍至全国享有较好的声誉。

1983年，常德市政府利用已停办的常德钢厂旧址，改建兴办起了常德丙纶实验厂，当年生产丙纶丝 178.22 吨,实现工业产值 252.35 万元。次年再度进行配套改造,年产能达到 316 吨,而且产品合格率由原 90%上升到 96.73%,其中一等品率达 50.74%,年产值上升到 453.11 万元。1985 年和 1986 年引进前后纺设备,生产涤纶低弹丝,恰逢国家限制化纤涤进口,使得常德丙纶厂产品产销两旺。1988 年为合理调整产品结构,常德丙纶厂更名为常德合成纤维厂,当年新产品丙纶长丝达产 123 吨,生产涤纶白丝 165 吨,涤纶低弹丝 128.5 吨,实现产值 286 万元。

1991 年,常德合成纤维厂投资 150 万元,改造全自动化生产线,由于工艺技术不配套,技改半途而废,导致停产,于 1994 年转卖给浙江化纤厂,企业宣告破产。

1996 年 2 月,市政府在破产后的合成纤维厂原场原址上引进香港裕兴公司投资,兴建常德裕兴涤纶公司,生产涤锦复合长丝,1998 年正式生产,生产涤纶丝 1289 吨,实现产值 1388 万元。到 2002 年 7 月,裕兴涤纶公司改制为常德顺隆皮革公司。

1992 年,市政府将原常德市树脂厂改建扩建,成立常德市锦纶厂,总投资 1.01 亿元,当年 10 月 28 日第一期工程竣工投产,当年生产锦纶长丝 1395 吨,实现销售收入 4430 万元,创利税 152.3 万元。到 1995 年,常德锦纶厂再度引进深圳、台湾投资,将厂名更名为常德锦源化纤公司,合资生产氨纶、锦纶空色覆纱,当年生产 614 吨,创产值 454 万元。1998 年再度引进香港丰兆实业投资,以期扩大产能,但由于进口化纤丝重又涌入国内,导致产品滞销,企业陷入严重亏损局面。到 2002 年 11 月,实施破产重组,更名为湖南金帛化纤公司,继续生产锦纶长丝和切片,2003 年步入生产正常,年产值达 1.88 亿元。2004 年至 2012 年,金帛化纤一直处于生产正常期,年内产值都在 1.5 亿元左右。

始于 1988 年个体承包的常德化纤厂,在 1990 年破产重组后,转产生产烟用丝束,获批湖南省唯一定点厂,1990 年丙纶烟用纶束产值达 1925 万元,利税 304 万元。1991 年技改扩建,并与常德卷烟厂联合经营,是年,产值提高到 4500 万元,创利税 664 万元。1993 年开发新产品"锦纶静电植绒丝",获省优品牌,开发新产品丙纶短纤,成为低旦烟束用品,从而全面提升了产品质量,企业更名为金芙蓉化纤公司。2003 年,金芙蓉化纤公司完成工业产值 3606 万元,创利 400.7 万元,纳税 426.4 万元。但从 2004 年常德卷烟厂取消五类以下卷烟品种后,金芙蓉化纤公司年产值便下跌到 1500 万元左右,直到 2012 年也仍在这样的产能水平上。

创办在临澧太平工业园区的湖南中泰特种装备公司成立于 2001 年 3 月,位于湖南临澧经济开发区,总资产 3 亿多元,是国家火炬计划重点高新技术企业。公司现有员工 600 多人,专业技术人员 180 人,专家 38 人,公司建有科研所和博士后科研工作站,拥有强大的研发团队。公司率先产业化生产高强高模聚乙烯(HSHM-PE)纤维(2000 吨 / 年)、无纬布(UD)(1500 吨 / 年),防弹衣、防弹防刺服(60 万件 / 年)、防弹板(30 万块 / 年)、防弹头盔(10 万顶 / 年),防切割手套(10 万双 / 年)、缆绳(200 吨 / 年)等系列产品,并完全具有自主知识产权。获国家科技进步二等奖。先后被国家科技部等五部局确定为国家重点新产品。公司被解放军总后勤部军需装备研究所定为科研实验生产基地,是公安部警用防弹衣和防弹防刺服定点生产企业，国家国民经济动员办公室批准的“国家特种防护装备动员中心”。

公司建立以来，每年实现产值2亿元左右，上缴国家税金1000多万元，取得了较好的经济效益和社会效益及国防效益。

2010年，中泰特装公司增投4000万元，扩建4条纺织生产线和2条UD布生产线，到2011年试运行，2012年见效益。2012年，中泰特装实现工业产值4.05亿元，纳税998万元，创利税2659万元，资产总额达到2.24亿元，是年生产无纬布1448吨。

第三节 服装及复制

1988年，常德市拥有服装、鞋帽、织袜及复制企业共158家。

1989—1992年，全市服装类企业有近60%实施了第一轮承包经营责任制，因而生产经营出现好转；1992年43家预算内企业，实现总产值8928万元，完成销售产值8241万元，服装产量达470.27万件，均比上年增长。是年，常德制线厂生产的涤纶缝纫线被评为省优产品，次年被评为省级名牌产品。

1993年，服装类工业实施第二轮承包制，但由于多种原因承包面比上一轮减少近50%，有些原承包主自己独立办了服装加工厂或服装贸易企业，因而这一年全市39家预算内企业基本上是亏损的，而个体新办企业却增产增盈，形成了该年全市服装类企业产值增长，总产值达9860万元。比上年增长11%。

从1994年下半年起，服装类企业再次陷入下滑境地，主要原因是“抓大放小”方针影响了技改与流资注入支持，同时还有外地品牌服装进入市场，影响了市场份额。1998年，全市服装产能仍然保持前几年的400万件以上，达408.39万件，可是到1999年，就只有49.19万件，下降9成。

从2000年起，服装类行业再度回升，主要是桃纺豪兴服装的支撑。是年，服装产出达83.95万件，比上年上升近9成；2001年服装产出达126.03万件，比上年增长5成；2002年服装产出90万件，增长过1成；2003年服装产出130万件，比上年增长6成；2004年服装产出167万件，比上年增长7成多；2005年服装产出229万件，比上年增长也达到7成；2006年服装产出442万件，比上年翻了一番。此后直到2010年，服装类产业都一直处于50%以上增长速度发展。

可是2010年以后，服装类行业各项经济指标，又开始有所下滑。2010年服装类产品产出901万件，2011年下降到534万件，下降5成多；2012年服装产品产出90万件，又比上年下降近6倍，回到了2000年该产业回暖初期的水平。

经检视《商贸志》发现，这两年常德市服装类产业的下滑，主要是互联网电商普遍兴起，加之创名牌产品意识不够，就连曾获省名牌的豪兴服装也严重萎缩，所以在进入网上销售方面失去品牌和价格优势，导致市场销售不畅，进而影响产出。

第四节　产业发展状况

一、发展基础

1988 年至 2012 年的 24 年间,常德市纺织产业除盛产棉花、苎麻、蚕桑的资源条件优势外,生产能力基础条件也已经颇具优势:

据《常德市志》记载,明朝有“勤于耕织,棉布多且优”之论;清朝有“棉田遍野,织机十室九具”之说。1959 年建起了第一家现代化纺织厂常德棉纺厂,1967、1976、1979、1980 年,又先后建起了桃纺、澧纺、汉纺和安纺。

到 1989 年,全市现代化纺织企业达到 60 多家。职工 3.8 万人,纺锭 32 万锭,印染能力 7700 万米。到 2007 年,纺织企业规模以上达 70 家,规下中小企业 38 家。

到 2012 年止,全市规模以上纺织企业 73 家,规下小微企业 42 家。规上企业资产规模 68.54 亿元,年产能力达到各类纺纱 22 万吨,2012 年实际产出 17.1 万吨,其中棉纱 14.3 万吨,化纤纱 810 吨;化学纤维产能 5 万吨,2012 年实际产出 2.4 万吨,其中锦纶纤维 2.3 万吨。织布机 7000 台,年产能 3.5 亿米,2012 年实际产出 2.84 亿米。印梁生产能力 1.8 万米,2012 年实际产出 0.84 万米。

据统计,2012 年常德市纺织产业经济产能达:纱 22 万吨,布 3.5 亿米,印染布 1.8 万米,按此时的不变价,年产值为 150 亿元。

二、经营条件

根据截止 2012 年的产能条件,结合参考 2012 年生产经营的实际结果,可以看到当时纺织产业的生产经营条件是堪称良好的。

(一)产业地位突出。2007 年湖南省作过一次工业产业排位,常德市纺织产业在全省地位突出,棉纺产业 8.47 万吨,占全省 30%,化纤生产 1.2 万吨,占全省 25.5%,棉布 2.25 亿米,占全省 45%,其棉印染布 2.14 亿米,占全省 75.8%,其它印染布 3705 万米,占全省 19%。

2012 年,这种在全省的位置,还有了进一步提升。同样据 2007 年湖南省的统计资料显示,常德市服装、鞋帽、家纺、织袜四类终端产品,也在全省处于前列。当时,全市上述纺织终端产品规模以上企业 15 户,产值 3.2 亿元,桃源、石门、澧县、津市、安乡、西洞庭 6 个区县市纺织终端产品表现兴盛,较大的企业有桃源豪兴时装,澧县荣隆制衣,石门世云服装、协鹏针织、安乡红日针织、西洞庭盛景独步服饰。

（二）产业特色显著。澧县2家蚕丝被生产企业，即诺雅、斯利来，均以常德桑蚕丝为原料，采用国际先进技术，产品达国标特级，具备年产1万床能力。3家专业织袜厂生产的二骨、三骨、四骨袜、九分裤、连裤袜、丝袜棉纱袜，都是畅销全国的产品。还有桥南市场和火车站大市场数以百计的服装鞋袜前店后厂小企业，其中也不乏航力服饰等知名品牌。

2007年，云锦集团的床上用品试产试销初现端倪，业内反响良好。

三、发展障碍

（一）盈利能力受制。纺织行业本身就是个劳动密集性低利润率行业，一般情况下利润率是3.9%，因而承受风险能力非常有限。可是在2000年以来的市场调节和与国际接轨过程中，先后发生了人民币升值、出口退税下调、农产品和电价提升、劳动力工资上涨等全局性影响，使得纺织行业利润率变得更低，一般只有3.5%。

（二）资金补充受制。棉麻纺织企业所需的原材料棉花、苎麻、桑蚕都是季节性农产品，不比其它随时备货行业，需要一次性收购棉麻蚕茧，生产备用金占用大，财务费用也就高。更重要的是，这种定额流动资金贷款求贷难、息率高，审批还要上市上省，费用花费大且时间长，这对加大成本造成很大影响。同时，连续紧缩的银根也一直没有真正松动，企业产品研发和更新，设备设施技改，高端设备引进等，由于贷款难求的企业是90%以上，根本没有什么"融资支持"一说，地方政府驾驶不了，企业就更难。在1988—2012年间，就发生过宏力竹节纱达产资金难求，益林精疏纺扩改贷不到款，娄星纺织、友联纺织等绝大多数纺织企业都在求贷上受制很大。

（三）企业负担沉重。主要是企业"五险一金"缴纳不堪重负。纺织行业劳动力密集程度高，利润率低，而要按时按量缴纳，常常使得企业受制得苦不堪言。

四、产品产量

产业发展最终要看产品产量是否增长，从而实现产值和利润、税收的增长。纺织产业的主打产品是纱、布和衣帽毛巾床上用品等，1988年至2012年期间，2000年之前被动较大，2001年至2012年，基本呈上升趋势，且上升较快，具体情况如下表：

表 2-6-4-1

年度	纱（吨）	布（万米）	纺织品（万米）	年度	纱（吨）	布（万米）	纺织品（万米）
1988	31977	11801	175	2001	42600	5500	83
1989	30354	11113	189	2002	45400	6291	95
1990	25200	10860	92	2003	67700	10485	98
1991	33094	9478	79	2004	62200	15391	211
1992	38005	10400	106	2005	70300	18638	324
1993	36599	11190	152	2006	75600	21361	410
1994	41144	11427	66	2007	10310	22530	436
1995	40962	19360	93	2008	13600	17632	448
1996	37254	9917	84	2009	13880	20663	445
1997	35902	9692	73	2010	18310	19640	453
1998	25967	6308	80	2011	19160	19012	422
1999	38616	5485	86	2012	17080	12669	413
2000	43961	6778	75				

第七章　食品产业

常德市拥有丰富的粮油、畜禽、茶叶、果蔬、淡水鱼类等农产品资源。尤其是粮油产量多年位居全省首位，为发展食品产业提供了充足的资源保障。

1988 年常德撤地建市后，1989 年市委市政府向省委省政府提出了“振兴常德经济的专题报告”，明确提出把常德建成新型食品城列为振兴常德经济的三大战略之一，并把食品工业摆在了发展常德六大支柱工业之首，有力地推动了常德食品产业的发展。

常德市食品产业按照统计口径，分为食品加工业（2003 年改为农副食品加工业）、食品制造业、饮料制造业三大行业。

1989 年至 1993 年，通过投入 2.86 亿元技改资金，对 210 家食品产业企业的生产工艺、设备进行了改造升级，推动了企业技术进步，共开发出国家级新产品 6 个，省级新产品 130 多个，获得国家金质奖 1 个（金牌在全省食品行业实现“零”的突破）、银质奖 5 个、部优奖 53

个，省优奖 136 个。仅通过改进产品包装，提高产品档次，每年新增产值达 8000 多万元，增加利税 1200 万元。

1988 年，常德食品产业有企业 427 家，年工业总产值 6.03 亿元。

2008 年，发展为拥有规模以上企业 149 家，年实现工业总产值 114.67 亿元，成为常德工业的百亿产业。

到 2012 年，发展为拥有食品加工、食品制造和饮料生产企业近 2000 家，年工业总产值达 224.9 亿元，其中规模以上企业 177 家，实现规模工业产值 157 亿元，占全市规模工业产值的 12.6%。形成了一个门类齐全、品种多样、较为完整的工业体系。

常德市食品产业目前有金健米业、洞庭水殖、万福生科三家企业上市，金健米业是全国粮食行业第一家上市企业，成为国家级重点龙头企业。有盈成油脂、惠生肉业、华泰肉业、中意糖果、天泽农业、鸿鹰祥生物等 55 家规模以上大中型企业年产值过亿元。

常德市食品产业中，粮食与油脂加工业成为绝对优势产业。规模以上企业中，有 47 家是粮油加工企业，其中又有 28 家是市级以上农业产业化龙头企业。

第一节 农副食品加工业

农副食品加工业包括食用植物油、大米、小麦粉、鲜冻畜肉、水产品、米制半成品、混合饲料等七大类。

1988 年，全市农副产品加工业有规模以上企业 222 家，员工 8439 名。当年实现工业总产值 4.72 亿元，产品销售收入 4.49 亿元，入库税金 495 万元，利润 1739 万元。

1989—1993 年，农副食品加工生产保持平稳发展状态。但受原材料涨价因素影响，从 1989 年开始，利润出现大幅下滑。1989 年，实现利润仅 450 万元，比上年减少 1289 元，下滑 74.13%，1990 年和 1992 年，分别出现亏损 355 万元和 267 万元。

1994 年，受国家扶持农业政策的刺激，以及前两年技术升级改造项目完工投产，农副食品加工业出现爆发性增长。是年，规模以上企业达到 303 个，比上年增加 57 个，实现工业总产值 12.10 亿元，销售收入 11.80 亿元，入库税金 1363.1 万元，分别为上年的 2.16 倍，2.14 倍和 1.66 倍。进入 10 亿规模行业阵营。但实现利润仅 128.8 万元，比上年还减少 161.2 万元。

1995 年，农副食品加工业生产保持增长势头，效益出现较大幅度提升。是年实现工业总产值 13.28 亿元，销售收入 13.01 亿元，利润 3383.5 万元。

1996 年，农副食品加工业生产继续保持高速增长势头，但效益却出现亏损。是年，实现工业总产值 17.46 亿元，销售收入 17.11 亿元，均比上年增长 31.5%，但实现利润却亏损 2164 万元（但其中不乏盈利企业，亏损是指总体相加减后的水平）。

1997—2001 年，受市场变化影响，生产出现下滑，特别是从 1998 年开始，生产出现断崖式下滑。1998 年至 2001 年，农副食品加工业跌出 10 亿规模阵营，每年的工业总产值和销售收入，均在5亿元至8亿元以内徘徊，期间，行业内各企业通过积极采取节约挖潜，节能降耗等措施，保持了减产增收，每年均有盈利。盈利最高年份为1998年，当年实现利润4239.9万元。同期，由于农副食品加工业大多数企业生产规模小，设备及管理水平落后，在市场变化的冲击下，被迫退出市场，到2000年，规模企业个数由1996年的308个，锐减至25个。

2002年开始，农副食品加工业随着大米、植物油、配混合饲料等行业企业的兴办和做大，产销出现大幅增长，产销规模重回10亿元阵营，是年实现工业总产值10.23亿，销售收入12.28亿元。此后工业总产值、销售收入每年均以30%以上速度增长，到2007年，年实现工业总产值51.62亿元，销售收入49.62亿元。2002年至2007年间，效益在2002年至2004年连续三年亏损后，自2005年开始，彻底舞脱亏损，实现了年年盈利。

2008—2012年，随着市场形势的好转和前几年市委市政府“工业强市、园区兴工、项目立园”战略的推进，农副食品加工业随着一批招商引资规模企业建成投产，以及原有企业技改投入形成的生产能力，产品出口能力增强，进入了跳跃式发展阶段，并从此进入百亿行业阵营。到2012年，企业个数增加到130个，实现工业总产值239.14亿元，销售收入232.30亿元，出口交货值7.7亿元，利润14.21亿元，利税总额达21.68亿元，工业总产值达亿元规模以上企业有金健米业股份有限公司(27.49亿元)，常德广积米业有限公司)3.6亿元)、湖南海大生物有限公司(4.19亿元)、常德湘大骆驼饲料有限公司(2.62亿元)、常德新希望饲料有限公司(2.35亿元)、常德惠生肉类食品有限公司(11.62亿元)、常德市跃进米业有限责任公司(1.98亿元)、常德市玉洁食品有限公司(1亿元)、常德市精为天米业有限公司(2.6亿元)、常德市鼎城金标粮油工业有限公司(1.53亿元)、湖南正园饲料有限公司(2.05亿元)、安乡县东升米业有限责任公司(1.47亿元)、湖南正园油脂安乡大鲸港油脂分公司(2.24亿元)、安乡荣丰饲料有限责任公司(1.25亿元)、湖南洞庭牧业有限责任公司(1.6亿元)、安乡县湘北饲料有限公司(1.15亿元)、汉寿县生猪屠宰服务中心(3.5亿元)、汉寿县金牛米业有限公司(2.4亿元)、湖南立成饲料有限公司(2.35亿元)、汉寿县谊信冷冻有限公司(1.38亿元)、汉寿县鸭子港金旺米业有限公司(1.07亿元)、汉寿县富康米业有限公司(1.05亿元)、汉寿县泰顺食品有限公司(1.01亿元)、湖南盈成油脂工业有限公司(15.16亿元)、湖南洞庭春米业有限公司(3.59亿元)、常德加州水产食品有限公司(3.61亿元)、澧县华泰肉类食品有限公司(3.16亿元)、澧县小渡口油脂有限责任公司(2.85亿元)、澧县弘福油脂有限责任公司(2.12亿元)、澧县朝阳饲料有限责任公司(1.79亿元)、澧县张公庙油脂化工有限责任公司(1.05亿元)、湖南金健面制品有限责任公司(1.62亿元)、湖南澧县米杨米业有限责任公司(1.15亿元)、临澧县汇丰米业有限责任公司(1.05亿元)、湖南桃源辣妹子食品有限公司(1.73亿元)、万福生科湖南农业开发股份有限公司(5.25亿元)、桃源县三尖农牧有限责任公司(2.88亿元)、湖南九峰实业有限公司饲料加工厂(6.67亿元)、石门山宝食品有限公司(3.82亿元)、湖南湘佳农牧科技有限公司(3.43亿元)、石门野源马头羊开发有限责任公司(1.58亿元)、津市市石龟山油脂厂(2.21亿元)、津市市涔澹加工厂(2.14亿元)、津市市旺森养殖有限公司(2.09亿元)、津市市津佳兔业科技开发有限公司(1.88 亿元)、津市市金山饲料厂(1.45 亿元)、湖南天泽农业发展有限公司(4.79 亿元)、常德广益粮油棉有限责任公司(3.4 亿元)、汇一食品有限公司(3.43 亿元)等 53 个。

第二节　食品制造业

食品制造业包括罐头、制糖与糖果、味精、酱油等 4 大类。

2008 年,常德食品制造业有规模以上企业 99 个,员工 8449 名。当年实现工业总产值 1.31 亿元,销售收入 1.26 亿元,入库税金 622 万元,实现利润 90 万元。

1989 年至 1993 年,食品制造业生产发展处于平稳中约有波动状态。但效益除 1992 年盈利 164 万元,其余年份都是亏损,1993 年亏损过千万元,实际亏损 1035 万元。

1994 年,随着国家扶持农业政策的落实和技改项目竣工投产,生产开始出现较大幅度增长。是年，实现工业总产值 1.31 亿元，销售收入 1.29 亿元，分别比上年增长 57.21%和 34.18%。效益实现减亏,当年亏损 96.2 万元,比上年减少亏损 938.8 万元。

1995 年,食品制造业保持生产较高速增长势头,效益继续减亏势头。是年实现工业总产值 1.68 亿元,销售收入 1.65 亿元,分别比上年增长 27.88%和 27.84%,实现利润比上年减亏 18.9%。

1996 年至 1998 年,生产保持较大增长,并连续三年实现了盈利。

1999 年至 2002 年,受市场变化冲击,企业数量急剧减少,2001 年企业年产值 1000 万元以上的规模企业仅剩 11 个,尽管一些企业扩大了规模,产、销均有较大增长,但行业效益仍出现了连续 4 年亏损。

2003 年,在遭遇“非典”和 10 年未遇电力短缺的情况下,食品加工业通过积极拓展市场,扩大产品出口,在困境中赢得了逆市发展,并实现扭亏为盈。是年,实现工业总产值 2.74 亿元,销售收入 2.51 亿元,分别比上年增长 15.13%和 20.67%,实现利润 288 万元。

2004 年以后,自 2005 年开始,食品制造业步入生产、销售、出口和效益同步连年持续以较高速度发展态势。到 2006 年,食品制造业产值为 12.5 亿元,2008 年为 19.8 亿元,2009 年为 25.5 亿元,2010 年 30.8 亿元,2011 年 34.7 亿元,2012 年 34.86 亿元,均稳居产、销 10 亿元以上和利润亿元阵营。

到 2012 年,食品制造业产值突破 35 亿元,在食品制造业 24 个规模以上企业中,有常德富民桥食品菜业有限公司(1.6 亿元)、岩下荣祺食品(湖南)有限公司(1.2 亿元)、湖南桃源辣妹子食品有限公司(1.73 亿元)、湖南盛节节高食品股份公司(10.07 亿元)、石门金湘源食品有限公司(3.42 亿元)、湖南石门皂市柑桔加工有限公司(2.73 亿元)、湖南常德精品福绿色食品有限公司(2.45 亿元)、石门县敦成农产品公司有限责任公司(1.66 亿元)、石门福慧达农产品加工有限公司(1.32 亿元)、石门大发食品开发有限公司(1.34 亿元)、津市市中意糖果有限公司(3.27 亿元)、津市市平和食品有限公司(1.43 亿元)、津市市渡口镇光大食品厂(1.27 亿元)、湖南金宠菜业有限公司(1.04亿元)、常德市汇美食品有限公司(1.86亿元)等15个。

第三节　饮料制造业

饮料制造业包括白酒、啤酒、酒精、果汁及果汁饮料、乳制品、瓶罐装饮用水和精制茶等类。

一、白酒

常德生产白酒历史悠久,各区、县(市)曾均有白酒生产企业。1981年7月,常德市成立酿酒工业公司,将常德市酒厂一分为三,分别组建常德市白酒厂、常德市武陵酒厂、常德市德山大曲酒厂。同时将常德市力车厂改为常德市果露酒厂,转产果露酒。将常德市泰康家具厂改为常德市饮料厂,转产汽酒。将常德市酒精厂保留划入,均隶属常德市酿酒工业公司管理。

1989年3月,经常德市(地改市后的省辖市)人民政府批准,常德酿酒工业公司升为处级机构,除直接管理原有6家企业外,还对各区、县(市)的9家酒厂实行行业管理。是年,常德市酿酒工业公司拥有固定资产1.2亿元,职工4800人,各种设备1900台(套)。

1990年12月,常德市酿酒工业公司改组为常德市酿酒工业集团公司,对成员企业实行党政群、人财物、产供销"九统一"的管理体制。但在运行中,因管理模式设计缺陷,经营不善,管理不严而造成严重亏损,于1994年5月被迫解体,恢复各成员企业的独立法人资格,实行分体经营。

1996年5月,清理该集团公司资产总额18227.58万元,负债总额达39469.28万元,资产负债率达216.5%,于1996年5月15日,经常德市中级人民法院依法裁定,宣告常德市酿酒工业集团公司破产还债。1997年7月24日,该集团破产终结。

常德市酿酒工业集团公司破产后,原成员企业中,常德市果露酒厂(后改名常德市酿酒四厂)、常德市白酒厂(后改名常德市啤酒厂)、常德市饮料厂,先后于1999年至2001年破产改制。常德市德山大曲酒厂和常德市武陵酒厂分别进行股份制改造,组建湖南德山大曲酒业有限责任公司和湖南武陵酒业有限公司。

1998年4月,经常德市人民政府批准,由湖南湘泉集团有限公司出资3600万元,分别购买上述两家公司的51%股份,实行合股经营,两家企业随之更名为湖南湘泉集团德山酒业有限公司、湖南湘泉集团武陵酒业有限公司。

2000年末,金健米业接替湘泉集团控股湖南湘泉集团武陵酒业公司,公司更名为湖南武陵酒有限公司。2002年完成全员股份制改造。2004年,泸州老窖集团公司与金健米业以资产置换的方式对湖南武陵酒有限公司控股经营。2011年6月,世界500强企业—联想控股入主湖南武陵酒有限公司,并于2012年实现全资控股经营至今。

2000年末，洞庭水殖全资收购湖南湘泉集团德山酒业有限公司，公司更名为湖南德山酒业有限公司至今，期间，于2002年公司完成全员股份制改造。

90年代，各区、县（市）的酒厂由于经营管理不善，市场意识不强，产品缺乏市场竞争力，导致产品滞销，严重亏损而相继停产破产。同期，一些乡（镇）酿酒企业和个体酿酒企业却适应市场需求应运而生，并得到逐步发展，如湖南常德乡巴佬酒业有限公司、常德金三湘酒业有限公司、常德福泰酒业有限公司、湖南柳叶湖酒业有限公司、常德德山好味园酒业有限公司、常德八百里酒业有限公司、石门夹山酒业开发有限公司、湖南糊涂王子酒业有限公司等均进入了规模酒类企业行列。

常德的白酒工业，在80年代形成以“武陵酒”“德山大曲”“滴水洞”为代表的“拳头”产品，拥有麸曲酒、大曲酒、黄酒、果酒及饮用药酒五大类，100多个品种，其中大曲酒有浓香型、酱香型、兼香型、米香型等多种香型。1985年后，常德各酒厂为适应白酒逐步向低度转化的市场需要，相继开发出38° 武陵酒、38° 德山大曲、38° 精品武陵大曲等一批新品种。同时，各酿酒企业通过组织科技攻关，加强内部管理，改进生产工艺，产品质量稳步提高。“武陵酒”、“德山大曲” 酒多次被评为湖南和省轻工业部优质产品，并在全国评酒会上夺金摘银。“武陵酒”在1988年全国第五届评酒会上，以得分高于茅台酒获得金奖，成为中国酱香型白酒三个金奖之一，跻身中国十七大名酒之列。

1987年元月4日，湖南省人民政府在北京人民大会堂，召开“湖南名酒”武陵酒、德山大曲酒鉴赏会，鉴赏会由湖南省人民政府副省长俞海潮主持。国务委员方毅，全国人大副委员长严济慈、廖汉生，中顾委领导同志宋时伦、伍修权，国家经委副主任朱镕基、轻工业部副部长贺志华和国家计委、科委、标准局、物价局、税务局、工商行政管理局等部门的领导同志，毛岸青的夫人邵华以及文化界、新闻界的知名人士共300多人出席。常德市人民政府市长陈德铨介绍武陵酒时，轻工业部贺志华副部长当场插话介绍：“湖南武陵酒和贵州茅台、四川郎酒是我国三大酱香型酒，在全国几次评奖中都名列前茅”。国务委员方毅当时就对秘书说：“打个电话给茅台酒厂，告诉他们，中国还有这样的好酒。”并于事后题写了“武陵飘香”四个大字，托人送给了武陵酒厂。被毛泽东主席赞为“红军一支笔”，年已八十的著名书法家舒同先生，也热情题写了“芙蓉国里武陵香”条幅，送给武陵酒厂。

1988年5月5日，由常德行署副专员卜启圣主持，在北京饭店召开了“武陵酒新包装新闻发布会”，全国人大副委员长习仲勋、中顾委常委王守道，中顾委委员张平化，还有溥仪先生以及新闻界、文化界、酿酒界的名人专家共300多人出席。习仲勋品尝武陵酒后连赞“好酒、好酒”。溥义现场题写了“千秋澄碧湘江水，巧酿佳酿号武陵”以示祝贺。会议结束后，所有空酒瓶都被来宾带走，表明由韩美林设计的武陵酒仿古钱币造型的武陵酒新包装大获成功。“名人争藏空酒瓶”也一时传为佳话。

1995年10月，被江泽民总书记称赞为“好酒、好酒”，并笑称其酒瓶“这是张飞的帽子”的武陵王酒，在湖南长沙举办的全国糖酒会上，以单瓶（0.5公斤）最高拍卖9.8万元，20瓶共拍卖成交34万元,创下中国酒类身价之最。

二、啤酒及饮料

常德啤酒生产始于1985年。1985年5月澧县澧州啤酒厂创建,1987年常德市酿酒一厂另组建常德市啤酒厂(一个厂两块牌子)。1988年以前建成投产的啤酒生产企业还有临澧县啤酒厂、常德南河啤酒厂和常德市西洞庭糖厂啤酒生产线等。

澧州啤酒厂1985年创建后, 分别 于1992年、1994年、1996年3次实施规模扩建改造。引进具有国内和90年代世界先进水平的糖化发酵及灌装生产线和居湖南省一流的化验检测设备,到1999年,年产啤酒能力由建厂初期的1500吨扩大到80000吨,产品有"澧州"、"国人"牌两大系列8个品种,多次荣获国内国际大奖。该厂生产的啤酒在常德市场占有率多年保持在90%以上,畅销全国28个省市、自治区、并出口到越南、新加坡等东南亚国家。

澧州啤酒厂先后被授予 "全国酒行业优秀企业""中国农业部全面质量管理达标企业""湖南省十佳乡镇企业"等荣誉称号。

1997年,澧州啤酒厂实行合资改组,由澧阳镇人民政府、吉林省陈氏啤酒咨询服务有限公司、湖南运达包装有限责任公司、香港祥龙(常德)彩印包装有限公司及澧州啤酒厂工会等5家单位联合组建湖南国人啤酒股份有限公司,1998年1月挂牌运作。

1999年,该公司拥有固定资产1.23亿元,年产啤酒5万吨,实现产值1.6亿元,上交税金2180万元。

2002年4月, 该公司由重庆啤酒集团控股, 更名为湖南重庆啤酒国人有限责任公司。2012年实现工业总产值3.64亿元, 上交税金2304万元。2005年重庆啤酒集团投资1.5亿元、年产10万千升重庆国人啤酒生产线竣工投产,2006年起,年产啤酒均在10万吨以上,产量最高年份为2011年,达23.82万吨,2012年重庆国人啤酒产量再上层楼,达99.79万吨。

1987年常德市酿酒一厂另组建常德市啤酒厂、1988年生产 "乐士""莎琳" 牌普通啤酒3398.7吨。以后又陆续推出"亚妹""金利泉"两个啤酒品牌。常德市啤酒厂由于对啤酒设备的设计选型及生产能力配套方面存在严重失误,投产后无法形成生产规模,连年亏损,于1993年6月全面停产。于1996年4月,由常德市瓶盖总厂整体租赁经营,租赁期8年。租赁期间,以"湖南常德啤酒厂"厂名重新注册登记。1997—1998年,湖南常德啤酒厂对啤酒糖化设备进行技术改造,购入一条具有90年代先进水平的2万自动啤酒灌装线,年产啤酒能力扩大到1.5万吨。1996—1998年,该厂先后以"芙蓉王""柳叶湖"品牌生产啤酒1万吨。

2000年8月,湖南常德啤酒厂因资不抵债破产。

三、酒精

常德市酒精生产企业2家,常德市酒精厂、常德西洞庭糖厂。

常德市酒精厂属国家中一型企业,在湖南省酒精生产专业厂家中生产规模居第一位。主要生产食用酒精、医用酒精和工业用酒精。1987—1988年,该厂获“湖南省质量管理先进单位”称号。1989年,年生产酒精能力扩大到1万吨,部分设备达到2万吨生产能力。是年,生产的食用、医用酒精被评为“湖南省优质产品”,并连续8年保持这一称号。

1990年,常德市酒精厂被纳入常德市酿酒工业集团公司,企业不具备法人资格。因受全国酒精市场疲软和资金严重不足影响,该厂长期处于停产状态,至1996年5月15日随常德市酿酒工业集团公司依法破产。1997年7月24日,由破产企业职工重新注册组建为常德市沅达酒精实业发展有限公司。1998年恢复酒精生产,当年生产酒精1600吨,实现产值560万元,销售收入720万元,上交税金20万元。此后因资金不足,生产时断时续直至2000年4月破产改制。

常德西洞庭糖厂1991年开始,利用甘蔗糖后剩余原料生产糖蜜酒精。1991年,在中国轻工业部对全国食用酒精抽检达标活动中,该厂生产的食用酒精符合国家标准,获得国家颁发的食用酒精生产许可证。1994—1995年,该厂食用酒精连续两年被评为全国食用酒精“优良产品”。1971—1998年,该厂生产酒精14305吨,实现销售收入4469万元,创利税883.4万元。

2000年,常德市沅达酒精公司和西洞庭糖业相继进入破产程序,改组成为以酒精为副产品的企业。从2011年起,全市没有规模以上酒精生产企业,因而也完结了对该产品的统计。

四、乳制品业

常德乳制品产业起步较晚,仅有2001年7月成立的湖南金健乳业股份有限公司和2014年成立的湖南德人牧业有限公司两个企业。

湖南金健乳业股份有限公司注册资金9000万元,总资产1.2亿元,下辖3个牧场,2个乳品加工车间和1个乳品检测中心,绿色饲料核心种植基地2.5万亩。金健米业旗下集奶牛养殖和乳品加工于一体,形成了全产业链乳制品企业,公司牧场实行集约化大规模全舍饲饲养方式,采用管道式全封闭机械挤奶,全作业过程无污染,生奶质量达到欧美标准,奶源建设及鲜奶供应量居湖南省之冠。

金健乳业公司采用“牧场+工厂+市场”的发展模式,坚持致力于优质奶源基地建设和乳品质量安全管理,拥有巴氏奶和常温奶两大系列8条自动化生产线,建立了从奶牛养殖到乳品加工再到冷链配送销售全过程质量监控溯源体系。主要生产销售玻璃瓶、屋顶包、塑杯及利乐包装的产品60多款。公司主要产品被中国绿色食品发展中心认定为“绿色食品A类产品”,公司被指定为中国学生饮用奶定点生产企业,国家学生饮用奶奶源升级计划示范基地。

湖南德人牧业科技有限公司,通过融合中国农科院资金和技术,注册资金4100万元,并依托湖南农业大学、湖南省畜牧研究所等最先进的技术资源,建成1个标准化奶牛养殖场,引进试种国内外优质牧草品种11个,初步形成年产4万吨果蔬汁乳品加工能力和年产1万吨有机肥生产能力。

2003年,全市乳制品产量为5253吨,到2008年,乳制品产量突破万吨,达1158万吨。2010年,全市乳品企业38家,总产值上升到1.7万吨,产值达15.7亿元。2011年乳品企业产值达1.77万吨。

2012年,全市乳制品产量达到2.38万吨。

五、精制茶业

常德生产茶叶历史悠久,曾有过红茶出口量占全国功夫红茶出口量40%的骄人业绩。但常德制茶业长期处于企业数量虽多,但普遍规模很小,大多数企业技术水平低,总体质量不太高的状态。1998年,精制茶产量曾突破1万吨,销售产值达1.18亿元。但1999年,因受自然灾害等多种因素的影响,精制茶产量爆跌到仅有1009吨,从2002年到2005年,精制茶产量除2002年达到4990吨,其余年份均在620吨以内。

2006年开始,随着政府扶持农业和食品产业政策的推动,精制茶产业出现快速回升。精制茶产量达到6470吨,此后进入稳步快速发展期。到2010年,精制茶产量达到2.14万吨,2011年更是爆发式增长,是年精制茶产量达到6.4万吨。

2012年,全市茶叶注重了精制为主,减少了粗茶生产,当年精制茶产量为3.76万吨,综合产值突破60亿元,还创下了“石门银峰”和“古洞春”两个“中国驰名商标”,“百尼茶庵”“冠云”“太青”“桩巴龙”“渫峰”五个“湖南省著名商标”。

第四节　名牌产品和骨干企业

常德市食品产业企业较多,产量较大,名品名牌产品也较多。其中获得中国驰名商标的产品有15件(系列),获得湖南省著名商标的产品有37件(系列);到2012年末,常德市食品产业亿元以上年产值规模的企业有96家。

获得中国驰名商标的产品是:石门银峰、壶瓶山系列茶,“节节高”水果罐头系列产品,“古洞春”系列茶,“金健”米面油系列产品,“广积”米面系列产品,“精为天”米面油系列产品,

“湘佳”速冻生鲜肉制品，“生态”啤酒系列产品，“盈成”双低菜籽油系列产品，“金洞庭春”大米系列，“歪腾腾”肉类系列产品，“新中意”副食系列产品，“鑫湘汇”罐头系列产品，“湘雅”粮油系列产品，“天泽乐”米面系列产品。

获得湖南省著名商标的产品是：“童胖子”酱板鸭系列产品，“三湘九泰”白酒系列产品，“金丹”酱板系列产品，“柳叶湖”酱板系列产品，“富民桥”榨菜系列产品，“八百里”白酒系列产品，“怡享”果蔬罐头及饮料，“德中德”大米系列产品，“锦鳞香”手撕甲鱼，“钱缘”大米及附属系列产品，“百民茶庵”系列绿、红、白、黄、黑茶，“康多利”系列食用植物油，“桃花源”系列特色食品，“洞庭清水鸭”系列产品，“伍大姐”风味食品系列，“付大姐”腊制系列产品，“戴胡子”酱板鸭系列产品，“湘金元”食用植物油，“冠云”茶叶系列产品，“犟哥”素食系列产品，“九品福大蒜油”系列产品，“太青”茶叶系列产品，“桩巴龙”清茗茶叶系列产品，“渫峰”茶叶系列产品，“张公”卤腊肉系列产品，“睿静”面条系列产品，“千诺拉”食用油系列产品，“津佳”兔肉干，“张老头”牛肉干，“津味绿康”枞菌油、香酥鱼系列产品，“木子”豆腐乳系列产品，“南北特”系列休闲食品，“王饺儿”孰食系列产品，“伊一康”罐头系列产品，“欣悦”礼品面、大碗面、小碗面等，“德人牧香”鲜奶系列产品。

2012 年末常德市年产值亿元以上的企业是：湖南金健米业股份有限公司，常德广积米业有限公司，湖南阳光乳业股份有限公司，湖南海大生物饲料有限公司，湖南金健植物油有限责任公司，湖南武陵酒有限公司，湖南湘大骆驼饲料有限公司，通威股份有限公司常德公司，湖南德山酒业有限公司，常德新希望饲料有限公司，常德惠生肉类食品有限公司，常德市跃进米业有限责任公司，常德富民桥食品菜业有限公司，常德金三湘酒业有限公司，常德玉洁食品有限公司，常德市精为天米业有限公司，常德市鼎城金标粮油工业有限公司，湖南正园饲料有限公司，安乡县东升米业有限责任公司，湖南正元油脂安乡大鲸港油脂公司，安乡荣丰饲料有限责任公司，湖南洞庭牧业有限责任公司，安乡县湘北饲料有限公司，汉寿县生猪屠宰服务中心，汉寿县金牛米业有限公司，湖南立成饲料有限公司，汉寿县谊信冷冻有限公司，常德市金穗优质米业有限公司，岩下荣祺食品（湖南）有限公司，汉寿县鸭子港金旺米业有限公司，汉寿县富康米业有限公司，汉寿县泰顺食品有限公司，湖南盈成油脂工业有限公司，湖南洞庭春米业有限公司，常德加州水产食品有限公司，澧县小渡口油脂有限责任公司，湖南重庆啤酒国人有限责任公司，澧县千诺拉油脂有限责任公司，澧县弘福油脂有限责任公司，澧县华泰肉类食品有限公司，澧县群星化工有限责任公司，澧县朝阳饲料有限责任公司，常德雪龙食品有限公司，澧县张公庙油脂化工有限责任公司，湖南金健面制品有限责任公司，湖南大北农科技有限公司临澧分公司，临澧县米杨米业有限责任公司，临澧县汇丰米业有限责任公司，湖南桃源辣妹子食品有限公司，万福生科湖南农业开发股份有限公司，湖南三尖农牧有限责任公司，湖南桃源古洞春茶叶有限公司，桃源县腾琼野茶王茶业有限公司，湖南盛节节高食品股份公司，湖南九峰实业有限公司饲料加工厂，石门山宝食品有限公司，石门县壶瓶山茶叶有限公司，石门金湘源食品有限公司，湖南湘佳农牧科技有限公司,石门县夹山寺长松酒业有限责任公司,湖南石门皂市湘裕加工有限公司,湖南常德精品福绿色食品有限公司,石门夹山酒业开发有限公司,石门天顺茶叶有限公司,湖南健人保健食品有限公司,石门敦成农产品有限责任公司,石门野源马头羊开发有限责任公司,石门福慧达农产品加工有限公司,石门山寨旺苦荞麦食品有限责任公司,石门大发食品开发有限公司,湖南东山峰鹿业有限公司,津市市龟山油脂厂,津市市涔澹加工厂,津市市南北特食品实业有限公司,津市市旺森养殖有限公司,津市市津佳兔业科技开发有限公司,津市市平和食品有限公司,湖南鸿鹰祥生物工程股份有限公司,津市市金山饲料厂,津市市渡口镇光大食品厂,湖南金宏菜业有限公司,湖南崎丰生物科技有限公司,湖南天泽农业发展有限公司,湖南广益粮油棉有限公司,汇一食品有限公司,湖南麒月香食品有限公司,常德市汇美食品有限公司。

第八章　林纸产业

常德市林纸产业起源较早,晚清时期就已十分兴盛,土纸和草纸的手工作坊遍及城乡,汉寿生产的手工纸曾作为地方名纸进贡清廷。

新中国成立后,汉寿、安乡、津市、西洞庭等一批“官办”造纸厂相继建成投产。此后随着新闻用纸、文化用纸和生活用纸需求量的大增长,常德造纸业即成大发展之势,曾一度引进欧美杨、黑杨等速生林种植,用于造纸,研发甘蔗和棉梗造纸,全市纸品生产企业超过 100 家。

进入 21 世纪,资源综合利用、环境治理保护被上升为国是,小造纸连同小水泥、小钢铁等“五小”便被作为首当其冲的治理、调整的对象,绝大部分造纸企业被迫关闭。

市委、市政府坚持把林纸产业作为全市十一大支柱产业,派出专门的工作组于 2007、2008、2009 三年中,下造纸企业扶困解难,帮助上治污项目,因而保持了林纸产业作为支柱产业的地位。

1988 年,全市造纸工业企业 95 家,其中县以上创办的有 26 家,乡村创办的有 69 家,职工数 3665 人,年工业总产值 2.18 亿元。2012 年,全市造纸工业企业 75 家,其中制浆造纸企业 36 家,生活用纸生产企业 39 家,年工业总产值 59.52 亿元,比 1988 年增加 57.3 亿元,充分显示出工业支柱产业的实力。

第一节　机制纸

常德市林纸产业的优势,在于机制纸产能、产量和品质的不断提升。机制纸不仅仅是区别于手工纸的分类、而且是历史上统计口径一直以此作为业绩成果反映的经济品类名称,并对此计算其产量、产值和效益方面的数据。

1988年,全市拥有纸品类企业75家,其中机制纸企业36家,纸品企业38家,实现工业总产值2.17亿元。机制纸总产量6.77万吨。到1990年,全市机制纸产量7.12万吨。

1993年,全市机制纸产量上升到9.93万吨,实现工业产值3.17亿元。1995年,全市机制纸工业总产值达到6.84亿元,两年间翻了一翻多,1996年,全市造纸产业总产值9.3亿元,比上年又增长30%,是年机制纸产量14.98万吨,比1993年增加5万吨,增长50%,产值比1993年增加6.13亿元,增长一倍,一直到1999年,全市机制纸产量、产值都逐年增长。

2000年,全市机制纸产量下滑到3万吨,比上年(1999年)减少7万吨。原因是:一、按国家产业政策法规,1万吨以下造纸厂关闭,全市关停了造纸厂47家;二、1万吨以上和有可能上万吨的造纸厂从上年下半年开始抓技改扩能, 影响了产量。因为造纸企业基本上是从制浆、漂洗、操纸一条流水直线作业,任何扩能改造都必须全生产线停产。这类半停产企业共25家。

2001年,全市机制纸产量快速回升到10.35万吨,与1999年持平,但全是由5家大型造纸厂支撑的。即常德县造纸厂6290吨,安乡县造纸厂和安裕乡造纸厂3.69万吨,汉寿造纸厂1.04万吨,临澧合口造纸厂2677吨,津市造纸厂1.4万吨,西洞庭造纸厂1.2万吨,是年,全市规模以上造纸企业23家,实现工业总产值9.42亿元,比1999年增长6%。

2002年,全市机制纸产量在上年回升基础上再度增长,达13.3万吨,比上年增长3万吨,增长26.5%,增幅最大的是津市、安乡和常德县纸厂。是年仍是23家规上企业,实现工业产值10.42亿元,比上年增长1亿元,增长近10%。

2003年,全市机制纸产量继续上扬,达18.37万吨,比上年增加5万吨,增长23%。规模以上企业达到28家,比上年增加5家,实现工业产值14.48亿元,比上年增加4亿元,增长24%。

2004年,全市机制纸产量基本保持上年水平,达17.72万吨。但企业加大了治污和扩能技改。

2005年,全市机制纸产量大幅攀升,总产量达23.27万吨,比上年增加6.3万吨,增长27%,主要是津市雪丽、安乡安裕、常德县纸和西洞庭4家提升了产量。当年完成造纸工业总产值20.57亿元,比上年增加5亿元,增长24%,2006年全市机制纸产量达25.04万吨,实现工业总产值22.33亿元。

2007年,全市机制纸产量开始下跌,完成19.76万吨,比上年减少3.3万吨,原因是31家规模以上造纸企业,有6家亏损,因为污水回收未达标停产近半年。实际上,2007年环保整治中,全市关闭的造纸企业包括规模以下的共有70家。

2008年,全市31家规模以上和10家5000吨以上造纸企业都分别开始上治污项目,到年底,完成机制纸产量29.61万吨,比上年增加近10万吨,41家造纸企业共完成工业总产值27.6亿元,比上年增长18%。

2009年,在市委市政府上年派出11大产业工作组,分别深入企业解难后,林纸产业在艰难中奋进,当年全市机制纸产量达到36.93万吨,比上年增产5万多吨。42家规模以上造纸企业完成工业总产值35.31亿元,比上年增加8.3亿元。是年,津市雪丽造纸厂新上了一条5万吨/年木浆生产线,新增了2台年产5万吨高速纸机,安乡天洁造纸投资5亿元,扩产扩能;常德纸厂完成了投资7000万元的“碱回收”治污设施。

2010年,全市规模以上造纸企业46家,完成机制纸总产量40.1万吨,比上年增长10%,实现工业总产值46.84亿元,比上年增11.5亿元,增长34%。

2011年,全市36家规模以上造纸企业,完成机制纸产量56.37万吨,比上年增产16.2万吨,增长40%,实现工业总产值62.1亿元,比上年增加15.3亿元,增长28.5%。

2012年,全市36家规模以上造纸企业,完成机制纸产量68万吨,比上年增产7.4万吨,增长14.5%,实现工业总产值59.52亿元,比上年略有减少。

第二节　纸品及印刷

纸品包括纸板、纸质餐饮具、生活用纸类产品,与自制浆造纸不属同一生产范畴。将印刷归入“林纸产业”内,鉴于印刷也是在纸品上的再生产,在常德市的工业产业门类未作“印刷产业”时归于此类。

1988年至2012年,是常德市纸品类企业快速发展,成为林纸产业中支撑部分的时期。1989年恒安纸业集团落户安乡县,首开生活用纸品上规模,上档次先河,1997年恒安纸业再度在德山经开区建厂,加大了生活用纸产品的生产和发展。同时,各区县利用废纸和购买纸浆生产生活用纸也从此兴起,从而构成了全市纸品产量、产值的大幅上升。

1999年6月,常德恒安纸业正式投产,主要生产卷筒纸,面巾纸等生活用纸产品,日产量达到100吨,2001年6月投资扩建二期工程,达到日产量200吨规模。

2001年10月,国人啤酒公司投资兴建的“全蔗渣可降解环保餐饮具”投产,当年三个月时间生产430万只,成为常德市纸品类企业第二家规模较大的企业。

2000年,全市纸品企业生产生活类纸制品9518吨,纸箱3836吨,印刷品5.82万令。2001年全市纸品企业生产生活类纸制品7133吨,纸箱3557吨,印刷品6.37万令。

2001年,全市最大的印刷企业滨湖印刷股份公司陷入连续亏损,是年负债2721.47万元。这是一家在1996年连续保持了“三同步“,即产销利增长同步;“四不欠”,即国税、地方税、贷款、工资四不欠的大型企业,1996年完成工业产值1.76亿元。可是由于后来个体印刷厂冲击,加上企业经营业务上的尾大不调和设备与业务不配套,导致直线下滑。2000年底,由陈荣洋等5名自然人出资936万元,承债式收购,并增投640万元做技术提升改造,在2002年实现工业产值4060万元。

2002年,由于恒安二期部分投产,国人环保餐饮全面投产,当年纸品生产达1.44万吨,比上年增产4900吨,增长近50%;生产纸箱6208吨,生产印刷品8万令,均比上年大幅增长。同年1月24日,兴隆纸业公司投产营运,主要产生白板纸、白卡纸等纸品,市场供不应求。

“十五”期间,纸品类企业也如同全市工业大发展之势,有了长足发展,到2005年,恒安纸业成为全市工业进入“省百强企业”的6家之一,后起之秀金鹏凹印也成为6家之一。恒安纸业第67位,金鹏凹印第90位。而且,金鹏凹印印刷利润率21.39%,属全省百强企业第2位。在2005年12月,恒安纸业的“心相印”产品被国家认定为“中国驰名商标”。在2005年的全市企业销售收入龙虎榜上,恒安纸业排名第4,金鹏凹印排名第5。

“十一五”期间,纸品类企业持续发展,2010年生产纸品18.9万吨,比2000年增产18万吨;纸箱10.65万吨,比2000年增产10.3万吨,印刷品137万令,比2000年增产130万令。

2012年,全市纸品企业生产纸品25.5万吨,比2010年增产6.4万吨,其中仅生活用纸就达16.38万吨,比2010年的10.47万吨增产5.91万吨。是年纸品产量8.14万吨,印刷品155万令。

第三节　改革与调整

常德市林纸产业作为全市十一大产业支柱之一,其生存和发展在1988年至2012年的24年间,经历了比其它产业更为艰难曲折的过程。

一

1988年至1993年期间,全市造纸企业在工业企业中率先推行“经营承包责任制”,安乡县9家造纸厂,有7家实施了这种“承包制”,全市其它县市的11家,也有6家实行了“承包制”。当时的动因是全国出了“马胜利承包造纸厂一包就灵”的典型。

可是到1993年进行第二轮“承包制”时,却遭遇了来自工业主管部门、财税部门和职工群众的一片异议,大致是以下理由:一是“包盈不包亏”。有4家承包企业在到期结算时亏损,但“放牛娃赔不起牯牛”,亏损仍由企业承担,而其它有盈利的,承包人却如约拿走了利润分成。二是“竭泽而渔”。绝大部分承包主都采取了拼设备、拼资源的利已做法,承包期不仅没有技改投入,而且放弃必要的保养维修,致使相当一部分设备设施毁损严重,大大失去再生产能力。三是“放弃社会公德”。部门和地方政府派遣公益事务如防汛、扶贫等,承包企业基本不予执行。对芦苇材料资源的占有也常常出现不法手段获取现象,对资源保护、正常市场秩序形成一定程度的破坏。

二

造纸企业与水资源的保护利用矛盾与生俱来,而且解决这一矛盾又相当的不容易。

“纸是水洗出来的”,无论是手工造纸还是机械造纸,自古如是,一方面用水量大,一方面排出的污水量大,既要在节水上实施循环用水,又要在排出污水上净化,否则,与资源节约和环境保护的国策不符,就得关闭停办。

1996年,全市造纸企业发展到7家过万吨的企业,可是没有1家上“碱回收”治污项目,还有31户万吨以下的企业就更没打算也没能力考虑上这种治污项目。但是,从这时候起国家加大了环境保护力度,强制性要求造纸企业解决污水治理问题。在这种国策执行过程中,全市造纸企业经历了无异于血与火的洗礼,因为,上“碱回收”项目基本上是万吨产能的厂,要投资1亿元左右,这在资金承受能力上显然是不够的,上简单的“黑水回收”项目,投资也要5000万元左右,而且基本上属于治污很难达标工程。在这种状态下,全市41家规模以上造纸企业,到2000年的时候,只有4家真正上了“碱回收”项目,而且有1家还是非达标式“碱回收”。其它企业有5家关闭,有9家转产生产包装纸,瓦楞纸和彩色纸,有3家暗箱操作仍然造纸。以致于在2002年实施“两个置换”改革以后,全市真正保留下来的自制浆造纸企业只有6家(转产包装纸类的企业在外)。

三

进入“十一五”的2005年,市委市政府作出部署:振兴林纸产业这个支柱产业,并决策从根本上解决“治污”问题,实施“林纸一体化”,将制浆和造纸分开,制浆企业上治污项目,造纸企业解决节约用水问题,以期将林纸产业与资源综合利用和环保节能的矛盾化小最终化了。

可是,已经征地创办的泰格林纸项目在经过长达五年筹划后最终幻灭,导致林纸一体化决策未能践行。应当肯定,振兴常德市林纸产业,决策实施林纸一体化是正确的,也是有基础的。如果林纸一体化得以实施,常德市林纸产业不仅能保住支柱产业地位,而且有望成为成长性最强劲的产业支柱。从客观上讲,常德市林纸产业资源十分丰富,既有山区、丘陵、湖区的各种林木,还有湖区芦苇、甘蔗,更有稻草棉梗。而且,常德市造纸历史悠久,技术成熟,各个区县都有造纸生产企业,造纸产生的价值一直比较高。保持支柱产业地位,应当说是可行的。

好在从2001年起,加大了恒安纸业三期扩建工程建设投产,加大了金鹏凹印的科技创新做大,使得常德市林纸产业在2012年,仍然雄居于全市十一大产业之林。

有必要说明的是,常德市机制纸造纸企业,到2012年基本上已经严重萎缩,先期规模产能较大的西洞庭造纸厂、汉寿纸厂、安乡县纸厂、常德县纸厂,在后来都基本上消亡了,就连最大规模产能过10万吨的津市雪丽纸厂,也在2012年后只持续不到三年就宣告破产。常德市造纸业支柱型企业轰然倒塌,这是工业产业的最大遗憾。如果没有恒安纸业的顶天立地,常德造纸业几乎已无从谈起。

附:2007年造纸企业“环保整治”前后情况表

2007 年环保整治前常德市造纸企业产能情况

表 2-8-3-1

县市区	企业户数	年产能（万吨）	类　型
安乡	10	16.8	化学浆 4 家、废品浆 6 家
汉寿	3	2.7	化学浆 1 家、商品浆 2 家
鼎城	16	14.4	化学浆 2 家、废品浆 14 家
临澧	16	15.9	化学浆 1 家、废品浆 2 家
澧县	4	1.5	废品浆 2 家
桃源	3	1.86	化学浆 1 家、废品浆 2 家
石门	2	0.5	废品浆 2 家
武陵	7	2.3	废品浆 7 家
津市	2	7.3	化学浆 1 家、废品浆 1 家
西洞庭	4	7.5	化学浆 3 家、废品浆 1 家
西湖	1	2	化学浆 1 家
德山	5	11.2	化学浆 1 家、商品浆 4 家
合计	73	83.96	

2007 年环保整治后常德市造纸企业产能情况

表 2-8-3-2

县市区	企业户数	年产能(万吨)	化学制浆		废品浆商品浆企业	
			户数	产能	户数	产能
安乡	6	7.1	3	5	3	2.1
汉寿	2	2			2	2
鼎城	4	7			4	7
临澧	10	12			10	12
武陵	1	1.4			1	1.4
津市	2	11	1	10	1	1
西洞庭	2	4	1	4	1	
德山	4	21.1	1	5.1	3	16
合计	31	56.6	6	24.1	25	32.5

从上表可以看出，常德造纸业在 2007 年整治之后，产能税减近 40%；而在 2012 年前后，又再次实施环保整治之后，机制纸产能基本降入谷底，颓势令人心悸。

第四节　典型介绍

硬盒烟内衬卡纸　1990年鼎城区造纸厂蔡教春等开发成功，属高强度、高白度、高耐折、高挺度卷烟专用纸，填补国外空白，1999年获评科技进步二等奖。

高级香烟翻盖盒　1990年滨湖印刷厂邓金海等研发成功，是年被评为中国包装十年成果银奖，获科技进步二等奖。

部优产品　1990—1997年，西湖造纸厂"四达"双胶纸、汉寿造纸厂"华阳"单胶纸、津市造纸厂"雪丽"静电复印纸、天耀纸业"彩狐"色纸，分别获部优产品称号。

常德金鹏印务　1995年3月立项，同年12月建成投产，总投资1.63亿元。2012年工业产值16.98亿元，销售收入14.59亿元，利润5.78亿元，税金2.09亿元，资产总额10.53亿元。公司荣誉：中国包装龙头企业、全国百家侨资明星企业、中国印刷业效益十佳企业、中国国标印刷业前五强……共18项国家级荣誉，15项省级荣誉，25项市级荣誉。

湖南恒安纸业　始建于1997年6月，此后分两期扩建，到2012年总资产达32.86亿元。公司3个组成部分的工业总产值达26.26亿元，其中心相印纸业12.63亿元，生活用纸公司8.35亿元，恒安纸业5.28亿元。生产产量为心相印纸8.1万吨，生活用品纸10.3万吨，卫生用纸6.1万吨。

规上骨干企业　位于市城区的金芙蓉实业，2012年产值4.56亿元，生产环保卡纸2.5万吨；位于常德经开区的拓新综合厂，2012年产值7825万元，生产机制纸2.3万吨；

位于常德市经开区的华耀纸浆，2012年产值6842万元，生产机制纸2.5万吨；位于常德经开区的金源纸品，2012年生产纸品1.5万吨。

位于安乡的桂华纸业，2012年产值1.15亿元，生产机制纸1.5万吨；位于安乡的天洁纸业，2012年产值7391万元，生产机制纸1万吨；

位于安乡的鑫源包装印刷，2012年产值8764万元，生产纸品1.7万吨；

位于安乡的中意彩印包装，2012年产值3874万元，生产纸板7745吨；

位于安乡的天尖叫生活用纸，2012年产值5724万元，生产机制纸9000吨；

位于汉寿的天耀纸业，2012年产值4915万元，生产机制纸2460吨；位于汉寿的恒安纸业，2012年产值4895万元，生产纸制品1515吨；

位于汉寿的鸿蒙包装制品，2012年产值3999万元，生产纸制品692吨；位于澧县的博源纸品，2012年产值6422万元，生产纸餐饮具6400万只；

位于临澧的新安纸业，2012年产值9661万元，生产包装纸3.5万吨；

位于临澧的伟临纸品，2012年产值9264万元，生产包装纸2.6万吨；

位于临澧的荣昌纸业，2012年产值5329万元，生产花炮纸1.9万吨；

位于临澧的荣陵纸业，2012年产值4202万元，生产花炮纸1.5万吨；

位于津市的雪丽造纸，2012年产值4.52亿元，生产机制纸8.2万吨；

位于西洞庭的洞庭纸业，2012年产值4951万元，生产机制纸1万吨。

第九章　医药化工产业

第一节　医药

常德市医药产业在1988年—2012年期间，主要由三部分构成，即化学药生产制造、中成药及饮片生产制造、一次性医疗器械和康复器材生产制造。

历史上的医药生产大都是中成药和饮片，化学药起步于1958年3月。1988年时全市医药生产企业仅12家，1993年以后发展到27家，也就是从此时起，才形成常德医药产业的三大板块。

1988年，国家对医药生产企业加强监管，要求进行GMP认证，到2000年时，全市医药企业在经过严格的生产许可和质量认证之后，生存下来并正常生产经营的企业共33家，其中，化学药生产企业6家，中成药生产企业12家，医用药氧企业2家，医械生产企业13家。全市医药企业取得GMP认证共41张。

也就是从此时起，常德医药产业具备了门类较为全面，生产水平有较大提升的工业体系基础。按规模划分，全市共有亿元以上企业5家，5000万元至1亿元的企业12家，5000万元以下16家。从产品上看，全市共有药品品种396个，医械品种32个，康复保健品种27个。

到2012年，常德市规模以上医药产业工业企业23家，实现工业总产值33.17亿元，比2010年增加产值近10亿元；完成销售收入31.17亿元，比2010年增加收入近12亿元；实现利润2.4亿元，比2010年增加1.3亿元；入库税金1.24亿元，比2010年增加0.1亿元，是年全市化学药产量402吨，中成药及饮片产量3905吨，医械产量有一次性器械14.2亿支(件)，其它器械1.3亿件。就业人数达700多人。

一、化学药

常德市生产化学药，始于1958年3月创办的洞庭药厂，初期生产酊水和针剂。1965年开始生产止血芳酸和止血环酸，1976年唐山大地震成为国家专机调运产品，1979年被作为对越自卫反击战专用止血药，1983年获国家银质奖，1988年产量达到12.8吨，1998年产量达到72吨。此后投入技改上新产品，增加了硫酸黄连素，仙鹤草素、胃长宁、甲硝唑、咪唑酸酯和杭精神病药富马酸奎的平、盐酸氯米帕明等11个新产品。1997年3月26日，湖南洞庭制药厂改制为湖南洞庭药业股份公司，是年9月湘泉集团对洞药投资并占控股地位。是年，该公司技改项目50吨氨甲环酸和100吨氨甲苯酸竣工投产。

2000年至2003年,洞庭药业公司进行“两个置换”改革,成为民营企业,企业名称不变,生产经营化学药不变。改制改革后生产经营恢复,2003年产值突破2000万元,2004年达2243万元,比上年增长18.35%,2005年,洞庭药业实现工业总产值突破亿元大关,成为全市新增8家亿元企业之一,在全市销售收入百强企业中占第35位,实现销售收入1.098亿元。

创建于1999年的金健药业总资产3.3亿元,专业生产大容量注射液产品,其中国家Ⅰ类1个,国家Ⅴ类4个。

2005年,全市化学药生产经营处于快速发展状态,康普制药汉寿公司实现工业产值6056.3万元,比上年增长27%,销售收入在全市百强企业中排第71位。贝丹药业创产值520.5万元,销售收入5080万元,在全市销售收入百强中占第91位。益侨制药创产值5154万元,销售收入4954.2万元,在全市销售收入百强中占95位。桂林三金药业湖南公司实现销售收入2699.7万元,津津制药实业销售收入2598.4万元。

2006年,全市工业综合经济效益指数再居全省第一位,医药工业仍然功不可没。洞庭药业仍在全市销售收入百强企业中占第47位,是年实现销售收入突破亿元,达1.09亿元,康普制药在榜第88位,实现销售收入达6446万元。是年金健药业大输液一个产品产值达3250万元。

2007年直至2012年,化学药生产经营高位增长,其中2007年化学药产量达210吨,比上年增长16.2%,2010年化学药产量259吨,比2007年增长24%;2012年化学药产量402吨,比2010年增长52%。

二、中成药及饮片

1988年至2012年,常德市中成药生产呈现优胜劣汰留精华状态。1988年全市有中成药生产企业13家,其中各区县的药材公司基本上家家有一个小制药厂。1993年,全市中药生产企业只剩下6家,其中有1952年成立的吉春堂中药加工厂,常德专区药政处建立的中药片剂厂。常德中药片剂厂于1990年10月研制成功天麻首乌片,获国家健康杯奖。1988年,全市中成药品种60多个,其中常德专区药政处的中药片剂厂就有20个品种。

到1993年,由原医药公司制药厂和另两家小厂合并成立常德中药厂,但当年出现生产经营亏损。

1997年,德海集团兼并常德中药厂,成立德海制药公司,生产中成药片剂、丸剂、酒剂、冲剂、胶囊等,共7条生产线,产品49个。其中“天麻首乌片”再度获国防心病学会颁发的“岐伯杯”奖,省优质产品奖,年产值在1000万元以上。“增光片”也获得部优、省优产品称号,年产量350瓶左右,产值950万元左右。这两个产品在2000年均被列入国家中药保护品种,并列入了国家基本药物目录。

1999年和2000年,国家先后出台了一系文件,对医药医械产品生产实行严格的生产许可制度和临床实验要求，以及严格的质量管理体系和GMP认证要求，由此许多医药厂家和医械厂家关停，比如安乡的华安制药厂等企业从此退出历史舞台。

到2005年，全市通过GMP认证的医药生产企业共16家，其中中成药生产企业就只剩下德海制药和安乡药圣堂制药、德山吉康制药、汉寿康尔佳制药4家。这4家都由上市公司控股，因而生产经营逐年发展，2006年，全市中成药产量达5404吨（含安乡药圣堂制药饮片4498千克），2007年中成药产量2694吨；2010年产量1591吨；2011年产量2331吨；2012年产量3905吨。

三、医药经营

医药产业在统计方式和口径上，发生过化学药、中成药、饮片以及生物药混统现象，发生过销售收入将中成药生产和中成药商业贸易混统现象。但在2000年国家出台医药医械管理文件后，形成了规范。通过对这一时期的生产经营指标统计数据，可以比较真实地看到常德市医药产业作为支柱型产业的发展轨迹。

应当说明的是，全市医械生产企业仅湖南平安医械科技公司和湖南康利来医械公司以及西湖立康医械3家，因而未单独做章节记录，其生产经营情况在整个医药产业生产经营指标统计数据中有体现。

医药产业生产经营指标一览表

表2-9-1-1　　单位：亿元、吨

年度	总产值	销售收入	化学药产量	中成药产量	饮片产量
2000	2.68	2.56	71	358	
2001	3.44	3.25	77	87	
2002	3.5	3.52	97	98	
2003	4.29	4.18	131	119	
2004	5.8	5.61	173	3175	
2005	6.9	6.54	180	4299	
2006	7.39	7.33	201	5404	
2007	8.6	7.8	210	2694	231704千克
2008	16.12	14.77	254	2220	831294千克
2009	17.73	15.75	207	5103	
2010	24.87	22.85	259	1591	
2011	36.32	35.15	1174	2331	
2012	29.66	28.52	402	3905	

2012年医药企业产销利税及产量

表2-9-1-2

企业名称	工业产值（亿元）	销售收入	入库税金（万元）	实现利润（万元）	产品类	产量（吨）
金健药业	2.68	2.61	2205	1772	大输液	1.2亿瓶
洞庭药业	3.6	3.41	4105	7319	化学药	375
三金制药	0.68	0.7	852	302	中成药	2357
吉康制药	0.63	0.62	36	251	中成药	258
药圣堂制药	1.3	1.62	1254	2223	中成药	1760
康源药业	0.28	0.24	8	26.5	中饮	825
康尔佳制药	2.69	2.96	312	4619	中成药	1200
康利来医械	1.9	1.83	241	1337	医械	2.5亿支
康善制药	3.13	1.43	1093	5102	化学药	598
平安医械	2.15	1.94	582	970	医械	8.6亿支
冠元生物	0.48	0.37	0	2	中成药	850
临澧药厂	0.21	0.2	133	0	大输液	0.13万瓶
永康医械	0.64	0.63	9	640	医械	
南方制药	0.12	0.15	15	0	化学药	13.8

第二节　制盐

常德市盐业企业只有湘澧盐矿一家。因其在采卤水生产精盐的同时，提炼芒硝、硫酸钠等产品，所以作为盐化工产业范畴进行调度和管理。

湘澧盐矿是一家集水溶采矿、真空制盐、冷冻提硝、供热发电、机械加工于一体的国有大一型企业。1988年，生产精盐31.8万吨，此后逐年稳产并略有增长，到1998年达到40.2万吨。

“十五”期间，企业先后投入8000万元进行年产能80万吨真空制盐技改，从而使盐业保持了稳定。1997年产盐39.1万吨，产硫酸钠3.33万吨，实现工业产值达0.97亿元，比上年增加500万元；2000年产盐39.2万吨，产硫酸钠3.33万吨，实现产值0.97亿元，2001年产盐36.6万吨，产硫酸钠3.34万吨，实现产值突破亿元大关，达1.36亿元。

其间，湘澧盐矿于1999年出资1100万元控股湖南麦穗味精公司，成立晶鑫味精公司，属湘澧盐化的子公司。

2003 年，盐业产精盐 41.23 万吨，比上年增加 3.18 万吨，产硫酸钠 4.11 万吨，比上年增加 0.58 万吨，实现工业产值 1.55 亿元，利税 2212.87 万元。

2004 年，湘澧盐矿对 2 号锅炉进行改造，并更新卤水管理，为增产打下了基础。是年生产精盐 53.01 万吨，比上年增加 11.97 万吨，硫酸钠生产 4.57 万吨，比上年增加 0.51 万吨，实现工业产值 1.93 亿元，比上年增加 0.38 亿元。

2005 年，湘澧盐矿投资 5000 万元，实施制盐一组罐技改，历时 3 个月竣工投产。是年在省厅下达停开一个罐组情况下，仍生产精盐 53.07 万吨，生产芒硝 4.53 万吨，实现工业产值 2.16 亿元，同比增长 11.9%，实现利税 2912.6 万元，同比增长 8.8%。

是年下半年，湘澧盐矿利用停一个罐组时间，进行了制盐冷却水循环系统建设，既节约了水资源，又降低了能耗，同时，还动工兴建了 10 万吨 / 年小包盐配送中心。

2006 年，湘澧盐矿提出矿区扩界申请获批，采卤矿区自此由 4.9 千平方米扩大到 7. 08 千平方米，同时，改造了矿炉机，启动了小包盐配送中心。是年，产精盐达 61.86 万吨，产硫酸钠 5.01 万吨，实现工业产值 2.28 亿元，同比增长 5.48%，实现利税 3324.5 万元，同比增长 13.19%。

2007 年，湘澧盐矿对 A127 矿井和 A103 矿井实施连通，使卤水每小时产量达到 40 立方米。同时，实施的卤水净化工程投入运行，从而产盐量首次突破 70 万吨，达 70.9 万吨，产芒硝 6.05 万吨，完成工业产值 2.98 亿元，比上年增长 30.9%，实现利税 3822 万元，比上年增长 11.4%。

2008 年，湘澧盐矿经受冰冻灾害，加强了热电分厂工作改善环境，并投资 4600 万元改造 7 号炉和 3 号机。是年，“钻塔”牌无水硫酸钠获省著名商标，热电分厂电气班获“全国五一劳动奖章”。

2010 年，湘澧盐矿根据市委市政府关于打造盐化工产业支柱要求，立项 60 万吨盐硝联产节能技改项目获得省府批准，并边生产边改造，当年完成 2 号炉机节能工程改造，完成联产设施配套，年底生产精盐 72.11 万吨，芒硝 5.86 万吨，产品合格率达到 100%，实现工业产值 3.15 亿元，比上年增产 3772 万元。

2012 年，60 万吨盐硝联产技改项目全部竣工投产，当年完成精盐产量 75 万吨，芒硝产量 5.2 万吨。优质品率 100%，货款回笼率 100%，实现工业产值 3.97 亿元，比上年增加产值 6500 万元。更重要的是，从此湘澧盐矿实现了新老系统的有效对接，满足了稳产要求，节能要求和提品质要求，为又好又快发展打下了基础。

第三节　化工

1989 年 12 月 4 日，常德市化工公司改为常德市化学工业局，主管全市化工行业。是时，全市拥有化工企业 26 家，其中预算内企业 16 家(含市直 5 家)，另有集体性质企业 10 家。分布于武陵区的企业8家,石门县7家。产业门类有化学矿产、化学肥料、化学农药、无机化工、有机化工、橡胶加工等。年生产能力为磷矿石20万吨,合成氨13.5万吨,化肥81万吨(其中碳铵54万吨),磷肥20万吨,普钙7万吨。另有硫酸4.8万吨,盐酸1.15万吨,烧碱7000吨,乐果3000吨,杀虫双8000吨,油漆6000吨,力车胎300万套。

1989—1993年,10种化工产品生产均有大幅增长,其中磷矿石达54.1万吨,雄黄1.65万吨,合成氨45.6万吨,化肥242.6万吨,碳铵188.3万吨,普钙50万吨,复合肥4.3万吨,硫酸18.7万吨,油漆1.8万吨,硫酸氢1.5万吨,力车胎864万套。5年平均比1988年分别增长22.4%,8.7倍;13.8%、21%、12.4%、62.4%、84.4%、36.7%、24.4%;2.1倍,26.8%。5年共完成工业产值16.01亿元,销售收入15.21亿元,税金5943.4万元,5年平均比1988年分别增长36.1%、31%、6.2%。5年盈亏相抵,化工产业企业共净盈利710.7万元。

在1989—1993年共5年里,全市化工企业共研发新产品58个,其中子千线力车胎、齿形同步带、异丁基苯等4个产品填补国内空白。全市化学肥料生产被市委市政府高度重视,提出了"远学吉化,近学岳化"口号,因而各地氨肥厂获得大发展;1993年全市合成氨的电耗和一级品率被评为全省第一名,碳铵含氨量评为全省第二名,安乡氨肥厂摘掉连续亏损19年帽子从1990年起连年盈利,桃源氨肥厂等12家被评为无泄漏工厂,汉寿氨肥厂被评为全国小氨肥先进企业。

1994—1997年,全市化工企业20家,7大门类42个化工产品表现出"五增一减"形势,即产值、产量、税收、利润和创品牌五增,企业亏损减少。其中4年累计产值14.86亿元,与1993年比平均每年增长5.3%。产量上,化学矿产45万吨,增长1.2倍,合成氨17.5万吨,增长27%,化肥112万吨,增长38%,硫酸8万吨,增长66%,力车胎700万条,增长13%。全市化工企业4年共减亏922万元。石门磷肥厂保持11年盈利,在1997年2月全省评比中获四个单项第一,综合评比第一。但是,石门氮肥厂因严重资不抵债在1995年4月关闭。

全市化工企业从1998年到2001年,出现了阶段性生产下滑和效益亏损;20家企业中,只有8家维持正常生产,化学矿石、化肥、农药和无机化工生产经营不景气,此间全市化工企业累计产值14.39亿元,在效益上企业盈亏相抵,累计亏损额达6772.5万元,盈亏相抵净亏3756万元。始建于1965年的石门磷矿关停,2001年4月宣告破产;桃氮、常氮和10家集体化工企业先后于2000年和2001年停产,常德有机化工厂同期关闭。

但是,石门玉叶化肥却异军突起,成为湖南省化肥行业连续5年盈利的大户。石门玉叶化肥是1997年改造已关闭的石门氮肥厂而投资建成的。97年至2001年共5年完成工业产值2.6亿元,年均产值5200万元;实现盈利2329万元,年均盈利458万元。

2001年石门磷矿清算认定负债948.3万元,资债相抵只余资产56万元,因而经依法判定破产关门走人,由财政兜底进行人员安置。

全市化工企业由于县国营和集体的较多,由于98至2001年关闭的较多。因而以"两个置换"为主要内容的改革面也较大,直到2003年才完全结束。

"十五"期间,盐化工企业除湘澧盐矿改制改革,更名为湘澧盐化公司继续从事盐化产业外,还相继诞生了新澧化工公司,天盛电化公司和汇湘精细化工公司。

新澧化工于2001年6月由四川新津进出口公司投资兴建,2003年部分投产, 总投资2亿元,主要产品是无水硫酸纳,年产能80万吨,采用热水热溶钻井开采法采卤生产,属全国同行业规模较大,设备较先进、核心技术较前沿的无水硫酸钠生产企业。

汇湘精细化工属盐化工下游精细化工企业,2005年8月建成投产, 主要利用天盛电化的氯碱产品进行深度开发,采用技术为塔式催化反应精镏,产品为氯苄系列以及30%盐酸。2006年完成工业产值1077万元,利税80万元,2008年起全区达到设计生产能力,实现产值1亿元,2010年突破1亿元,2011年实现1.5亿元,2012年产值达到2.57亿元。

天盛化工是由温州天盛集团投资兴建,项目为年产烧碱6万吨。建成投产后到2006年底,共生产烧碱6384吨,盐酸4658吨,液氯4049吨,氯酸纳953吨,氯酸钙1625吨,全部产品的质量均达到国家标准。

"十一五"期间,常德市化工产业格局已经发生重大变化,过去的化学肥料明显萎缩,各区县的氮肥厂基本全部消亡,尿素、碳铵、液氨等产品大量减少,只保留了磷肥、普钙、氮肥、复合肥等品种规模化生产。以盐为基础之类的化工产品超历史地高质、高产。精细化工和日用化工如农药、油漆等产品,也较以前超常发展。从而形成了崭新的化工产业。

2010年,全市化工企业94家,实现工业总产值64.84亿元,主要产品精盐72.18万吨,芒硝6.25万吨,硫酸7.2万吨,纯碱3.32万吨,磷肥19.5万吨,合成氨17.84万吨,复合肥5.3吨,化学农药1.2万吨,油漆涂料1.6万吨。

2011年,全市化工企业各种产品均比上年有较大幅度增长,尤以盐化工厂产品为最突出,盐化工规模以上企业7家,除天盛盐化产值9800万元以外,其余6家包括湘澧盐化、新澧化工、阿斯达生化、汇湘精细化工、裕达卤碱、首信化工,家家工业产值过亿元。

2012年,全市化工类规模以上企业共完成工业总产值16.64亿元,入库税金5149万元,创利润5130万元,三大指标均比上年增长20%的基础上,是年再度增长22%以上。

是年,全市化工企业过亿元产值的有24家,分别是:

湘澧盐化产值3.97亿元,生产精盐72.2万吨;

海利化工产值6.39亿元,生产化学农药1.1万吨;

新澧化工产值3.28亿元;生产芒硝40万吨;

丰康生物产值5.09亿元,生产脱酚蛋白5.1万吨;

金大地化工产值1.42亿元,生产合成氨4.6万吨;

神龙化肥产值1.4亿元,生产复合肥2.6万吨;

太子化工产值1.61亿元,生产涂料1432吨;

正阳化工产值1.28亿元,生产氨基酸1125吨;

汉寿涂化产值2.1亿元,生产涂料185吨;

红林化工产值4.93亿元,生产硫酸钡18.2万吨,

汇德生物化工产值 4.59 亿元,生产糖醛 3 万吨;

新澧化工产值 3.28 亿元,生产芒硝 40 万吨;

金源化工产值 2.96 亿元;生产碳铵 4.6 万吨;

群星化工产值 1.8 亿元,生产油酸脂 6.1 万吨;

湘珠湘化产值 1.63 亿元,生产复合肥 6 万吨;

博远实业产值 1.35 亿元;生产碳酸钡 4.9 万吨;

跃进化工产值 1.1 亿元,生产树脂 10 万吨;

大坪化工产值 1.06 亿元,生产油酸 1450 吨;

胜利化工产值 1.65 亿元,生产氨肥 13.2 万吨;

合磷化工产值 1.34 亿元,生产硫酸 1 万吨;

汇湘精细化工产值 2.57 亿元,生产氯卡 9901 吨;

阿斯达生化产值 1.82 亿元,生产二磺酶 645 吨;

鸿鹰祥生物产值 1.97 亿元,生产糠化酶 11 万吨;

谊诚化工产值 1.1 亿元,生产硫酸纳 5.6 万吨。

还有鹏程化工、湘北聚脂等 9 家年产值接近每家 1 亿元,万顷丰肥料等 11 家每家产值 4000 万元以上 8000 万元以下。

第三篇《

工业经济管理

第三篇　工业经济管理

第一章　组织机构沿革

第一节　市经委机构沿革

常德市经济委员会，作为市人民政府主管经济工作的部门，在1988—2012年期间，曾经历过多次演变。

1988年，常德撤地建市，实行市县领导体制。同年8月24日，根据省委办公厅、省政府办公厅“湘办〔1988〕37号《关于批复常德市市直党政群机关机构设置的通知》精神”，中共常德市委、市人民政府以“常通字〔1988〕11号文件”决定，设置常德市经济委员会。

2001年，市直机关新一轮机构改革开始。按照省委、省政府关于在转变职能的基础上，调整机构设置，建立与省政府机构框架大体协调的市级政府组织机构的要求，8月17日，中共常德市委、常德市人民政府常通字〔2001〕16号文件通知，市经济委员会与市人民政府财经贸易办公室合并组建常德市经济贸易委员会。

2005年1月，根据省委办省政府办《关于市州县市区政府机构改革的意见》(湘办发〔2004〕4号)和省委省政府《关于常德市人民政层机构改革方案的通知》(湘委〔2004〕26号)精神，市委市政府下发了《市人民政府机构改革方案的实施意见》(常通字〔2005〕2号)，撤销市经济贸易委员会，组建常德市经济委员会。

2010年3月4日，根据《中共湖南省委湖南省人民政府关于市县政府机构改革的意见》(湘发〔2009〕18号)和《中共湖南省委湖南省人民政府关于常德市人民政府机构改革方案的通知》(湘委〔2010〕9号 精神，中共常德市委、常德市人民政府印发《常德市人民政府机构政府改革方案实施意见》(常委〔2010〕6号)和《中共常德市委办公室常德市人民政府办公室关于常德市人民政府机构设置的通知》(常办2016号)，组建常德市经济和信息化委员会。将经委能源管理职能划入发展改委后的其他职能、政府信息化办承担的信息产业和推进信息化工作职责，整合划入经济和信息化委员会，不再保留市经济委员会。

一、工作职责和工作任务

1.贯彻落实国家宏观经济政策。

2.参与全市经济发展战略目标的研究、制订并编制中长期规划,组织工交企业贯彻实施;参与制订产业发展、技术开发等有关工交经济政策,并负责组织实施。

3.管理和协调全市工交经源节约与综合利用工作以及行业管理工作。

4.协调交通、能源、通信等工作。

5.负责情况综合,文件报告起草,典型经验的总结推广。

6.负责制定流动规划和年度计划,审批可行性研究报告和实施的项目施工方案,衔接在建项目资金,落实还贷任务,调度在建项目进度、投产、达产情况、编制技改统计报表,负责技术引进、外引内联。负责企业改革的设计、调研、经验总结交流,企业内部经济责任制和合同的考核审批,企业上等级的规划、审定、经济效益分析,扭亏增盈工作的部署、检查、调研及措施落实,代管企协。

7.负责掌握、检查、督促有关生产、交通、设备等安全工作的情况,以及对安全事故、隐患进行处理和协调,搞好安全专干的业务培训。

8.负责能源指标的分配和额度,能源节约、工业生产物耗的降低、节能技术改造项目的申报、审批和实施。

9.负责协调生产的主要'问题以及横向经济联合,经济信息和外经工作等。

10.负责科技计划,目标管理,新产品开发,组织技术攻关,项目可行性论证,科技成果推广,组织专业技术职务任职资格的考核、评审。

11.负责交通企业的生产、建设、运输管理,搞好联合运输,组织厂矿企业重点物质的运输、协调。

二、科室设置和人员编制演变情况

1988 年 8 月 24 日,省委办公厅、省政府办公厅印发《关于批复常德市市直党政群机关机构设置的通知》(湘办〔1988〕37 号),中共常德市委、常德市人民政府常通字〔1988〕11 号文件。设立常德市经济委员会,内设 11 个职能科(室):秘书科、政工科、生产计划科、企业管理科、质量管理科、技术改造科、科技科、安全交通科、宣传教育科、能源管理科、监察室。市经济委员会机关核定行政编制 48 名。同年 10 月,市编委以常编发〔1988〕55 号文件通知,市经委设秘书、政工、生产计划、企业管理、技术改造、科技、安全交通、职工教育、能源管理等九个科,定编 47 名。11 月,市编委同意经委内部增设质量管理科,编制内部调整解决。

1996 年,机关实行"三定",市经委内部设 11 个职能科室,定编 49 名,其中行政编 46

名,事业编 3 名。设办公室(加挂经济法规科的牌子)、经济运行科、企业科(加挂企业内部审计科的牌子)、技术改造科、科技科、交通科、资源节约和综合利用科、食品工业科(市食品行业管理办公室)、宣传教育科、政工科(与工交工委办合署办公),监察室(与纪工委合署办公)。与"三定"前相比,增设了食品工业科,撤销了质量科,将职能合并到技术监督局;将秘书科、生产科、企管科、交通安全科、能源科等五个科室的职能作了相应的调整,分别改为办公室、经济运行科、企业科、交通科、资源节约和综合利用科。

2001 年 8 月 7 日和 11 月 1 日,中共常德市委、常德市人民政府印发《常德市市直党政群机关机构改革方案实施意见》(常发〔2001〕2 号)。设立常德市经贸委。内设 11 个职能科(室):办公室、法规调研科、经济运行科(加挂市扭亏增盈领导小组办公室牌子)、投资科、科技教育科、中小企业服务指导科、中小企业发展促进科(加挂民营经济服务科牌子)、电力及资源综合利用科、交通科、人事科、监察室(与纪检组合署办公),以上科室均为正科级。市经贸委员会机关核定编制 49 名,其中行政编制 46 名,事业编制 3 名。

2011 年 3 月 7 日,市政府办公室印发《常德市经济和信息化委员会主要职责内设机构和人员编制规定》(常政办发〔2011〕14 号,市经信委内设 12 个职能科室,即办公室、人事科、综合法规科、中小企业发展促进科、资源综合利用科、对外交流科、交通科、信息产业与信息化推进科、科技教育科、投资规划与产业政策科、中小企业服务指导科、经济运行科。整个市经信委机关核定行政编制 42 名,其中主任 1 名、副主任 4 名,纪委书记 1 名,工会主席 1 名,总经济师 1 名,正科级职数 13 名,副科级职数 5 名,其它工作人员 16 名。另配工勤事业编制 2 名。

第二节 下属机构演变

一、直属科级机构

(一)市电力行政执法支队

2006 年 4 月 9 日,常编办〔2006〕45 号文件批复,设立市电力行政执法支队(简称市电力执法支队),为市经济委员会管理的正科级行政执法机构。其主要职责是:负责监督检查电力法律、法规、政策及电力技术标准的执行;负责维护电力市场秩序,调查处理发供电纠纷,依法保障电力投资者、经营者、使用者的合法权益;依法查处电力供应与使用中窃电、破坏电力设施等违法行为,并作为行政处罚;参与电力安全事故的调查处理;负责进网作业电工和电力安装(修、试)资格的检查。核定全额拨款事业编制 5 名,其中支队长 1 名,副支队长 1 名,其他工作人员 3 名。编制来源为:从市经济委员会连人带编划转 2 名,另新增 3 名全额拨款事业编制。调整后,市经济委员会编制由 43 名调整为 41 名(含行政编制 35 名,全额拨款事业编制 4 名,机关后勤服务编制 2 名)。

2006年10月10日,根据常编办〔2006〕45号文,公开招聘3人,其中:副支队长1名,工作人员2名。

2007年7月16日,常编办〔2007〕89号文件通知,追加市电力行政执法支队2006年度军转干部安置金额拨款事业编制1名。

2009年3月11日,根据常编办〔2006〕45号文,彭孝平(支队长)从市经委连人带编划入。

2011年3月3日,常编办〔2011〕37号文件通知,追加市电力行政执法支队2009年度政策性人员安置全额拨款事业编制1名。调整后,市电力行政执法支队全额拨款事业编制为6名。

2011年12月26日,根据常编办〔2006〕45号文,公开招考1名工作人员,市电力执法支队全额拨款事业编制为7名。

2014年10月15日,胡国初(副支队长)退休,市电力执法支队全额拨款事业编制为6名。

2015年1月5日,常编办〔2015〕芍文件通知,追加2014年度军转干部安置全额拨款事业编制1名,市电力执法支队全额拨款事业编制为7名。

2015年2月12日,常编办复〔2015〕26号文件通知,市电力行政执法支队划分为公益一类事业单位。

(二)市工业园区管理办公室(市推进新型工业化办公室)

2007年1月29日,常编办〔2007〕6号文件批复,设立市工业园区管理办公室,为市经委管理的具有行政职能的正科级事业单位。其主要职责是:负责制订工业园区发展的有关政策,并督促政策的落实;负责制订工业园区的考核办法,并负责考核;负责全市工业园区的日常调度、情况综合和相关统计工作;负责协调工业园区发展过程中的有关矛盾和问题;参与制订工业园区发展规划。核定全额拨款事业编制2名,其人员编制结构为:主任(副主任)1名,其他工作人员1名。

2008年,常编办〔2008〕61号文件批复,编制调整为3名。

2010年1月8日,市编办〔2010〕7号文件批复,同意市工业园区管理办公室增加全额拨款事业编制1名,其编制结构为一般工作人员。调整后,市工业园区管理办公室全额拨款事业编制为4名。

2011年6月22日,市编办〔2011〕111号文件批复,同意市工业园区管理办公室加挂市推进新型工业化办公室牌子,相应增加推进新型工业化工作职责。并增加金额拨款事业编制1名。调整后,市工业园区管理办公室全额拨款事业编制为5名,其编制结构为:主任1名,副主任1名;其他工作人员3名。

2014年9月25日,市编办〔2014〕52号文件批复,同意市工业园区管理办公室增加全额拨款事业编制1名,人员编制结构为一般管理人员。所增编制限用于引进高层次专业人才,并按相关人员人事编制关系移动情况实行动态管理,调整后,市工业园区管理办公室全额拨款事业编制 6 名,其中,主任 1 名,副主任 1 名;一般管理人员 4 名(含高层次人才动态管理编制 1 名)。

2015 年 11 月 3 日,常编办〔2015〕116 号文件批复,同意将市工业园区管理办公室(市推进新型工业化管理办公室)调整设置为市推进新型工业化办公室,为市经信委管理的正科级公益一类事业单位。

其主要工作任务是:组织实施全市新型工业化发展战略及发展规划;协调解决新型工业化进程中的重大问题;协助开展有关新型工业化工作的考核和督查;负责综合分析全市新型工业化发展情况;承担市推进新型工业化办公室职能,全额拨款事业编制 6 名,其中主任 1 名,副主任 1 名,一般管理人员 4 名(含用于引进高层次专业人才编制 1 名,此编制实行专编专用、动态管理,今后该编制空缺后,相应予以调整)。人员编制来源为:原市工业园区管理办公室(市推进新型工业化办公室)核定的全额拨款事业编制 6 名整体并入。

2016 年 5 月 1 6 日,市编办〔20161 79 号文件批复,同意从市直事业编制总量内为市推进新型工业化办公室调剂 2 名全额拨款事业编制。调整后,市推进新型工业化办公室全额拨款事业编制为 8 名,其编制结构调整为:主任 1 名,副主任 1 名;其他工作人员 5 名,调整后的主要工作任务,相应调整为:组织实施全市新型工业化发展战略及发展规划;协调解决新型工业化进程中的重大问题;协助开展有关新型工业化工作的考核和督查;负责综合分析全市新型工业化发展情况;承担市推进新型工业化领导小组办公室的日常工作。

(三)市能源监察中心

〔1984〕01 号文件曾批复,设立常德地区能源技术服务中心,为地区标准处管理,属独立核算、自负盈亏的二级企业单位,定企业编制 15 名。

1987 年 7 月 29 日,常编发〔1987〕56 号文件批复,同意将地区能源技术服务中心由企业单位改为事业单位,实行企业管理,核定企业编制 16 名。

1993 年 6 月 1 日,常编办直〔1993〕24 号文件批复,常德市能源技术服务中心更名为常德市能源利用监测站,单位性质、机构级别、隶属关系、人员编制、经费渠道均不变。

2001 年 4 月 2 5 日,省机构编制委员会办公室湘编办〔2001〕21 号《关于将常德市能源利用监测站人员编制划出质量技术监督系统的通知》,同意将常德市能源利用监测站及其 1 7 名自收自支事业编制和 1 7 名人员等成建制划出省质量技术监督系统,归属常德市管理。

2003 年 9 月 8 日,常编办〔2003〕82 号文件批复,常德市能源利用监测站(简称市能源利用监测站)为市经贸委管理的正科级事业单位,其主要工作任务是:制定能源利用监测年度工作计划;负责对用能单位实施能源利用监测;并对用能单位的能源利用自检体系进行技术指导;对经监测不合格的单位提出处理意见,报同级人民政府节能主管部门裁定。并督促被监测单位落实;受技术监督部门委托,参与节能产品的认证工作;参与新建、改建、扩建工程项目的节能审查;开展能源利用监测技术研究,评议和推广能源利用新技术,并负责对能源利用监测人员进行技术、业务培训和考核。核定全额拨款事业编制 10 名,其人员编制结构为:站长1名,副站长1名;专业技术人员7名;后勤服务人员1名。

2003年11月20日,常编办(调)字〔2003〕412号进编通知,政策性安置退伍军人1名,为全额拨款事业编制。

2005年10月24日,常编办(调)字〔2005〕19号进编通知,新增单列全额拨款事业编制1名,政策性安置退伍军人。

2006年12月26日,常编办(调)字〔2006〕143号进编通知,新增单列全额拨款事业编制1名,政策性安置军转家属。

2008年9月5日,常编办〔2008〕165号文件《关于市能源利用监测站更名的批复》,同意市能源利用监测站更名为市节能监察中心,为你委管理的具有行政职能的事业单位。其主要职责调整为:负责对全市用能单位实施能源利用监测,并对用能单位的能源利用自检体系进行技术指导;负责开展节能监察执法。其机构级别不变、人员机构编制等均维持不变。

2008年9月12日,常编办〔2008〕113号文件批复,设立市节能工作办公室,核定市节能工作办公室全额拨款事业编制5名。人员编制来源为:从市节能监察中心连人带编划转3名。调整后市节能监察中心全额拨款事业编制为10名。

2009年4月3日,常编办〔2009〕28号文件《关于市节能监察中心增加领导职数的批复》,同意审节能监察中心增加副主任职数1名。调整后,市节能监察中心人员编制结构为:主任1名,副主任2名;专技人员6名;后勤服务人员1名。

2012年1月13日,常进编字〔2012〕058号进编通知,新增单列全额拨款事业编制一名,政策性安置军转人员。

2015年2月12日,常编办复〔2 015〕26号文件通知,市节能监察中心划分为公益一类事业单位。

2016年5月18日,常编办复〔2016〕83号文件通知,同意将市经济和信息化委员会所属市节能监察中心的主要工作任务调整为:宣传贯彻工业和通信领域节能工作有关方针政策及法律法规;开展工业和通信业领域节能监察和咨询服务;受市政府有关部门委托,负责对工业和通信业领域节能法律法规、节能标准执行情况及用能状况进行监察执法,承担工业和通信业领域能效标识管理有关工作;承担国家、省工业和信息化部门安排的工业和通信业领域节能和资源综合利用项目评估和评审工作。

(四)市中小企业服务中心

2007年7月16日,常编办〔2007〕75号文件批复,根据市委常委2007年第4号会议纪要和市委市政府《关于加速推进新型工业化的若干意见》(常发〔2006〕4号)精神,经市委编委全会研究,同意设立市中小企业服务中心,为市经委管理的正科级事业单位。其主要工作作务是:负责向政府有关部门反映中小企业情况,配合落实中小企业扶持政策;负责为中小企业提供协调服务,维护中小企业合法权益;负责组织开展中心企业经理人、管理人员和专业技术人员的教育培训工作,组织中小企业参加有关区域的产品展销、招商引资等活动;受政府有关部门委托，联系或委托区域、各行业协会和其他社会服务组织为中小企业提供服务。核定市中小企业服务中心全额拨款事业编制2名,其人员编制结构为:主任(副主任)1名,其他工作人员1名。

2009年6月4日,常编办〔2009〕56号文件批复,同意市中小企业服务中心增加全额拨款事业编制1名,其编制机构为一般工作人员,调整后,市中小企业服务中心全额拨款事业编制为3名。

2012年7月30日,常编办〔2012〕114号文件批复,同意市中小企业服务中心安置2011年度政策性人员追加全额拨款事业编制1名,其中政策性安置人员为退伍士兵,人数1人。

二、直属副处级以上机构演变

(一)食品工业办公室

1986年4月15日,常德行署发出常署发(1986)9号文件,通知成立湖南省常德地区食品工业办公室,为县级行政、协调性的管理机构。1993年,中央印发《关于党政机构改革的方案》及其实施意见,正式启动全国第三轮政府机构改革。1994年,常德市市、县、乡三级党政机构改革全面铺开,至1996年完成。将食品工业办转为经济实体的专业经济部门。各行业管理办公室人员只出不进,逐步核减到6个左右编制。

1998年启动的全国第四轮政府机构改革,是在全面建立社会主义市场经济体制的大背景下进行的一次较大规模的改革。在机构设置上撤销食品工业办公室,其职能并入经贸委。

其主要工作职责和工作任务是:

(1)组织和配合有关部门制定食品工业的发展、技改和科研规划。

(2)研究提出促进食品工业发展的各项政策,对食品工业的法规法令提出建设。

(3)促进和推动食品工业的横向联合。

(4)组织推动食品工业新产品、新资源、新技术、新包装的开发和应用。

(5)组织和协助有关部门进行食品工业人员培训,加强智力开发。

(6)归口管理食品质量评比,协同有关部门贯彻食品质量管理制度和《食品卫生法》。

(7)向食品工业企业提供技术、信息和决策服务。

机构设置及人员编制情况是:

食品工业办公室根据常编发〔1986〕44号批复,设综合科、计划协调科两个科室,编制10名,实有6人,其中:领导2人(含调研员1人),综合科3人,计划科1人。

(二)机械电子工业公司

1983年9月,地区机械电子工业局改为常德地区电子工业公司,仍然行使行政管理职能,作为行政性质管理公司,归口地区经委管理,但不再列为行署工作部门。

常德地改市后,为了理顺关系,更好地行使主管部门行政管理职能,加强工业行业管理,按照上级机构设置限额的有关规定,根据常政办函〔1989〕40号文件,同意将常德市机械电子工业公司更名为常德市机械电子工业局。行政性公司更名后,其隶属关系、机构级别、人员编制和性质、经费开支渠道仍维持不变。

1994年10月12日,根据《关于印发〈湖南省党政机构改革方案的实施意见〉的通知》(湘发〔1994〕12号)和《关于常德市党政机构改革方案的通知》(湘委〔1994〕2号)精神,中共常德市委、常德市人民政府印发《关于常德市市级党政机关机构设置的通知》(常发〔1994〕17号),设置市机械电子工业局,作为市政府其他工作机构。

1998年启动的全国第四轮政府机构改革,是在全面建立社会主义市场经济体制的大背景下进行的一次校大规模的改革。在机构设置上撤销机械电子工业局,其职能并入新设立的市机电行业管理办公室,归口为市经贸委的副处级以上机构,行使行业管理职能。

主要职责和工作任务是:

(1)贯彻实施国家制订的振兴机械、汽车、电子信息产业的发展战略、方针、政策、总体布局及行业法规;依据国家产业政策,研究制订振兴我市机械、汽车、信息工业的发展战略及总体布局,并提出机械、汽车、电子信息工业的政策措施。

(2)组织编制我市机械、汽车、电子信息工业行业中长期发展规划和年度规划,并监督实施。

(3)适时提出我市机械、汽车、电子信息工业行业固定资产投资的意见,并对行业的重点基本建设、技术改造、技术引进及利用外资进行审查、申报与验收。

(4)切实制订发展我市机械、汽车、电子信息工业有关经济政策和调节措施,协助有关部门组织、培育统一、开放、竞争的机械、汽车、电子工业产品与技术市场,组织收集、处理和发布行业信息,指导、监督行业的经济运行。

(5)组织行业高新技术、通用技术及基础技术的研究、开发、应用,推进行业技术进步;对行业的产品质量和安全生产进行监督,协调处理用户投诉;指导行业知识产权保护的管理工作。

(6)指导管理我市机械、汽车、电子信息工业行业对外经济技术合作、利用外资,参与管理产品的进出口工作。

(7)按照上级授权,严格管理,监督市直企业的国有资产,保障国有资产的保值、增值,并协助评价、监督、检查全行业的国有资产经营情况。

(8)参与指导行业的体制改革、企业改革、企业改组联合和企业管理工作。

(9)协助指导直属企业和企业集团的领导班子建设并配合有关部门进行考核;对其财务工作进行指导、审计、监督管理;对直属企事业单位、企业集团和省机械一虎子两局委托党建、纪检、监察及思想政治工作进行指导、监督。

(10)组织、指导行业的人才需求预测、培养、交流及职工培训、技术工人技能鉴定;协助管理行业有突出黄页的国家级、省(部)级科技专家、优秀科技青年;指导行业的劳动工资、劳动保险、劳动服务企业工作。

(11)指导机械、汽车、电子信息工业的各类学会、协会开展工作。承办市委、市政府及省机械、电子两局交办的其他工作。

市机械电子工业局行政编制 33 名,其中局领导 5 名:局长 1 名,副局长 3 名,纪检组长 1 名;正副科长 15 名,机关后勤服务人员按行政编总数的 12%定事业编制 4 人,老干服务人员按比例配事业编制 1 人。

1995 年 9 月 14 日根据中共常德市委机构编制委员会办公室印发文件确定市机械电子工业局核定行政编制 26 名,其中:局领导 4 名,总工程师 1 名,正副科长(主任)1 2 绍,其他工作人员 9 名。按有关规定,核定事业编制 4 名,其中:机关后勤服务人员事业编制 3 名,离退休服务人员事业编制 1 名。

(三)化工工业公司

1983 年 9 月,地区化工局改为常德地区化学工业公司,仍然行使行政管理职能,作为行政性质管理公司,归口地区经委管理,但不再列为行署工作部门。

地改市之后,为了理顺关系、更好地行使主管部门行政管理职能,加强工业行业管理,按照上级机构设置限额的有关规定,根据常政办函(1989) 40 号文件同意将常德市化学工业公司更名为常德市化学工业局。行政性公司更名后,其隶属关系、机构级别、人员编制和性质、经费开支渠道仍维持不变。

1993 年,中央印发《关于党政机构改革的方案》及其实施意见,正式启动全国第三轮政府机构改革。1994 年,常德市市、县、乡三级党政机构改革全面铺开,至 1996 年完成。1994 年 10 月 12 日,根据市委、市政府《关于常德市市级党政机关机构设置的通知》(常发〔1994〕1 7 号),化学工业局成建制转为市化工行业管理办公室,其行政职能归口市经贸委综合管理。行业管理办公室人员只出不进,逐步核减到 6 个左右编制。

1998 年启动的全国第四轮政府机构改革,是在全面建立社会主义市场经济体制的大背景下进行的一次较大规模的改革。在机构设置上撤销化工行业管理办,组建冶煤化工行业管理办,将原地质矿产冶金煤炭局的治金煤炭部分不能并入经贸委的职能划入。2004 年 11 月和 2005 年 1 月,常德市分别启动区县(市)和市本级政府机构改革,至 2005 年底全面完成。在这次改革中,撤销冶煤化工行业管理办,相关职能由经委管理。

化工行业办的主要职责和工作任务是:

对全市化工行业进行综合管理,以需求为目标,以服务为宗旨,经促进生产力发展为标准,对全行业的发展、建设和技术改造实行统筹规划和宏观控制。实行“四管”:管政策(包括技术、基建、秤、质量、消耗等方面的政策);管行业规划(特别是中长期规划);管监督检查,管协调和服务:

科室设置和人员编制演变情况是:

设办公室和政工、生产计划、财务、科技教育4个科及供销经理部,核定编制50人(其中供销经理部15人,化工学会1人,公司34人),实有52人(其中化工学会1人、供销经理部15人、公司36人)。

(四)纺织工业公司

常德市纺织行业管理办公室是常德纺织行业的管理部门,履行市政府对纺织行业的管理职能,担负着促进全市纺织行业两个文明建设向前发展的任务。1988年6月,常德地区改为常德市,办公室更名为常德市纺织工业公司。1989年12月,常办函(1989)40号文件批复常德市纺织工业公司更名力常德市纺织工业局,设局党组。行政性公司更名后,其隶属关系、机构级别、人员编制和性质、经费开支渠道仍维持不变。1993年,中央印发《关于党政机构改革的方案》及其实施意见,正式启动全国第三轮政府机构改革。1994年,常德市市、县、乡三级党政机构改革全面铺开,至1996年完成。1994年12月,常办通字(1994)58号文通知,常德市纺织工业局改为常德市纺织行业管理办公室,属正处级事业单位,行业办的职能是强化行业管理,保留部分行政职能,行业管理办公室人员只出不进,逐步核减到6个左右编制。

1998年启动的全国第四轮政府机构改革,是在全面建立社会主义市场经济体制的大背景下进行的一次较大规模的改革。在机构设置上撤销轻工行业管理办、二轻行业管理办、纺织行业管理办,组建轻工纺织行业管理办。

2003年,我国启动全国第五轮政府机构改革。2004年11月和2005年1月,常德市分别启动区县(市)和市本级政府机构改革,至2005年底全面完成。在这次改革中,撤销轻工纺织行业管理办,相关职能由市经委管理。

主要职责和工作任务是:履行市政府对纺织行业的管理职能。同时在市委领导下,行业办设党组,由党组负责在市纺织行业贯彻落实党的路线、方针、政策、指导所属企业党的建设及完成纺织工业工作的各项重大任务。

当时为了加强纺织工业的管理,使之适应四个现代化的需要,设置如下机构:办公室、政工科、生产计划科、财务管理科、科技教育科。

(五)建筑材料工业公司

2001年,根据市委、市人民政府《关于市委市政府机构设置的通知》(常通字〔2001〕16号)和《关于印发〈常德市市直党政群机关机构改革方案实施意见〉的通知》(常发〔2001〕2号)精神,组建市机电建材行业管理办公室(简称市机电建材办)。市机电建材办是负责调查研究全市信息产业和机械、汽车配件、电子及建材行业发展战略、规划、结构调整及企业改革的行业管理部门,具有行政职能的副处级事业单位,并隶属于常德市经贸委主管。

1993年,中央印发《关于党政机构改革的方案》及其实施意见,正式启动全国第三轮政府机构改革。1994年,常德市市、县、乡三级党政机构改革全面铺开,至1996年完成。将原常德市建材局转为行业管理部门。行业管理办公室人员只出不进,逐步核减到6个左右编制。

1998年启动的全国第四轮政府机构改革,是在全面建立社会主义市场经济体制的大背景下进行的一次较大规模的改革。在机构设置上撤销建材行业管理办，组建机电建材行业管理办。

2003 年，我国启动全国第五轮政府机构改革。2004 年 11 月和 2005 年 1 月，常德市分别启动区县(市)和市本级政府机构改革，至 2005 年底全面完成。在这次改革中，撤销机电建材行业管理办，相关职能由经委管理。

主要职责和工作任务是：

(1)贯彻执行国家和省有关信息产业、机电建材行业发展的方针、政策、法律、,法规;研究拟定全市信息产业,、机电建材行业的中长期发展规划和年度计划，并引导实施。

(2)负责拟定机电建材行业国有企业改革方案，并组织实施；协助解决和处理企业"两个置换"中的遗留问题；做好企业的扶贫解困、社会稳定工作。

3)负责汇集和发布行业经济技术信息和市场信息，推介新产品、新技术、推进行业经济技术合作与交流。

(4)负责离退休人员管理和服务工作。

(5)承办市委、市政府和市经贸委交办的其它事项。

机构编制和人员编制

根据职责，市机电建材办内设 4 个职能科，分别为综合科、企业科、行业指导科、信息产业科，机构级别均为副科级。市机电建材办全额拨款事业编制为 1 8 名，其中：主任(副处级) 1 名，书记(副处级)1 名，副主任(正科级)3 名(一名不占编制)；正副科长职数 8 名；其他工作人员 6 名。管理人员实行公务员制度。

(六)轻工业公司

为了适应撤区建市新体制，理顺关系，更好地行使主管部门行政管理职能，加强工业行业管理，保证工作的正常开展，根据常编发(1988)80 号文件和按照上级机构设置限额的有关规定及常政办函(1989)40 号文件，同意将常德市轻工业公司更名为常德市轻工业局。行政性公司更名后，其隶属关系、机构级别、人员编制和性质、经费开支渠道仍维持不变。

1993 年，中央印发《关于党政机构改革的方案》及其实施意见，正式启动全国第三轮政府机构改革。1994 年，常德市市、县、乡三级党政机构改革全面铺开，至 1996 年完成。将轻工局转为市轻工业行业管理办公室。行业管理办公室人员只出不进，逐步核减到 6 个左右编制。

1998 年启动的全国第四轮政府机构改革，是在全面建立社会主义市场经济体制的大背景下进行的一次较大规模的改革。在机构设置上撤销轻工行业管理办、二轻行业管理办、纺织行业管理办，组建轻工纺织行业管理办。

2003 年，我国启动全国第五轮政府机构改革。2004 年 11 月和 2005 年 1 月，常德市分别启动区县(市)和市本级政府机构改革，至 2005 年底全面完成。在这次改革中，撤销轻工纺织行业管理办，相关职能由经委管理。

主要职责和工作任务是:

(1)负责全区轻工企业生产计划的编制,调度、组织指挥轻工生产,负责技术改造项目,新增项目的定点审批。

(2)负责指导全区轻工生产质量管理、标准计量管理、新产品开发,组织开展科技成果鉴定、节能、技术职称评审等项工作,制订职工教育规划并组织实施。

(3)指导轻工业企业的财务管理,培训财会人员。

(4)负责直属企业的劳动力计划、调配、补员、工资基金审批及指导全区轻工业企业的劳动保护和安全生产工作。

(5)编报全区轻工业企业的劳动工资,安全生产,技术改造节能,产品、产量、质量、会计等项目的月报、季报、年报。

(6)指导轻工学会的日常工作。

(7)负责两个直属企业,五个省属企业的政治思想工作,包括宣传教育,纪律检查,组织建设,检查督促组织部、宣传部、纪委等部门各项指示在企业的落实。

内部机构设置:办公室、政工科、生产计划科、财务科、科技教育科,编制 29 人。

(七)二轻工业局

原常德地区二轻局负责对全区八县两市二轻工业、镇街工业实行全行业管理,直属的企业只有地区塑料制品厂,撤区建市后,原常德地区二轻局改为常德市二轻局。

1993 年,中央印发《关于党政机构改革的方案》及其实施意见,正式启动全国第三轮政府机构改革。1994 年,常德市市、县、乡三级党政机构改革全面铺开,至 1996 年完成。将二轻局转为市二轻行业管理办公室。行业管理办公室人员只出不进,逐步核减到 6 个左右编制。

1998 年启动的全国第四轮政府机构改革,是在全面建立社会主义市场经济体制的大背景下进行的一次较大规模的改革。在机构设置上撤销轻工行业管理办、二轻行业管理办、纺织行业管理办,组建轻工纺织行业管理办。

2003 年,我国启动全国第五轮政府机构改革。2004 年 11 月和 2005 年 1 月,常德市分别启动区县(市)和市本级政府机构改革,至 2005 年底全面完成。在这次改革中,撤销轻工纺织行业管理办,相关职能由经委管理。

工作职责和工作任务是:

(1)统一领导二轻工业工作,负责对二轻工业实行全行业管理,进行统筹、规划、调节指导、协调、监督、服务。

(2)编制二轻工业年度生产计划和中、长期发展规划、监督检查谋划执行情况,完成各级政府、省二轻主管部门下达的各项经济计划。

(3)负责对所直属企业的生产经营进行综合平衡和宏观指导,发展横向联合,加强企业经营管理,指导检查和监督,帮助企业反映情况,解决问题。

（4）组织实施二轻工业发展的方针、政策、维护二轻企业特别是二轻行业企业的合法权益。

（5）协助搞好领导班子和职工队伍的思想建设、组织建设，促进二轻工业的巩固和发展。

根据常编发〔1988〕82号文件、常编办发〔1988〕12号文件的通知，机构设置：办公室、生产计划科、财务物价科、镇街工业科、政工科；定编31名，实有在职干部职工28人，其中：局领导5人（含退二线2人），另有离退干部6人，其中离休干部3人。

第二章　市经信委领导班子

市经济委员会领导班子成员（1989—1993年）

主任、书记	朱立炎
副书记	雷立杰
副主任	王家铨
	苏以明
	雷立杰
	朱宏盛
	鄢贻安

市经济委员会领导班子成员（1994—1997年）

主任、工委副书记	李建新
工委书记、副主任	刘克云
副主任、工委副书记	雷立杰
副主任	苏以朋
	丁寅洲
	胡颖峰
纪工委书记	徐　凯

市经济贸易委员会领导班子成员
(1998—2001年)

主任、工委书记	刘克云
副主任、工委副书记	张友德
	张　平
	王吉亚
副主任	胡颖峰
	张运华
纪工委书记	丁寅洲
工会主席	李桂香
总经济师	张　帆

市经济贸易委员会领导班子成员
(2002年)

主任	刘克云
工委书记、副主任	张友德
副主任、工委副书记兼安全办主任	张　平
副主任、工委副书记	王吉亚
副主任	胡颖峰
	张运华
纪工委书记	丁寅洲
工会主席	李桂香
总经济师	张　帆

市经济贸易委员会领导班子成员
（2003 年）

主任、工委书记	张友德
副主任、市安监局党组书记 副局长	胡颖锋
副主任、纪工委书记	李桂香
副主任、总经济师	张　帆
调研员	丁寅洲
	孙新民
助理调研员	罗少波
	夏　智

市经济贸易委员会领导班子成员
（2004 年）

主任、工委书记	张友德
副主任、市安检局党组书记、副局长	胡颖锋
副主任、纪工委书记	李桂香
副主任、总经济师	张　帆
调研员	丁寅洲
	孙新民
助理调研员	罗少波
	夏　智

市经济委员会领导班子成员
（2005 年）

主任、党组书记	张友德
副主任、党组副书记	胡颖锋
副主任、党组成员	李桂香
	张　帆

	张长顺
纪检组长、党组成员	夏　智
联合工会主席、党组成员	张炼钢
党组成员、市经委退管中心主任	文中南
党组成员、赤峰实业总公司总经理、党委书记	向才协
总经济师	罗少波
调研员	丁寅洲
	孙新民
	彭振军
	王国权
	袁先栋

市经济委员会领导班子成员
(2006年)

主任	张友德
副主任	胡颖锋
	谭卿平
	李桂香
	张　帆
	张长顺
纪检组组长	夏　智
工会主席	张炼钢
党组成员	向才协
	文中南
总经济师	罗少波
调研员	丁寅洲
	孙新民
	彭振军
	王国权
	袁先栋

市经济委员会领导班子成员
（2007年）

主任、党组书记	张友德
副主任、党组副书记	胡颖锋
	谭卿平
副主任、党组成员	李桂香
	张长顺
党组成员、市纪委派驻纪检组组长	夏 智
联合工会主席、党组成员	张炼钢
党组成员、市经委退管中心主任	文中南
党组成员	向才协
总经济师	罗少波
调研员	丁寅洲
	孙 新
	彭振军
	王国权
	袁先栋
副调研员	刘春林

市经济委员会领导班子成员
（2008年）

主任、党委书记	张友德
副主任、党委副书记、 常德欣运集团股份有限公司董事长、党委书记	胡颖锋
副主任、党委副书记	谭卿平
副主任、党委委员	李桂香
	张长顺
	夏 智
	尹明先

纪委书记、党委委员	张炼钢
党委委员、市经委退管中心主任	文中南
联合工会主席、党委委员	罗少波
总经济师	刘春林
调研员	丁寅洲
	孙新民
	彭振军
	向才协
	王国权
	袁先栋
副调研员	吕付勇
	李晓萍

市经济委员会领导班子成员（2009 年）

主任、党委书记	张友德
副主任、党委副书记、常德欣运集团股份有限公司董事长、党委书记	胡颖锋
副主任、党委副书记	谭卿平
副主任、党委委员	张长顺
副主任、党委委员	夏　智
副主任、党委委员	张炼钢
党委委员、市经委退管中心主任	文中南
联合工会主席、党委委员	罗少波
副主任、党委委员	尹明先
党委委员、纪委书记	康　凯
总经济师	李晓萍
调研员	孙新民
调研员	向才协
调研员	王国权
调研员	袁先栋
调研员	李桂香
副调研员	吕付勇

市经济和信息化委员会领导班子成员
（2010 年）

主任、党委书记	张友德
副主任、党委副书记	胡颖锋
副主任、党委副书记	谭卿平
副主任、党委副书记	王淑华(女)
副主任、党委委员	张长顺
副主任、党委委员	夏　智
副主任、党委委员	张炼钢
副主任、党委委员	尹明先
联合工会主席、党委委员	罗少波
总经济师、纪委书记、党委委员	李晓萍(女)
党委委员	李自林
调研员	孙新民
调研员	向才协
调研员	王国权
调研员	袁先栋
调研员	李桂香(女)
副调研员	田功文

市经济和信息化委员会领导班子成员
（2011 年）

主任、党委书记	张友德
副主任、党委副书记	谭卿平
副主任、党委副书记	王淑华(女)
副主任、党委委员	张长顺
副主任、党委委员	夏　智
副主任、党委委员	张炼钢
副主任、党委委员(2005.03 正团)	尹明先

副主任、党委委员	祖　垈
联合工会主席、党委委员	罗少波
总经济师、纪委书记、党委委员	李晓萍(女)
党委委员	李自林
调研员	孙新民
调研员	向才协
调研员	王国权
调研员	袁先栋
调研员	李桂香(女)
正处级干部(退线)	胡颖锋
副调研员	田功文

市经济和信息化委员会领导班子成员
(2012年)

主任、党委书记	张友德
副主任、党委副书记	谭卿平
副主任、党委副书记	王淑华(女)
副主任、党委委员	张长顺
副主任、党委委员	夏　智
副主任、党委委员	张炼钢
副主任、党委委员(2005.03 正团)	尹明先
副主任、党委委员	祖　垈
联合工会主席、党委委员	罗少波
总经济师、纪委书记、党委委员	李晓萍(女)
党委委员	李自林
调研员	王国权
调研员	向才协
调研员	李桂香(女)
正处级干部(退线)	胡颖锋
副调研员	田功文
副调研员	林云利

第三章　运行调度管理

第一节　生产运行调度

工业经济运行是否在国家和地方计划的合理区间，取决于对工业生产日常运行的调度。这项工作由政府组织的工业经济主管部门专门负责，并由其发挥政府这只有形的手，对企业和相关部门实施指导、协调和服务。

1988年，常德市出现了历史上罕见的春旱、夏旱和秋涝灾害，给工业企业带来了原辅材料涨价，电力供应紧张，资金严重短缺等困难，对此，市政府和市经委采取了“抓重点、带一般”的调度措施，有效地实现了难中有进。工业总产值比上年增长9.07%，利税比上年增长16.8%，流资周转比上年加速8天。合理调度错峰用电，使全市工业每度电产值达4.21元，比上年净增0.2元，相应增加产值1.64亿元。

1989年，市经委针对工业企业推行“承包制”中“以包代管”现象和“6·4”动乱影响正常生产现象，实施“行政管理月调度”和“层层把关严责任”措施，推行了市经委抓各工业局和各区县市，各工业局和各区县市抓企业的责任考核制度，从而使“以包代管”问题和“6·4”动乱影响得到较好解决，保证了全市工业战线的大局稳定和产值有所增长。

1990年至1992年，全市工业战线开展“质量、品种、效益年”活动，把第二轮承包制引向了“递增承包、利税统算、先税后利、欠收自补”的良性机制。

1993年至1995年，全市工业战线推出“管理年”活动，并拿出了企业财务管理，现场管理和质量管理等8个方面的具体意见，先后在《常德日报》发表，并自办《工交动态》刊物每月出刊，使工业经济的健康运行得到了保证。

1996年，工业生产调度以“牵销售牛鼻子”为重点，先后召开了地方工业品展销会和现场交流会，并出台了加强市场营销工作的文件。1997年以治理“小、散、差”为重点实施调度，有效扭转了运行质量不优的现象。1998年针对“停产企业多和开工不足”抓运行调度，采取了“扩大农村销售网促工业品生产”的措施。1999年采取了派员下企业跟踪调度措施，使欠产企业和落后企业出现了较大转机。

2000年是全市工业企业改革年，运行调度侧重了目标责任制落实，从而保证了改革生产两不误。2001年以“十五”开局年为动力，重点狠抓了市委、市政府年初出台的《关于加快工业发展的决定》的贯彻和落实。2002年以改制重组企业“上高速，夺高产”为重点调度内容，既巩固了改革成果，又促进了工业经济总量的增长。

2003年,以省经贸委下达的《2003年全省经济运行调控纲要》为主题,深入开展了"农业损失工业补、三产损失二产补、'非典'损失人工补"的运行措施,并以月调度,季分析的方法,保证了工业经济均衡发展。

2004—2005年,按照市委市政府提出的"实施千亿工程,建设工业常德"的战略实施运行调度,采取了科学调度保重点,有效配置资源保大户的措施,促进全市工业经济"四增",即产值、销售、税收、利润分别增长30%以上,工业经济综合效益指数跃居全省第一。

2006年推行全市工业"一旬一调度,一月一通报,一季一督查",促进了当年工业经济综合效益指数继续稳居全省第一。

2007—2010年,工业经济调度突出了对工业园区的考核调度,并同时抓中小企业"入规"培育,保证了全市工业经济平均每年两位数持续增长。

2011—2012年,工业经济调度突出了"深入佰亿企业解难"重点,采取了派干部驻点联系,组织部门对口扶持等措施,使全市百亿产业达到5个,百亿企业上升3家,百亿园区达到4家,百亿区县达7个。

第二节　生产要素调度

1988年因旱涝灾害,工业被迫让电支农。在这种情况下,工业主管部门根据供电安排精心调度,组织企业在供电期满负荷生产,从而使工业用电的单位产值比平时提高5%,达到了总产值少减和不减。在1989年供电仍然超紧的情况下,推行"双十一倒班"制,从而保证中午12点和晚上零点满负荷用电,提高了用电水平。1990年提高小水电和小火电发电量,使自供电能力比上年加大11.5%。1991年重点解决全市亏损企业融资贷款4100万元,从而使亏损面减少70%。1992年为企业牵线搭桥争取到银行贷款和扶持资金共2356万元,缓解了40多家企业的燃眉之急。1994年对57家市直工业企业实施后勤剥离,共撤销后勤部门202个,剥离后勤人员1913人,全年节省非生产经营性开支826万元。1996年向国家和省争取调棉资金增加1亿元,使常桃两纺和安乡、汉寿、澧县3家县级纺织厂原材料资金得以较好地解决。1998年为市直工业企业协调落实封闭运行流资贷款8000万元,使企业满负荷开工面由年初的62%上升到74%以上。1999年协调解决企业供电矛盾120多件次,并使20多户停产企业恢复了生产。2003年为80家企业开通银企连接桥梁,促成了贷款到位1.58亿元,同时为24家企业争取到免税金额1600万元。2004年为20多家企业协调解决了技改扩建用地近50亩,为出口企业和大宗产品贸易企业协调解决了1800多个车皮追加计划。2006年下大力落实市委市政府关于推进新型工业化政策,共兑现了工业企业奖金852万元。首次开展了选派市直机关干部到企业担任外协副厂长(经理)活动,共选派干部15人,为协调企业外部环境发挥了重要作用,2007年继续增派企业外协副厂长(经理,达到35名。2008年争取并落实工业奖励金1000多万元,增派企业外协副厂长(经理)达到57人,并派出11个产业集群协调小组，给了每个小组 10 万元经费，促进了产业集群的发展。2011 年加大向中央和省申报引导资金的力度，全年共向上申报成功引导资金和奖励资金项目 139 个，落实到企业的资金达 8173 万元。2012 年强化对工业园区调度，建立健全了考核制度，并实施一园一单抓督导，促进了园区工业总产值的攀升，是年 11 个园区完成工业总产值 935.5 亿元，实现利润 43.8 亿元，入库税金 20.5 亿元。

第三节　扭亏增盈管控

企业扭亏增盈虽然一直都是工业主管部门应做的，但真正成立专门的扭亏增盈办，作为日常性突出抓，是从 1996 年才正式登上大雅之堂的。

1996 年，市扭亏增盈办正式挂牌，属增设在市经委的正科级单位，人员从市经委企业科分离组成。是年，首先建立了市直企业经营管理台帐，每月统计企业上报的财务报表，对照年初扭亏增盈计划，督导企业实行扭亏增盈。各区县市经委也同时成立扭亏增盈办，负责本辖区范围内各企业的扭亏增盈督导。

1997 年，市经委组织市县两级扭亏增盈办负责人赴邯钢和安塑学习考察，大力推行市场成本倒算法扭亏增盈。是年，全市工业企业节约管理费用 2134 万元，降低财务费用 1917 万元，减少销售费用 838 万元，节约能源及原材料消耗成本 2932 万元。全年减亏的企业达 60%，扭亏增盈的企业达 40%，亏损总额比上年下降 28.6%，成为全省减亏幅度最大的地州市之一。

1998 年，全市工业企业比上年减亏 2584 万元，减亏幅度为 18.83%，盈利企业盈利额 4000 万元，比上得增盈 82.24%，亏损企业合计亏损 15137 万元，比上年下降 5%。1999 年，全市预算内工业企业实现利润 1.6 亿元，其中盈利企业盈利额 3.8 亿元，比上年增盈 133%，亏损企业亏损额 1.2 亿元，比上得减亏 24.3%。

2000 年，全市预算内企业全面实现扭亏为盈，其中 52 户大中型企业，1997 年有 24 户亏损，2000 年省经委下达扭亏 17 户计划，实际全部扭亏为盈。2001 年，全市规模以上工业企业实现利润 7.5 亿元，比上年增长 75.6%，增幅居全省第一位。2002 年，全市规模以上工业保持了净盈利，实现利润 10 亿元，比上年增长 35%，利润总额居全省第 2 位，工业经济综合效益指数居全省第 1 位。2003 年，全市 397 户规上独立核算企业实现利润 14 亿元，比上年增长 32%，全市工业经济效益综合指数仍居全省第一。2004 年，全市规模以上工业企业盈利 19.5 亿元，工业经济效益综合指数达到 251%，比全省平均水平高出 110 个百分点，保持了全省第一。2005 年全市规模工业实现利润 26.53 亿元，比上年增长 42%。

2006 年，全市规模以上工业实现利润 40.3 亿元，比上年增长 45.5%，工业经济效益综合指数仍居全省第一。2007 年同口径工业利润 55.4 亿元，同比增长 37.1%，工业经济效益综合指数连续七年居全省第一。

2008年,扭亏增盈办不再成为常设机构,扭亏增盈工作也被作为“企业经营权自主”范围的工作,不再由工业主管部作为日常工作来对待。直至2012年也如此。

第四章 项目投资管理

第一节 项目投资引导

1988—1991年,市直工业和县属工业很少上新项目,工业创办的重头放在乡镇工业上,甚至连村一级也把上工业项目当作了大事,因而这一时期全市乡镇工业新上项目较多。直至1992年,全市工业固定资产投资才获得较以前较大突破,共完成投资5.49亿元,其中新上项目投资也仅仅只有1.11亿元,而且主要用于石门发电厂和羊耳山煤矿方石坪煤井上,其它均为技改项目投资。是年底统计,全市乡镇工业企业户数达8716户,乡镇工业总产值在全部工业总产值的比重达到39%,国有及预算内工业企业只新办不到20家。

1994年,市政府下大力抓新上工业项目,5月份组团在上海参加招商引资会议,9月份组团在香港参加招商引资洽谈会,通过这两次活动,签订了引进项目合同7项,总投资额达5.43亿元,年底落地引进项目投资91.2万美元,估算可新增年产值2亿元。1995年到2000年,侧重了抓企业解困、减灾和稳定工作,新上工业项目不太多,尤其大项目比较少。2000年到2003年,利用“两个置换”这个机遇,引进了67个项目投资者,引进总投资共7508亿元。

2003年,工业主管部门调整工作重心,突出引进新上大项目,全年发布招商引资项目91个,实际完成新上项目17个,引进项目投资10.7亿元。2004年推出产业招商和以商招商办法,组织参加了泛珠洽谈会和赴美国招商活动,全年引进省外及国外项目43个,新上外资企业21家。2007年签约引进项目35个,总投资129亿元,当年投资落地项目13个,完成投资78.54亿元。2008年以项目建设为抓手,实施了旬调度,月考核,当年完成新上项目投资127.6亿元。2009年完成工业项目投资361.58亿元,完成技改投资166.7亿元,新开工2亿元以上项目44个,成为全省新上工业项目先进单位,同时也构成本市新上项目和完成项目投资最高记录年度。

2011年侧重了政策性扶持项目的投资,全年共向国家和省申报扶持项目120多个,争取到并落实扶持资金5575万元。2012年,全市共完成工业固定资产项目投资486.6亿元,比上年增长34.6%,完成工业技改项目投资237.5亿元,比上年增长42.5%,全年新开工亿元工业建设项目44个。

第二节　技改投资督导

1988 年，市工业主管部门在上年 98 个技改项目竣工投产基础上，对全市预算内企业下达技改项目计划 121 项，计划投资 1.84 亿元，并派出干部到企业督导，到年底完成投资 1.46 亿元，完成技改计划投资率 79%。是年，通过督导技改项目投产，共完成新增产值 1.15 亿元，完成新产品开发 72 项。其中苇浆双胶纸，水果保鲜器等 15 个产品达到国内先进水平，七一机械厂开发的透包机、横包机，二纺机开发的箭杆织机等新产品替代了进口产品，促进了企业效益的提升。

1989 年，全市工业紧紧围绕调整产品结构抓技改，开工 63 个项目，当年完成 29 项，当年新增产值 9586 万元。新开发的裱白版纸，防锈油、饥醇、聚丙乙烯滤咀丝束等产品达到国内先进水平。

1990 年，全市乡镇工业也紧随市属大中型企业抓技术改造，促进了工业总产值的迅猛增长。当年乡镇工业总产值达 5.6 亿元，比上年增长 14.43%，走出了前两年低谷徘徊之路。

1991 年，市工业主管部门把技改重点放在亏损企业上，为 22 户亏损企业争取到技改项目和资金贷款 4100 万元，使其调整了产品方向，新开发出 24 个市场畅销产品，从而促进了这些企业扭亏为盈。

1992 年，市工业主管部门在全市筛选了 21 个技改项目，挤进了省技改扶持的“笼子”，获得省科技扶持款 300 万元支持。1993 年技改投资增加 1820 万元，完成 40 个技改项目，当年新增产值 2 亿元，新增利税 4000 万元。1994 年全市再度下达 6 亿元技改计划，实际完成 3.4 亿元，使新上项目 30 个当年竣工投产，新增产值 1.7 亿元。

1997 年，在全市乡镇工业逐渐萎缩的情况下，市委市政府出于盘活全市工业的大局，加大对乡镇工业兼并调整力度，以技改为契机并入县属和市属大中型企业，全年投入技改资金 6.5 亿元，其中争取省科技贷款 1100 万元，国家财政周转金拨款 110 万元。市委书记和市长联名致函省工商银行，扶持工业技术改造项目，争取到贷款支持 8000 万元。同时，在全市采取了一名市级领导带一名市直部门领导联系督导一个技改项目的措施，并从世界银行拆借贴息资金 1 亿元，带钱到联系企业推进工业技术改造，从而使全市技改工业掀起高潮。

1998 年，市委、市政府在上年技改投资增幅全省排名第一的高起点上，继续把全市工业技术改造作为扭转被动局面的大事来抓，利用桃花源节招商引资，共落实引资 6000 万元，其中锦纶厂引进香港兆丰公司资金 2300 万元，洞庭药业引进湘泉投资 1900 万元，大修厂引进蓝麟公司投资 200 万元，特水引进、葛洲坝投资第三条生产线扩建改造资金 2000 万元。是年，全市完成技改项目 31 项。

1999 年，市委组织 80 多家企业负责人，在厦门市召开“夏交会”，利用在常德举办“亚划赛”契机，大力开展招商引资，两个活动协议引资项目共 38 个，协议引资 4567.7 万美元。是年，全市在前一年技改高起点上，再度完成技改投资7亿元，新上了恒安纸业，高速卷烟机、止血药、挖泥船等大项目，当年引资上项目新增工业产值达1.65亿元。

2000年，全市工业开展“两个置换”的改革，直至2002年，项目投资转向盘活企业存量资产上，并以盘活存量吸纳增量，壮大工业生产经营实力。推行这一举措施，对企业技术改造投资相对放在了次要位置，督导性力度转向了引进投资者盘活企业整体资产上。

2003年，为巩固企业改革成果，加大工业企业升级力度，全市开展了《技术改造使用国产设备投资抵免所得税暂行办法》大宣传、大动员，再度提高了改革重组企业上技改项目的积极性。全市新上技改项目44个，获得了9680万元抵免所得税款，共完成技改投资19.1亿元，其中新上国内领先水平项目10项，投资额9917万元。是年通过技改扩大年产能5.04亿元。

2005年以“百企联名校联名企”为载体，突出了科技创新为主题的技术改造，全年申报技改项目13项，其中12项列入省级计划，落实技改贷款贴息176万元。

2006年完成技改投资32亿元，比上年增长25%，41个投资2000万元以上技改项目开工率100%，完成投资14.6亿元。

2007年突出了治污项目技改，开工了造纸、水泥、麻纺共11家企业的治污技改。

2008年技改投资出现超历史状况，全年开工投资500万元以上技改项目237个，规划总投资80亿元，当年完成技改并投产见效的项目有48个。

2009年续建技改项目44个，2010年开工和续建技改项目74个，其中投资亿元以上项目24个，是年完成技改投资总额达125.95亿元。

2011年新开工技改项目38个，计划投资额188亿元；2012年完成技改投资238亿元，投资总额占计划总额的49%，是年技改投资额最大的是澧县，达84亿元，完成投资计划最好的是桃源，达69%。

第五章　企业改革管理

第一节　承包制与三项制度改革

1988—1995年，工业企业改革围绕“经济责任制承包”和“劳动、人事、工资三项制度改革”展开。

1988年，全市预算内企业有25家采取公开招标方式，实行了“经济责任制承包”，有143家实施了“劳动、人事、工资三项制度改革”。1989年至1990年，由于“6·4动乱”影响，企业承包改革没有更大的推进，三项制度改革也未能取得深度开展。

1991年，全市工业企业第二任“经济责任承包”展开，并正式对大中型企业波及，在桃纺开展了试点，经试点梳理，市政府于当年11月30日与桃纺承包责任人签订了承包合同，体现出四个特点：一是承包期长达10年；二是定基数，每年递增；三是简化指标，突出利税；四是兼顾企业积累保发展后劲。是年，全市实行这种承包制的企业达72家。与此同时，当年还以落实《企业法》为突破口，大力推行了“还权于企业”的改革，废止了与《企业法》相抵触的文件9个，取消“三乱”项目67个。

1992年，全市尚未实施承包制的企业，全面开展了“劳动、人事、工资三项制度改革”，市经委对实施情况取样46家企业，作了系统调查和总结，共撤销合并科室210个，精简非生产人员821人，使350名非生产管理人员下到车间充实第一线。1993年三项制度改革进一步深化，市直企业有92家实行了人事精简改革，共精简非生产人员9650人，减少行政性工资支出1500多万元，有38户企业实行了计件工资，取消了固定工资。

1994年，市政府成立企业改革领导小组，推进省里提出的14种改革形式，落实中央提出的“破产、补充、剥离、轻装”企业改革精神，取得明显成效。48家实行承包经营，租赁经营7家，企业分块分体经营40户，57家实施剥离后勤轻装，关停破产9家。1995年深化破产企业9家，实施产权重组4家，推进租赁经营13家，实施股份制改造企业6家。1997年，实施破产企业11家，卸掉债务包袱2.9亿元，安置职工7829人。全市112家国有企业实行了股份制改造。

1992年，全市企业改革重点放在股份制改造上，继上年完成落实8家的基础上，再度对石磷、常运等13户进行了股份制改造。1999年，对57家企业实施了破产改革，其中市直11户，区县46户。是年，产权制度改革面达到83%。

2000年，企业改革开始实施“伤筋动骨”的“两个买断”，提出了三年内完成的改革目标。

第二节 结构调整

工业结构调整主要内容是产业结构调整，企业产品结构调整和企业组织架构调整等几个大的方面。

1988—2012年这一时期内，上述结构调整虽然没有形成大动作，但都一直没有间断，最后的结果是使产业不断优化，企业不断优秀，产品不断优良。

1988—1993年，工业企业调整结构呈现出四大特点：一是坚持全民所有制为主体，多种经济成分一齐上。大办乡镇工业这一时期尤为兴盛，截止1993年全市乡镇工业创办了8716家，乡镇工业总产值达到42亿元，占全部工业总产值的40%。与此同时，二轻集体工业和街道工业，装饰工业，商办工业也取得长足的发展；二是坚持走外引内联之路，促进了工业经济由封闭型向开放型转变。该时期内有36家大中型企业引进57项具有90代世界先进水平的技术和设备，总投资达5.64亿元；与全国20多个省市的1000多个单位建立了经济合作关系，工业经济合作项目达1500多个。三是依靠科技兴工调整产品结构。该时期开发新产品1100多个，其中填补国内空白的程控电视电话调频机、无油阀空压机等产品达153个，新产品产值达 7.6 亿元,创省优以上名牌 364 个,部优产品 10 个,产品质量稳定率由原来的83%达到 90.05%。四是企业内部组织架构调整改革取得进步,尤其是推行厂长负责制,89%的企业达到了要求标准;推行企业内部经济责任制,使绩效挂钩得到落实,实施面达到 93%。完善承包责任制奖惩得到兑现,包括企业内部分块分线承包制。

1994 年至 1999 年,工业经济结构调整突出了股份制建立和股权结构调整;突出了工业企业结构优胜劣汰的合并重组。

截止 1999 年,全市国有和地方预算内工业破产企业 57 户,27 户改组为股份公司,22 户实施了资产租赁经营。是年止实施了企业组织架构调整的面达到 83%。

2000—2003 年,全市企业"两个买断"全面实施,这种大规模改革调整重点突出了资产债务、产权结构调整和人员组织结构的调整。

2004—2012 年,全市结构调整重点突出了产业结构这一主题。

2004 年,市经贸委按照市委市政府关于"实施千亿工程,建设工业常德"的战略部署,加大了优势产业的培育。是年,十大优势产业企业完成总产值 121.2 亿元,同比增长 33.2%,占全市工业总产值的 91.3%,其中烟草产业增速 40.6%,机电产业增速 22.5%,铝材产业增速 200%,盐化产业增速 27.5%,医药产业增速 21.6%,纺织产业增速 20.4%,亿元企业由上年的 23 家增加到 38 家。

2005 年正式提出和确立了壮大"十一大优势产业,实行产业带动性发展"的战略方针。此后,产业带动发展一步一个脚印,取得了"又好又快"的效果。到 2012 年,全市十一大产业完成工业总产值 164 亿元,比 2004 年增加 1527 亿元。实现利润 134 亿元,入库税金 46.4 亿元,资产总额达到 1193 亿元。

也正是在这一阶段,工业园区建设被提上工业经济发展的议事日程,市县两级工业园建设日异月新,从而使得产业聚集,企业聚集有了平台,产生了实效。2012 年,全市十一大工业园区成绩斐然,共完成工业产值 935 亿元,实现利润 43.8 亿元,入库税金 204.6 亿元,其中 4 个工业园区成为百亿级园区:常德经开区实现工业总产值 197.6 亿元,鼎城高新园区实现工业产值 134.4 亿元,桃源工业集中区实现工业总产值 138.8 亿元,石门经开区实现工业总产值 105.8 亿元。

第三节 "两个置换"

两个置换改革从 2000 年 4月正式拉开帷幕。当年,市委市政府确定了对 24 户企业首先推行,涉及职工 19750 人,其中在岗职工 14063 人,退休职工 5687 人。年底,有 15 户实现了重组,9 户实现破产关门走人。

2001 年,有 30 户企业纳入两个置换,涉及职工 28152 人。到年底,包括区县属企业,全市有 82 户进入两个置换改革程序,占总户数的 78.8%,基本完成的 45 户全部退出国有,11

户破产关门走人。出资者收购重组 31 户，退二进三 3 户。是年，通过两个置换改革，盘活存量资产 7.6 亿元，吸纳新增资产 2 亿元，置换了 12621 人的国有职工身份，重新安排上岗就业 8000 多人，退休安置 15175 人。

2002 年，市直工交企业 68 户，有 63 户基本完成两个置换改革。市属部门企业 70 户，完成两个置换改革 61 户，9 个区县市 203 户纳入两个置换改革企业，完成任务 164 户，占总数的 80.8%，2003 年上半年全部完成两个置换改革目标。

有关两个置换改革的史实，在本志设有专门篇章，做了尽可能详细的记述。

第六章　质量安全管理

第一节　品牌打造

1988—1998 年，工业产品质量、技术、监督等方面的工作，是由市经济工作主管部门配合所属专职单位共同实施执法、协调、管理和督导的。在这一阶段中，品牌打造侧重在新产品开发和在产品质量监管上。

1988 年，市经委协同市质量技术监督局狠抓工业产品合格率，使全年合格率达到 85%，产品稳定提高率达到 91.5%，创历史最好水平。1989 年在产品质量日趋稳定前提下，侧重帮助企业开发新产品，当年开发新产品 75 个，其中 72 个填补了省内空白，达到国内先进水平的 14 个。

1991 年在组建有线通信和酿酒两个集团后，帮助抓新品开发，打造了程控局用交换机和“德山”“武陵”金奖酒等产品。1992 年全市开发新产品 80 个，新产品投产率当年达到 85%。1993 年全市开发新产品 45 项，其中 6 项达到国际先进水平，全年新产品完成产值 7.01 亿元。

1994 年，全市开展了产品质量考核活动，设立了 69 项质量考核指标，分三个时期对同一产品抽查考核，促进了产品质量的提升。是年产品质量稳定提高率达 93.15%，比上年提高 3.75 个百分点。市级检查考核的 425 个批次的产品中，合格率 84.7%，省级复查 89 项产品，合格率达到 89.8%。1997 年全市完成省府下达的新产品开发计划共 40 项，其中 13 项产品获省优产品称号，3 项获国优产品称号。1998 年完成新产品产值 4.8 亿元，新产品产值率占全市总产值 8.6%。

2004 年，在全市企业两个置换改革完成后，打造名品、提升品质成为工业经济重点考核指标，当年有常德水表、贺童酱板鸭等 6 个系列的产品获得省级名牌产品称号。到 2012 年，全市品牌建设工作取得全省前列的好成绩，有效注册商标 5269 件，较 2000 年前增加 2952 件,增长 127.4%,其中国家级驰名商标 16 件,较 2000 年增加 13 件,增长 433%,省级著名商标 108 件,较 2000 年增加 61 件,市级知名商标 110 件,较 2000 年增加 91 件。

2010 年 12 月 27 日,市政府出台了《关于深入推进实施商标战略的意见》,并同时出台了相关实施细则,将 190 家市场适销商标企业确定为市知名商标重点培育企业,将 146 家市知名商标企业确定为省著名商标重点扶持企业,将 15 家已获省著名商标的企业确定为中国驰名商标重点扶持企业,将 14 家特色农产品确定为重点培育地理标志证明对象。根据《意见》和《实施细则》,在全市开展了每年一期的商标品牌专项培训班,共培训企业 600 多家。与此同时,在全市开展了"打击侵犯企业知识产权"和"打击假冒伪劣商品"专项活动,2010 年至 2012 年,共捣毁制假售假窝点 17 个,没收违法商标标识 10200 张,立案查处侵犯商标案 135 件,涉案值 423.75 万元,罚没收入 111.18 万元,从而优化了全市品牌打造的环境。

截止 2012 年底,常德市获得中国驰名商标注册的企业有 23 家,注册登记了共 23 个驰名商标,分别是:常德卷烟厂的芙蓉王,湖南金健米业股份有限公司的金健,湖南恒安纸业有限公司的心相印,津市市中意糖果有限公司的中意,万福生科(湖南)农业开发科技有限公司的陬福,湖南桃源县古洞春茶业有限责任公司古洞春的古洞春,湖南重庆啤酒国人有限责任公司的生态,湖南武陵酒有限公司的武陵,湖南德山酒业营销有限公司的德山 + 图,湖南安福气门有限责任公司的图形,湖南精为天粮油有限公司的精为天,湖南盈成油脂工业有限公司的盈成,石门茶叶协会的石门银峰,湖南平安医疗器械有限公司的平安 + 图,湖南石门特种水泥有限公司的霸道 + 图 + 拼音,湖南惠生肉业有限公司的歪脖脖,湖南常德牌水表制造有限公司的常德,常德市汇美食品有限公司的鑫湘汇及图,湖南三尖农牧有限责任公司的三尖及图,湖南广益粮油棉有限公司的湘雅及图,常德广积米业有限公司的广积及图,湖南万家工贸实业有限公司的万家及图。

截止 2012 年底,常德市获得中国地理标志证明商标的企业有 6 家,6 项产品获地理标志证明,分别是:石门柑橘协会的石门柑橘,石门茶叶协会的石门银峰,桃源茶叶协会的桃源大叶茶,汉寿龟鳖协会的汉寿甲鱼,临澧烟花协会的临澧烟花,鼎城油茶协会的鼎城茶油。

第二节　生产安全

工业生产安全工作在 1988—2000 年,一直是"严要求,常规抓,专业发挥,部分落实"状态,主要方法是"逢会必讲安全,现场管理带动安全,安保部门落实安全",这一阶段全市工业战线生产安全工作既没有出现大乱子,也没有突出成就。

2000 年,工业战线改革取得较大成就后,生产安全工作便被纳入重要议事日程,当作经济发展的头等大事对待。2001 年,全市工交企业推行安全生产责任追究制度,年内开展了 4

次安全隐患排查，开展了 20 多次专项整治，侧重在易燃易爆产品企业，毒化制品企业和煤矿进行了重点督查，从而保证了全年安全生产无事故。

2002 年，工交战线认真吸取“2·17”石门特大交通事故教训，强化了上年提出的安全生产责任追究制度，采取了三条过硬措施，一是市政府出台了《常德市安全事故行政责任追究规定》和《常德市安全管理责任追究暂行规定》两个“市长令”；二是层层签订了安全生产责任状，明确并细化了各级各单位安全工作责任；三是统一部署，在全市开展了煤矿、化工、交通、烟花鞭炮、民爆器材和公共聚集场所的专项整治，集中整治了煤矿企业 73 家，化工企业 6 家，交通企业 18 家，烟花鞭炮企业 42 家，民爆器材企业 3 家，共整改隐患 526 起，投入整改资金 2000 多万元，从而确保了工交生产安全。

在交通战线从工交战线分离后，工业战线安全工作队伍把煤矿安全作为重中之重，2001 年将原有小煤矿以安全第一抓关停，将全市常年采煤的 120 多家关闭处理只保留了 28 家，即市直 4 家，县属乡镇煤矿 24 家。

1989—1993 年，全市煤矿共发生死亡事故 18 起，死亡 21 人，百万吨死亡率 6.39，比省府下达的管控目标下降 39 个百分点，1993 年至 1997 年，通过贯彻《矿山安全法》抓安全，煤矿百万吨死亡率下降到 1.38，创历史最好水平，青峰、广福桥、羊耳山、铁湾 4 家煤矿实现了 14 年无死亡。其中 1995 年在百年未遇特大瀑雨山洪灾害年，全市煤矿仍然做到了百万吨死亡率 3.07，比省控目标低近 10 个百分点，获得湖南省安全金杯奖。

1998—2001 年，全市煤矿安全出现积极向上态势。2002 年全市煤矿安全事故少于以往历年，没有发生一起 2 人以上死亡人数事故，没有发生 1 起损失矿井设备事故，获得全省矿山安全综合考评第一名的成绩。2003 年全市开展煤矿安全隐患排查 5 次，整改隐患 215 起，整改合格率 100%，全年市直 4 家煤矿实现了零死亡，县属 24 家乡镇矿零死亡。

2004 年，市直青峰煤矿和赤峰煤矿被省府授予安全生产先进单位。2005 年全市进行了 3 次安全执法检查，共整改事故隐患 2300 多起，从而确保了全年安全无事故。2006 年重点抓了青峰煤矿水患排查处理，较好地处理了 5 处矿井 60 多个水患点的安全问题，市府派出的煤矿安全督导组每周下矿井督查一次，及时排查隐患 32 起。2007 年，全市煤矿实施再次整改，再度关闭不安全煤矿 8 家，同时，市安全督查小组依法对各矿督查 288 次，责令停产整顿 16 矿次，实施安全经济处罚 25 矿次，造成了安全第一的强力声势。

2008—2012 年，煤矿安全实施了“打非治违”专项行动每年 3 次，并同时开展暗查暗访 6 次，从而促进了全市煤矿安全生产无事故。

第七章　节能降耗管理

节能降耗既是环境保护的大局需要，也是企业控制成本提升效益的需要。

1988—1998 年期间，节能降耗虽然没有纳入工业经济效益指标考核范围，但是这项工作却因为“降成本、增效益”的要求，坚持了常年抓和层层抓。1988 年在旱涝灾害严重，为保农村供电压缩工业用电情况下，工业战线全面开展了“节电保产”活动，灵活安排零点电满负荷生产和停电期保修设备保运转，从而做到了“每度电比上年净增值 0.2 元”，1989 年在全市推行“双十一倒班制”，提高了用电水平，全年节约电费 300 多万元。1990 年在全市开展治理“跑、冒、滴、漏”活动。1991 年开展“管理年”活动，把降成本作为重要指标考核，促进了节约用电用煤。

1993 年，全市开展对各氮肥厂、造纸厂等锅炉使用企业控制煤耗标准的大检查。1994 年推广桃源水泥厂“立窑微波控制”和西湖造纸厂“链式锅炉”节约煤耗的经验。1995 年全市组织 13 个现场管理检查组，对 44 户市直企业节约成本增效益重点考核，使“跑、冒、滴、漏”现象得到了较好的控制。

1997 年在全市推行“市场成本倒算”活动，把节约能源和节约原材料的管理细化到单位产品成本中，全年实现节能和节约原材料降成本 2932 万元。

2000 年开展压缩“五小”企业歼灭战，关停了玻璃厂 2 家，小煤窑 17 家，小水泥 14 家，土砖瓦 123 家。2001 年全市工业开展电力供应“两改一同价”工作，完成职工生活用电分离 10000 户，比上年增加 200 户。

2004 年省政府下达常德市到 2010 年达到万元 GDP 能耗下降指标为 24%，实际完成 2005 年下降 2.3%，2006 年下降 2.25%，2007 年下降 4.51%，2008 年下降 5.12%，2009 年下降 5.03%，2010 年下降 5.1%，合计下降 24.31%，略有超过地完成了省计划。其中全市规模工业完成增加值 2007 年为 250.34 亿元，2008 年为 339.95 亿元，2009 年为 383.5 亿元，能耗总量分别为 2007 年 383 万吨标煤，2008 年 426 万吨标煤，2009 年 449 万吨标煤，增加值能耗为 2007 年 1.53 吨标煤 / 万元，2008 年 1.23 吨标煤 / 万元，2009 年 1.25 吨标煤 / 万元，均比全国平均能耗水平低，在全省属于能耗水平最低的先进单位。2011 年和 2012 年，全市工业增加值能耗水平分别为 1.21 吨标煤 / 万元，1.18 吨标煤 / 万元。

2003—2012 年期间的节能降耗工作，主要表现在四个方面：一是出台了《常德市单位 GDP 能耗监测体系实施方案》等 5 个政策法规文件，并按目标要求进行了严格考核和监测；二是每年组织 1—2 次节能宣传周活动，营造了节能降耗的浓厚氛围；三是突出抓了锅炉改造、热电联产、余热余压回收等技术推广，促进了节能降耗；四是狠抓了公共节能管理和全民节电活动，制订了一系列节能管理制度。

2011—2012 年，在淘汰落后产能，关停高能耗、高污染企业方面取得较大突破，小水泥 53 家淘汰，对 9 家热电联产企业实施了整改，全市土砖窑彻底关停废止，新上节能技改项目 16 个，财政扶持和奖励节能拿出 385 万元。

为加强全市节能降耗工作的推进和管理，2003 年 4 月，市委市政府将市能源监测站划归市经委管理，作为其正科级二级机构，定事业编 16 人，专业专职负责全市节能降耗的指导和服务工作。2008 年 6 月，经市委编制办发文，将市能源监测站更名为"常德市能源监察中心"，职能职责强化为"负责全市用能单位能源利用的监测、指导和开展节能监察执法。自此，对节能降耗的管理，上升到了监察执法的高度，从而对全市节能降耗工作发挥出较大的促进作用。

第八章　调研扶持服务

第一节　调查研究

针对 1988 年以来，市直工交企业连续三年增亏的情况，市经委在 1991 年初组织力量进行了专题调研，发现 1988 年全市 157 户预算内企业亏损 40 户，比上年增亏 5 户，亏损额达 1700 万元。主要原因是承包后拼资源，拼设备，导致原辅料成本增，设备完好率下降影响生产。1989 年同口径企业亏损达 2845 万元，比上年增亏 66.6%，主要原因除承包后竭泽而渔外，还有产品粗制滥造导致降价减收；1990 年同样是前两年的旧病重犯。因此，根据调研分析，在 1991 年作出了三项针对性调控决策：一是在第二轮承包制中，延长承包年限保设备运转率，递增包干欠收自补保效益；二是针对销售率 98%以上企业增提 2-3%折旧率，允许企业提取销售收入 1%作为技术开发奖；三是开展效益年活动，强化经济责任目标奖惩。因此，1991 年全市工业实现了扭亏增盈，亏损额下降 22%并实现净盈利 258 万元。

1995 年，针对企业管理现状开展 7 个专题调研，并据此拿出《95 管理年工作意见》，在《常德日报》发表 8 篇管理方法论专栏文章，编辑 10 期《常德工交》专辑，推动全市企业管理上台阶。

1999 年针对"特困企业多，下岗职工多，欠缴三金多"的实际开展调研，分别调查剖析市直 31 家企业，为 2000 年市委市政府决策"两个置换"提供现实依据。

2002 年，由市经贸委主任、党组书记张友德带队，赴厦门、温州、昆山考察调研，对照本市工业实际，首次提出了变管理为服务，寓管理于服务的方针，实行了"三为""三不"，推进工业经济发展的工作举措。“三为”即“一切为了企业,为了企业一切,为了一切企业”服务;“三不”即对企业服务“该办的事不过夜,能办的事不推诿,所办的事不收费。”

2004年,市经委把为市委市政府当好工业决策参谋当作大事来抓,组织重大课题调研活动6次,撰写分类调研报告60多篇共25万多字,在市级以上刊物发表36篇共20万字,其中《加快民营工业发展的意见》、《培育特色产业,壮大企业集群》等调研报告进入决策层,受到及时采纳。同时,还在《常德日报》开辟了《改制企业巡视》专栏,对巩固企业改革成果,促进工业上台阶发挥了较大影响作用。

2006年,市级领导挂帅,市经信委干部为主体,开展了对全市十一大产业的调研,费时近半年,形成了十一个专题调研报告,并据此制定了全市十一大产业“十一五”发展规划。2009年,面对工业“寒冬”形势,市委书记、市长带领经信委、发改委等部门骨干,深入纺织、机电、铝材等困难较大的产业企业调研,形成了“千名干部下企业帮扶千家企业”的举措。

第二节　政策扶持

1989年,市经委根据承包经营责任制实施过程中出现的“以包代管”等现象,出台了《企业经营承包责任制管理意见》,既消除了承包者顾虑,也解决了“以包代管”等实际问题,为第二轮承包奠定了好的基础。1990年以市经委名义下发《调整产品结构,搞活市场销售的意见》,解禁了纪检、监察部门对销售工作的“不灵活”问题,为放开手脚搞活市场销售开了绿灯。

1991年,市经委出台《贯彻落实〈企业法〉实施意见》,废止了与《企业法》相抵触的文件9个,取消“三乱”项目67个,从而在还权于企业上取得成果。1992年召开工交战线三项制度改革动员大会,推动企业劳动、人事、工资改革。1994年在石门县召开全市工交企业改革现场会,提出“市场说了算”和“企业自主”等鲜明观点,促进市场经济的繁荣。1995年出台《95’管理年活动意见》,促进工交企业管理上台阶。

2000年,市委市政府出台关于“两个置换”的政策性文件3个,对推进企业改革起到了政策指导作用。2001年,以市委市政府名义下发《关于加快工业发展的决定》,对企业改革重组和招商引资强工业、科技投入兴企业起到巨大推动作用。

2003年,根据省经贸委下达的《2003年全省经济运行调控纲要》、市经贸委制定了《2003年全市工业经济目标管理考核办法》,市政府出台了关于“农业损失工业补,三产损失二产补”的意见,上述文件对全市工业发展起到指导作用,达到了工业增幅上升较快的效果。是年,市委市政府出台了《关于实施千亿工程,建设工业常德的决定》,极大的推动了工业效益增长。2005年,市政府出台《关于加快民营经济发展的若干意见》,2006年出台了《关于加速推动新型工业化的若干意见》、《关于进一步加快工业园区发展的意见》;市推新办出台了《工业园区目标管理考核办法》、《市直机关干部到民营企业挂职锻炼担任外协副长厂(经理)人员考核办法》,这一系列文件出台,促进了2003年以来工业经济综合效益指数全省连续第一。

2007年,市政府出台《市本级工业发展奖励办法》,促进了全市工业做大做强。2008年,市政府出台《关于开展“工业项目建设年”活动的决定》,出台了《关于激励和推动全民创业的意见》,市推新办出台了《2008年全市推进新型工业化工作考核奖励办法》,《关于解决工业企业技术工人短缺问题的工作方案》,《关于建立十一大产业集群领导联系责任制度的通知》。这些文件的出台,把全市上项目、上大项目推向了新高度。

2011年,出台《常德市企业创名品名牌(2011—2015)五年规划》,对全市工业创牌工作起到推进作用。出台《加快培育发展战略性新兴产业的规划》《关于加快培育发展战略性新兴产业的实施意见》,对全市新兴产业发展发挥了指导和促进作用。同时,还收集整理印发了《工业企业发展政策百问》,为全市各类企业用好用活用足政策发挥了作用。

2012年出台了《关于培育产业集群旗舰企业的实施意见》《关于进一步开展‘千家部门联系服务千家企业’活动的意见》,使全市培育优势企业形成了合力。出台了《常德市工业旅游开发建设实施方案》《常德市‘百亿园区’大竞赛活动方案》,对大型企业、重点工业园区的发展起到了促进作用。

附:相关工业经济政策文件篇目

促进工业经济发展政策性文件

1988—2012年,为促进常德市工业经济发展,市委、市政府和市经信委以及涉工部门,先后出台了系列政策性扶持支持的文件。但是,其间经历了多次清理、废止的规范化梳理,保留下来仍在此期间生效的文件是:

1、中共常德市委、市人民政府《关于加快民营经济发展的若干意见》,常发〔2004〕9号;

2、中共常德市委、市人民政府《关于加速推进新型工业化的若干意见》,常发〔2006〕4号;

3、中共常德市委、市人民政府《关于进一步加快工业园区发展的意见》,常发〔2006〕8号;

4、中共常德市委办公室、市人民政府办公室关于印发《市本级工业发展奖励办法》的通知,常办通字〔2006〕36号;

5、中共常德市委、市人民政府《关于大力培育发展产业集群的意见》,常发〔2007〕4号;

6、中共常德市委、市人民政府《关于激励和推动全民创业的意见》,常发〔2008〕9号;

7、常德市人民政府《关于促进中小微企业平稳较快发展的意见》,常办发〔2009〕5号;

8、常德市人民政府《关于限时禁止使用实心粘土砖的通告》,常政通告〔2005〕2号;

9、常德市人民政府办公室《关于促进石膏产业健康有序发展的通知》,常政办发〔2012〕7号;

10、常德市经济和信息化委员会《关于印发〈常德市两化融合示范(标杆)企业评选办法〉的通知》,常经信发〔2012〕29号;

11、常德市经济和信息化委员会关于印发《常德市室内装饰工程招投标管理细则》的通知,常经信发〔2012〕41号;

12、常德市经济和信息化委员会关于发布《常德市经济和信息化委员会行政执法依据》的通知,常经信发〔2011〕33号。

第三节 解难服务

综观1988年到2012年期间,政府及其部门为工业企业的解难服务大致可以分为两个阶段性特点:1988年至2002年,为企业解难服务,虽是尽心尽力和全方位的,但属于行政指导式的应对;2003年至2012年,为企业解难服务,除了尽心尽力和全方位外,属于主动作为式的践行。鉴此,本节只重点对2003年至2012年史实予以记述。

2002年,改革重组企业因设备改造和添置投入较大,因而在组织生产时流动资金严重短缺。对此,政府和主管部门主动跟银行对接,营造银企合作伙伴关系,组织80多家企业与银行举行银企洽谈,牵线搭桥为企业解决流资贷款1.58亿元,向省政府争取扭亏基金拨款760万元,为24家资源利用好的生产企业争取免税1600多万元。

2003年把握省政府召开"深洽会"机遇,精心收集整理91个工业招商项目,引进资金10亿元,创办了纳米硅、电池极等3家新材料企业。为28家企业申报抵免所得税9680万元,为23家企业争取国家和省技改扶持基金570万元。

2004年按"三为""三不"清理整顿对企业乱收费和多收费,为20多家企业返还多收和乱收费1000多万元。在电力紧张时期向省争取指标,为企业解决供电100多万度。为企业打通销售渠道解决了1800多个车皮追加计划。为企业解决住房、社保等实际困难12000多人次,解决并妥善安置涉军上访300多人次。

2005年对市属改制改革为民营的50家企业,帮助解决了党员移交管理问题,共移交党员7332名,其中移交社区和退管中心的党员7002人,还有330名分别在所在企业组建党支部,使其找到了新家。同时,对关闭"五小"的对象企业103家,帮助解决转产和就业问题,先后为常纺机等10多家企业办理技改国产设备免税中共1000多万元,为24家水泥企业免增值税1600万元,为20多家县属企业落实税收返还1000万元。

2006年组织参加省第二届银企洽谈会,获得授信贷款支付64.3亿元。组织企业参加泛珠洽谈会,引进资金9.2亿元。组织企业参加全国中小企业贸易博览会,成交贸易5000多万元。

2007年,牵头催办市本级工业奖金,共为企业兑现资金852万元。是年还牵头起草并出台了"优化环境十项制度"和"规范涉企收费制度",为企业降低收费减轻了负担。

2008年组织了57名机关干部到企业担任外协副厂长,为企业实打实解决困难。由市委书记和市长牵头,为企业解决贷款担保问题,全年落实到位担保13.2亿元。建立并开通中小服务网，当年为企业提供有效信息 1800 多条。

2009 年为企业创名品名牌服务，牵头组织并派员帮助 9 家企业获得中国驰名商标。为推动全民创业服务，先后指导和帮助 200 多个创业者创办起了企业实体，并帮助其中 73 家企业实体迅速成长为规模以上企业。甄选创业项目抓扶持，为近年来创业的 124 家企业拨付了扶持金 525 万元，同时还争取到国家扶持金 150 万元。

2010 年由市级领导牵头组织机关干部 600 多人开展对工业企业结对帮持，分别到企业服务解难，据不完全统计共解决的实际问题达 400 多个。抓政策机遇争取到上级专项扶持金 5575 万元，同时争取到节能专项资金 7700 万元。

2011 年加大对新创企业扶持，重点扶持了 124 家，下拨扶持资金 525 万元。同时为 40 家企业进入国家和省级扶持笼子，获得 330 万元扶持。第六批选派外协副厂长，筹建了“企业 110”热线，使为企业服务进一步落到了实处。

2012 年，侧重为旗舰企业服务，帮助向国家申请扶持项目 53 个，兑现落实扶持金 6219 万元。对 20 多家半停产企业，实行派干部驻企业帮扶，到下半年使其全面投产运营。帮助 100 多家中小企业做大做强上台阶，年内使 63 家跃升为规模以上企业。

第九章　新型工业化推进

第一节　战略方针推进

1989—1998 年，是常德市推进“兴工强农富市”战略期，实现了真正意义上的“跳出农字圈，走向工业园”。1998 年完成工业总产值 386.15 亿元，是 1988 年 35.96 亿元的 9 倍多。三次产业第一次突破传统，比重为 34.1 ∶ 38.1 ∶ 27.8。

2000—2003 年，是常德市推进以“两个置换”为突破口的企业改革战略期，实现了全市 346 家国有工业企业(其中市直 166 家)的产权和职工身份置换，2003 年完成工业产值 222.7 亿元，比改革前的 1999 年增长 84.9%，工业在全省位置由第 11 名跃升为第 2 名。

2004—2010 年，是常德市大力推进新型工业化战略期，实现了工业“七个翻番：经济总量翻番—总产值 1234 亿元，增加值 519.1 亿元，分别是 2005 年 3.5 倍和 3.1 倍；经济效益翻番——销售收入 1130 亿元，利税 296 亿元，利润 80.4 亿元，分别是 2005 年的 3.4 倍、2.8 倍、2.9 倍；企业户数翻番——2010 年规模以上工业企业 1006 户，比 2005 年增 544 户，增长一倍多，产值过亿元和过 10 亿元分别达 191 户、12 户，是 2005 年的 3 倍、12 倍；园区经济翻番——全市 11 个工业园区，2010 年开发面积达 35.1 平方公里，比 2005 年扩大 1 倍，园区内规模企业 451 户，是 2005 年的 4 倍，完成园区总产值 566 亿元，是 2005 年的 6 倍；集群产业翻番——11 个产业集群，2010 年完成总产值 1078 亿元，是 2005 年的 3.3 倍；投资总额翻番——2010 年完成工业固定资产投资 294.2 亿元；完成技改投资 174.5 亿元，引进 2193 个工业项目总投资 765 亿元，总投资是 2005 年的 3 倍；名牌产品数翻番——2010 年获国家级和省级名牌产品 113 个，比 2005 年增长 1.3 倍。

2011—2012 年，是常德市工业实施“百亿板块”战略期，实现了百亿产业 6 个，即烟草、装备制造、食品、有色金属材料、纺织和建材。2012 年总产值分别为 479.6 亿元，305.6 亿元，299.9 亿元，104.9 亿元和 103.8 亿元。实现百亿企业 3 个，即常德烟厂、创元铝业系列、中联重科系列，分别达 3654 亿元、123 亿元和 117 亿元。实现百亿园区 4 个，即常德经开区、创元工业园、鼎城工业园、石门经开区，分别为 197.6 亿元、138.8 亿元，134.4 亿元、105.8 亿元，实现百亿区县 7 个，即常德经开区、鼎城区、汉寿县、澧县、桃源县、石门县、津市市，分别为 197.6 亿元，142.8 亿元，138.8 亿元，183.8 亿元，164 亿元，175.3 亿元，107.5 亿元。

第二节　现代企业制度推进

1988—1989 年，推进企业制度改革还停留在初始阶段，主要体现在两种形式上：1988 年到 1993 年，推行了企业经营责任制包，尽管先后开展两轮“承包制”，但终因未触动产权而实效甚微；1994 年到 1999 年，推行企业内部三项制度改革，其间虽也尝试了推行《破产法》，终因《破产法》本身的完备性而收效不大；尝试了还权于企业，但也只是在部分人、财、物权上有所改进。

2000—2003 年，全市率先在全省甚至在全国推行以“两个置换”为主要内容的企业改革，从根本上触动了企业产权，使以前提出的“明晰产权”、实行“产权与经营权分离”以及“打破大锅饭、大碗饭”等改革目标，真正落到了实处。

2001—2012 年，在取得企业产权置换，国有职工身份置换，使企业正式走向市场的基础上，全市工业在大力推行现代企业制度建设上，突出了股份制改革和公司化治理两个方面。

2004 年，对市直 63 户两个置换企业完成职工安置 60 户，共安置 55300 人，完成重组到位资金 1.4 亿元，占应到位资金 72%，从而使改革成果得到巩固，企业迅速走上生产经营正轨。

2005 年，首先在市直重组企业开展股份制改革完善工作，推行现代企业治理公司化运作，基本上达到改制重组企业建立健全了公司化治理制度。

2006—2012 年，在推行集团化和培育上市公司上作出努力，使上市公司达到 3 家，即金健米业，大湖水殖和万福生科，培育企业集团上，通过调整和确认股权，组建了 12 家企业集团，从而壮大了这些企业市场竞争能力。

第三节 两化融合推进

信息化工作尤其是经济信息化工作，历来就被当作政府的一项重要工作，得到了应有的重视，发挥了重要作用。

1988 年，常德地区就在计划委员会设有经济信息科，主要职能是采集经济信息，为政府和经济部门决策提供服务。直到 2003 年，才单独设立"常德市人民政府信息化工作办公室"。2010 年，市信息化办更名为"常德市人民政府电子政务管理办公室"，职能维持不变。是年 3 月 23 日，常德市成立"常德市互联网协会"。是年，市委市政府在大力发展战略性新兴产业决策中，把电子信息产业作为重点产业，提出了"以德山电子信息产业园为支撑，大力发展消费类电子和 LED 照明两大特色产业集群"的举措，当年完成电子信息产业总产值 49 亿元，其中生产企业力元新材等 21 家完成产值 25.4 亿元，服务企业移动电信等 16 家完成产值 27.7 亿元。

在 2010 年下半年的政府机构调整改革中，市经济委员会调整更名为常德市经济和信息化委员会，增加经济信息化工作职能，侧重工业化和信息化"两化融合"工作的推动、指导和协调。常德市经济和信息化委员会从 2011 年起正式履行"两化"融合工作职能。

2011 年，"两化"融合全面推进，常德经开区成功晋升为省级"两化"融合示范区，全市有 300 多家企业进入信息化"登高"计划行列，启动了 500 万元市财政信息产业发展专项资金，对 21 个"两化"融合项目进行了评审、考核和扶持。

是年，先后组织开展了对 4 个区县市的信息化培训工作，举办了两期全国软件考试，开展了 5 次企业信息技术人才的对接交流活动，夯实了信息化工作基础。

是年，起草并出台了《加快培育发展战略性新兴产业的实施规划》等 3 个文件，将"两化"融合工作提到了战略高度。这一年，电子信息产业作为战略性新兴产业，完成产值 36 亿元，比上年增加 11.4 亿元，增长 31%。

2012 年，建立全市战略性新兴产业项目库项目 100 个，并建立健全了专门台帐，实施了专项调度，以此提升"两化融合"着力点工作，当年使这 100 个项目完成投资 110 万元。是年，发挥"两化"融合作用，促进了战略性新兴产业跨越式大发展，新兴产业全年完成总产值 270 亿元。

第十章 工业园区建设

常德市工业园区,是在工业小区建设基础上发展起来的。1992 年正式发起工业园区大建设,2002 年在“两个置换”改革基本结束后兴起建设高潮,此后逐年增大投入,不断推进。

1984 年,湖南浦沅工程机械总厂与毗邻的灌溪联营,形成了一批零配件加工厂、附属厂聚集的工业小区,并由此形成了工业的集约化和规模化。

1992 年,常德市借鉴灌溪经验,掀起了工业开发区建设高潮。1992 年 4 月 18 日,市委常委会议决定,创办德山、太平、太子庙开发区,以德山为龙头,建设百里开发走廊。德山开发区以老工业基地为基础,规划面积 10 平方公里,先期开发 5 公里,内建工业园和科技园。5 月 28 日,省人民政府批准成立德山经济科技开发区。

同年 6 月,省人民政府批准成立汉寿太子庙经济开发区,园区规划面积 19 平方公里,设 3 个工业小区和 1 个科教产业园。同月,省体改委批准成立临澧县太平工业经济开发区,规划面积 10 平方公里(2006 年更名为湖南临澧经济开发区,属省级开发区)。1994 年与国有大型企业浦沅工程机械厂毗邻的灌溪工业小区被省政府定为全省 12 个工业小区之一。1999 年,鼎城灌溪工业小区被国家农业部定为全国乡镇企业东西合作示范园,后新增规划用地 66.7 公顷,成立灌溪工业园。

2000 年 7 月,鼎城区依托桥南市场,建立了规划控制面积 186.7 公顷的桥南工业园。

2001 年 7 月,安乡县在长岭洲村新建安乡工业园,规划面积 100 公顷。

2002 年 6 月,石门县工业园在宝峰经济开发区破土动工,控制面积 6 平方公里,其中工业用地 2.4 平方公里。

2003 年 3 月,产值过 100 亿元的超大型铝业基地——桃源县创元工业园成立,规划面积 4 平方公里,分三期建设。同月,省人民政府批准成立湖南城头山旅游经济开发区,占地 2.7 平方公里,为省级经济开发区。2009 年,西洞庭食品工业园建设破土动工,常德工业走廊建设、澧水工业带规划编制正式启动。

围绕工业园区的发展,市委市政府出台了一系列引导扶持政策。1991 年,常德市三级干部大会提出工业布局适当集中原则,即以现有 62 个建制镇(包括区公所、办事处所在乡)为基点,以境内国省道公路、铁路和沅澧两水为主线,逐步形成乡镇企业小群落。1999 年 10 月,市委办市政府办发布《关于加快乡镇工业小区建设的若干规定》,指定设立澧县澧阳镇、桃源县漳江镇等 11 个乡镇工业小区,并对工业小区实行“无费企业”、“定费企业”管理,对入园企业实行最优惠的政策。

2003 年 9 月,市委市政府召开常德市乡镇(民营)工业园区建设暨招商引资工作会议,要求改善园区硬件设施，吸引企业向园区聚集；加强园区软件建设，以优惠的政策吸引客商；抓好园区环境建设，以优良的环境服务客商。

2005 年 11 月，市委四届八次全会提出“工业兴市、园区兴工”的发展思路，并在 2006 年 8 月召开的工业园区建设工作会议上确定了“十一五”园区建设、园区重大项目引进、园区工业发展三大奋斗目标：在园区建设方面，每个区县（市）建成一个省级开发区；在园区重大项目引进方面，各区县（市）工业园区每年引进投资额 1000 万元以上的工业项目 5 个以上、5000 万元以上的工业项目 1 个以上，五年内引进投资额 1 亿元以上的工业项目 1 个以上;在园区工业发展方面，五年内实现工业企业销售收入、入库税金、规模企业户数“三个翻两翻”。随后，市委市政府出台了《关于进一步加快工业园区发展的意见》。

经过 20 多年持续推进，常德市“园区兴工”结出硕果。2010 年，实现了“两个一千”、三个“百亿园区”的建设目标：园区规模工业总产值达到 1200 亿元，规模企业总户数突破 1000 户，德山工业园、创元工业园、灌溪工业园建成“百亿”园区，鼎城区、澧县、桃源县规模工业产值跨入“百亿”行列。2010 年 6 月，德山开发区被国务院批准为国家级开发区，并先后获得“国家高新技术产业基地园区”“湖南十大最具投资价值产业园区”“湖南省承接产业转移示范园区”“湖南省综合性高新技术产业基地”等称号。

2011—2012 年，市委市政府把工业园区建设发展放在提质升级和招商引资上，一是配套了园区公共服务功能；二是实施了修建廉租厂房和职工公寓房，并在 2012 年底启动了 5 个园区租厂房租公寓招商。

2012 年全市十一个工业园区主要经济指标

表 3-10-1

单位	工业总产值	主营业务收入	入库税金	资产总额	职工人数
合计	9354968	8952051	204613	6277317	99788
德山经开区	1976103	1884443	43237	1389029	26991
武陵工业园	344842	307758	3616	166845	3492
鼎城开发区	1344250	1314817	39970	938506	8449
安乡工业园	282673	247027	4182	211200	4286
汉寿经开区	794804	660983	14600	84146	5146
澧县经开区	792367	791844	8316	413140	9251
临澧经开区	348173	323065	12090	284243	6737
桃源工业区	1388356	1351495	30683	1338943	8802
石门经开区	1058463	1043090	30163	740427	9904
津市工业区	740073	742280	14517	522027	13147
西洞庭工业区	284865	285251	3239	188812	3583

全市十一大工业园简况

常德经济开发区　1992年5月经省政府批准建立,2005年10月经国家发改委核准为德山经济开发区,2010年升格为国家级常德经济技术开发区。全区面积17平方公里,拥有规模工业企业92家,2012年实现规模工业总产值125.9亿元。

武陵区经济开发区　1992年4月28日经省政府批准建立,全区面积580公顷,共有规模工业企业56家,2012年实现工业总产值22.6亿元。

鼎城经济开发区　1992年经省政府批准建立,2006年2月国家发改委核准为省级开发区,由鼎城工业园、桥南工业园和石板滩工业园3个园区组成,2012年完成工业总产值83.3亿元。

安乡工业园　2002年9月经省政府批准建立,面积10.3平方公里,共有规模工业企业42家,2012年实现工业总产值27.8亿元。

汉寿经济开发区　1992年成立,1994年经省政府批准更名为无费工业小区。2006年3月经国家发改委核准为省级开发区,面积5平方公里,共有规模工业企业21家,2012年实现工业总产值18.3亿元。

澧县经济开发区　2003年经省政府批准建立,面积624.15公顷,共有规模工业企业33家,2012年实现工业总产值42.7亿元。

临澧经济开发区　1992年经省政府批准建立,面积5.68平方公里,含太平工业园和安福工业园,共有规模工业企业31家,2012年实现工业总产值26.1亿元。

桃源创元工业园　2001年10月建立,面积15平方公里,属铝业特色工业园,共有3家规模工业企业,2012年实现工业总产值71.6亿元。

石门经济开发区　1994年经省政府批准建立,2005年经国家发改委核准为开发区,面积6.139平方公里,共有规模工业企业42家,2012年实现工业总产值60.9亿元。

津市工业园　2005年7月建立,面积6.4平方公里,共有规模工业35家,2012年实现工业总产值53.2亿元。

西洞庭食品工业园　2009年7月建立,面积33平方公里,共有规模工业企业20家,2012年实现工业总产值25亿元。

第十一章　企业协会工作

（一）

常德市企业联合会（原常德市企业管理协会）、常德市企业家协会成立于1991年10月，是经市社科联、市民政局批准属非营利性质的社团法人，业务主管部门为常德市经济委员会。1991年11月召开第一届会员代表大会，共有会员单位95个，选举朱立炎为常德市企业管理协会会长、罗毅为常德市企业家协会会长。1992年和1995年两次组织评选市优秀企业家，有12名厂长（经理）被授予"市优秀企业家"称号。

1999年4月，召开第二届会员大会，共有会员单位120个，选举刘克云为常德市企业管理协会会长，罗毅为常德市企业家协会会长。2003年2月张友德任常德市企业管理协会会长。2005年7月将常德市企业管理协会更名为常德市企业联合会。其主要工作：

1、积极开展各种形式的培训

为了引导企业建立现代企业管理制度，"两会"先后组织举办了"中小企业财务管理培训"、"企业工商管理培训"、"企业银河工程培训"、"改革与发展学术研讨会"等12次大规模的免费培训活动，培训企业骨干300多人，有效地帮助了会员企业提高经营管理水平与素质。

2、组织开展学习考察活动

"两会"先后组织10批会员单位负责人100多人赴山东、浙江、江苏、上海等沿海经济发达地区学习考察企业发展的经验和做法，在结合本地资源优势和传统产业优势基础和学习发达地区先进经验基础上，向市委、市政府提出扶持发展我市11大优势产业构想的调研报告，在资金、技术、人才等方面请求市委、市政府给予政策倾斜，受到了市委、市政府的高度重视，为制定我市民营企业工业发展扶持政策提供了参考依据。

3、帮助企业落实优惠政策

"两会"成立以来，我市民营经济蓬勃发展，各级政府出台了许多鼓励民营经济发展的优惠政策。为了调查了解优惠政策的落实情况，"两会"和市经委一道深入54家民营企业，逐户企业了解优惠政策的落实情况，历时20多天。将收集调查的有关优惠政策落实方面存在的100个问题，分类整理成三大类向市政府专题报告，引起市委、市政府的高度重视，时任市委主要领导立即召开专题会议研究，将100个问题分解到10个市级领导，明确责任和时间，落实解决。由于领导重视，经过3个月的工作，100个问题基本解决落实到位，为20多家会员企业兑现了优惠政策，累计返还税收近1000万元，增加贷款近2000万元，取得了很好的实效。

4、开展“双优”评选、推荐活动

省优秀企业、优秀企业家(简称“双优”)评选工作是“两会”成立以来一直坚持开展的服务会员企业和企业家的重要工作。这项工作的开展一直都是以“两会”为主进行推荐、申报,得到了市委、市政府、市经委领导的高度重视和有关部门的大力支持。“两会”严格遵循“实事求是、有据可依、免费服务”的原则,认真审查申报材料,积极向省经委、省“两会”推荐我市的优秀企业和企业家,并尽可能多争取指标名额。6 年来,共推荐申报了优秀企业 24 家,优秀企业家 17 人。已有常德卷烟厂等 11 家企业被评为省优秀企业,有刘凡荣等 9 人被评为省优秀企业家。

(二)

2005 年 12 月,召开第三届会员大会,“两会”共发展会员单位 277 个,选举张友德为常德市企业联合会会长,罗祖亮为常德市企业家协会会长。市企业联合会秘书长曾召盛,副秘书长白宏刚,市企业家协会秘书长曾召盛,副秘书长白宏刚、罗琢滨。2010 年调整“两会”秘书处,组建合设的“两会”秘书处,林云利为秘书长,甘晓春、易法钢为副秘书长。

1、加强教育培训,提升企业家素质

协会始终坚持把提升企业和企业家素质摆在突出位置,作为重点工作来抓,想方设法多渠道、全方位提升全市企业及企业家以企业经营管理能力为核心的综合素质。一是举办培训班。联合国内知名高校、培训机构等,举办形式多样的企业经营管理培训班。先后与北大、清华联合,举办了 3 届高级工商管理培训班,与湖大经济管理学院合作,举办了 4 届工商管理研修班,全市上千名企业家参加了培训。此外,还组织企业家参加了全省银河培训工程。二是组织专题讲座。联合市有关部门和企业,依托本市知名的中小企业服务机构,采取“请进来”的形式,聘请李稻葵、温元凯等全国知名经济学专家来常德授课,向企业厂长经理、中层骨干、管理人员和技术人员传授知识技能,现场释疑解惑。协会共组织各类专题讲座 50 多场次,平均每年近 6 场次。三是开展读书交流活动。面向全体会员,开展每年读一本书活动,先后倡导阅读了《谁动了我的奶酪》、《把信送到加西亚》、《当下》等优秀书籍十多本。连续 11 年为会员企业负责人订阅赠送国家经贸导刊杂志,免费印发政策文件汇编专辑、印发经营管理先进经验汇编等书册共 2 万多册。四是组织外出学习考察。从 2006 年起,组织会员企业和企业家走出厂门家门,外出考察取经,借鉴先进经验,先后考察学习了海尔集团、华为集团、新希望集团、力帆集团、五粮液集团、沈阳机床、红塔集团、茅台酒业、金龙客车、山西太钢、北车重汽、格力集团等国内知名企业及台湾部分企业,开阔了全市企业家的视野。通过这些培训、讲座、读书、外出考察等活动,有效提升了全市企业和企业家的整体素质。

2、加强宣传培育,提振企业发展信心

一是加强了宣传引导。一手抓办刊。2011 年,市企业“两会”既无资金来源又无出版文号的情况下，以加大本土企业宣传推介为出发点，历尽艰难争取到了省级出版物刊号，想法筹措经费，办起了《常德企业》内刊，由甘晓春出任主编，至 2012 年已编辑出版 12 期，坚持不懈向国家和省市相关领导，向兄弟省市的经信委和企业“两会”，向同行业宣传常德的企业和企业家，推介常德的企业产品，得到了国家发改委、国家工信部和省经信委的高度好评，得到了兄弟省市企业“两会”的一致赞誉。一手抓网宣。组织会员企业积极参与的常德中小企业网站已全面开通，并与省企联和中企联的企业网连接，开辟了常德专门的网页，经常性更新内容，使会员企业与全省、全国企业达成了资源共享和信息互通。二是加强了典型培育。从 2008 年起，争取到市委、市政府的支持，面向全市企业和企业家，连续 9 个年度组织开展评比表彰“双十佳”活动，采取民主推荐和业绩考核的方法，评出了十佳优秀企业、十佳优秀企业家、十佳创业先进企业、十佳创业先进个人。前 7 个年度纳入了市委市政府的总结表彰和奖励。通过“双十佳”的评选表彰活动，使全市企业和企业家创优争先的精神得到焕发，鼓舞了企业家的发展信心，在全市企业中形成了一种比着干的争先发展氛围。三是加强典型推介。坚持对外向上推介会员企业和企业家的卓越业绩，积极向中企联、省企联及国家有关部委报送先进典型，先后有刘凡荣、陈亮、宋冠毅、黄群等企业家获评全省优秀企业家，金健米业、常德烟机、金鹏凹印等 9 家会员企业获评全省百强企业。定期在国家经贸导刊、财经周刊、经济日报、中国企业家杂志推介常德优秀企业和企业家。同时，积极协助会员企业扩大社会影响，热心向地方党委政府推荐优秀典型，支持优秀企业家参选地方人大代表、政协委员。至 2012 年，本地企业家当选省、市和区县人大代表和政协委员的人数，比 2005 年前增加了近 3 倍。企业家参政议政的机会增加，很多关系企业生存发展的问题直接引起了党和政府的重视，并得到了很好的解决。比如，罗祖亮会长出任全国人大代表以来，就多次代表企业家反映诉求，站在企业角度向高层进言，受到了总书记和总理接见。可以说，十年来全市企业家的影响力越来越大，地位越来越高，企业和企业家对经济社会的发展所做的贡献也越来越大。

3、积极帮扶企业，缓解企业发展难题

一是帮助开拓市场。十年来，市企业“两会”在扩大常德企业声誉、打造常德品牌上作了不懈努力。积极组织会员企业参加国际国内产品展览展销和博览交流活动，先后组团参加了广交会、泛珠洽谈会、株交会、沪交会等大型产品交易会，十年来共组织参加博览会、交易会 20 多场次，达成合同贸易总额近千亿元。同时，向全社会大力倡导优先使用本地名优产品，2010 年两会向全市发出了优先使用本地产品倡仪书，市政府、市经信委在金键米业举行了启动仪式。尔后积极为会员企业牵线搭桥推介产品，共为磊鑫科技、精为天粮油、柳源机械、德海通信等 20 多家企业，达成产品销售数亿元。二是帮助缓解融资困难。十年来，市企业“两会”积极为会员企业提供融资咨询服务，共为 300 多家企业牵线搭桥，成功融资 18.3 亿多元。先后组织会员参加了 22 次市级银企对接、9 次省级银企对接，帮助企业申报融资项目 1100 多个，合同融资金额达 700 亿元。三是帮助协调外部环境。积极帮助会员企业协调周边关系及与相关部门的关系，共参与协调 40 多件次，较好地维护了会员企业权益。特别是协助会员企业对接税务部门,获得减免税款4000多万元,帮助会员沟通相关执法部门,减轻收费和罚款负担1.2亿多元。此外,组建了中小企业法律服务中心,为会员企业提供法律援助服务共60多次,挽回经济损失1.5亿多元。

4、加强自律管理,提高工作水平

一是坚持廉洁办会。坚持勤俭节约,不搞奢侈浪费,严格资金管理,珍惜宝贵的会费,把有限的资金用在关键之处,兼职人员一律不拿任何报酬补贴,聘用人员低薪办事,按财务规定收支,严格奉行少拿钱多办事、少动嘴多跑腿、少唱高腔多显低调、少狂妄自大多虚心学习、少蹲协会多下企业的五多五少原则。二是加强制度建设。坚持去行政化、去庸俗化、去形式化的原则,不断完善相关管理制度和机制,定期召开会长办公会、理事联谊会和企业家年会活动,及时研究重大事项。制定出台了会员全面参与分会活动的相关制度,按行政区划设置了12个分会,制定了分会活动方案,推出了分会活动评先奖励措施。三是坚持优质服务。长期以来,市企业"两会"坚持像亲人一样与企业交朋友,把为企业办事当成自己的事,把企业的困难当成自己的困难去想办法解决,坚持做到了从不索拿卡要,不贪占服务对象分文钱财,从而博得了企业和企业家们的信任和亲睐,营造了和谐的企会关系。

常德市企业联合会,常德市企业家协会一直与市经委、市经贸委、市工信局保持主管部门与社会组织的从属关系,成立主管部门的得力助手,但在行政隶属、经费来源、人员管理等方面,一直坚持了脱钩。而且,常德市企业联合会、常德市企业家协会,一直没有行使过行政职能,坚持不变履行了服务企业的职能。

第四篇《

企业改革与改制

第四篇　企业改革与改制

1988—2012年，常德市工业企业的改制改革从未停止过脚步，而且从责任制承包等经济形式开始，直至“两个置换”触动产权，再到股份制和公司化治理，改制改革做到了步步深入，不断深化。

将“两个置换”改革单独成篇，一是因为在全省、全国算是“首开先河”的试水改革；二是因为在常德工业发展史上有着客观上的里程碑意义。

1988年，地改市后的市委、市政府选择50家企业作为联系点，派出行政事业部门干部深入企业，推行经营机制转换的改革，下放各种权力20多项，极大地焕发了工业企业的生产经营活力。

1992年，全市选择120家预算内工业企业进入第二任责任制承包，进一步激发了企业的生产经营活力（当时工业企业除国有外，还有部门单位用国家财政资本创办的企业，在所有制上统称之为预算内企业）。

1993年及其以后，市委市政府选择常德有线电厂、德海实业集团、常德酿酒集团等企业进行股份制和股份合作制改革试点，并开始推行企业厂长年薪制和企业破产等具体措施。

1996年，全市依法破产企业117家，核销债务6亿元，对19家企业实行了整体租赁经营，对5203家企业（大部分是乡镇集体企业）进行了股份制和股份合作制改革。

2000年4月，中共常德市委、市人民政府大胆作出“置换国有企业产权、置换国有职工身份”即“两个置换”的改革决策，并首先从市直公交企业开始执行。

2000年6月，全市各区、县（市）“两个置换”改制改革全面铺开。

改革并非一帆风顺，其间经历了职工群体上访、少数企业干部闹事、个别人员恶意攻击，甚至向海外散布谣言等艰难曲折，国家和省有关媒体上门作过专访，中央派出调查组作过专题调查。但在弄清事实，了解民意之后，都对常德市的“两个置换”改革做出了认可结论。湖南省委、省政府对常德市“两个置换”改革中，坚持公开、公正原则，抓住“以人为本、有情操作”主线，把住“钱从哪里来，人往哪里去”关键，突出“资产运作和人员安置”重点，给予了肯定。

“两个置换” 改革以快刀斩乱麻之势强有力地推行，2000年4月发起，2001年底即初见成效，2002年全力推进，2003年基本结束，极大地推动了全市工业经济的发展，并取得了全市工业经济综合效益指数由全省落后到获得第一名的巨大转变。

第一章　企业产权置换

第一节　产权置换形式

企业产权置换主要采取"买断"形式。"买断"是将原国有或集体企业的全部资产权向社会出售,由其购买,从而置换产权关系。具体"买断"形式有五种:

一、出售买断。即将企业的全部资产以协议交易或拍卖交易方式出售。

二、兼并买断。即由兼并方采取购买或兼并,债权债务资产方式买断企业产权。

三、联合买断。即由区内外投资主体参股、控股买断原有企业,从而改变原企业产权。

四、量化买断。即将企业产权按职工买断身份的金额量化到每个职工个人,改变企业产权的国有、集体性质,在量化买断基础上重组规范的股份制企业。

五、破产买断。即企业通过依法破产,按法律程序将资产变现用来安置职工和偿债,企业关门走人。

第二节　改制及重组情况

始于1997年下半年的常德市国有企业改制改革,至2006年基本结束,共有55家国有企业完成了改制改革,其中破产改制48家,重组改制5家,关停2家。

改制后重组新生工业企业共102家,其中生产制造工业企业54家,交通运输类企业7家,国内贸易性企业17家,对外贸易性企业5家,粮油加工性企业14家,建设建筑性企业5家。

改制改革的方式主要是破产改制重组新的企业、破产关停企业和退二进三转型为服务性企业。由于改制改革后企业名称完全彻底变换,因此不对具体企业一一陈述,同时也因"不以表代志"而不作列表表述。

第二章　职工劳动关系置换

置换职工劳动关系，即从根本上打破“铁饭碗”，解除职工的国有身份和与企业的固定关系，使之面向市场，成为自然人。这种打破和解除是要付出成本的，从根本利益上给职工以生存和再就业的保障，否则，就会沦为把职工当包袱甩掉推向社会的损民伤民行为。

常德市在置换职工劳动关系中，坚持正确处理了生产者、生产力、生产关系之间的矛盾，以劳动者的价值承认为首要前提，采取经济补偿的方式使职工的生存和再就业得以保障，从而调整职工的劳动关系。这种以保障职工利益为着力点的劳动关系调整，被称之为身份置换。

第一节　买断职工身份的主要形式

置换原国有企业职工的劳动关系，直观地讲就是买断职工的国有企业人员身份，买断是对他们曾在企业的贡献的返还，对他们今后的生存就业的保障。补偿因此成为价值的补偿，即买断行为。怎么样买断？常德市采取了五种形式：

一、认钱。即按每个职工应享受的买断权益，用资产变现资金发给职工，职工办理买断身份手续后，拿钱走人。

二、认股。即把职工买断身份的权益用资产量化方式体现到人，使职工成为企业股东，解除原国有职工身份。继续在重组企业工作的，重新签订聘用合同，企业发行职工出资证明书作为资产量化和股权流动的依据。

三、认债。即采取兼并、联合等方式买断产权的企业，经职工同意，可以将测算认定后的买断身份权益以新企业与职工签定债务合同的方式明确给职工，从而买断其身份。

四、参保买断。即企业资产量化到职工后，职工以量化资产变现资金参加社会养老保险来买断职工身份。

五、全部中止到期的合同工合同。全面清退临时工、农协工和挂靠工。

第二节　职工买断身份后的安置

职工买断身份后的安置主要办法是实施经济补偿，对符合条件的职工优先被重组改制的企业录用。

一、国有企业固定工身份买断标准，按一年工龄补偿一个月档案工资（含每月 60 元误餐补助费),再加一年工龄补偿36元医疗费执行。2000年市直工交战线破产企业置换身份,平均补偿费约为992元/年。2001年市直工交战线破产企业置换身份,平均补偿费标准约为1000元/年。所有国有企业固定职工置换身份予以经济补偿标准时的档案工资,按本企业全体固定工月平均工资档案工资执行。

二、集体企业固定工买断标准,按职工工龄占全部职工工龄总数的比例享受权益。即固定工个人买断安置费=安置离、退休人员之后集体企业净资产÷企业职工总年龄×职工个人工龄。

三、劳动合同工职工买断身份标准,按固定工买断身份标准执行。

四、农协工解除劳动合同时,按其在企业工作的年限,每满一年发给相当于本人档案工资一个月的生活补助费,但最多不超过十二个月本人档案工资。

五、临时工、挂靠工一律清退,不予补偿。

六、实施“两个置换”后,重组或改制的企业要优先录用符合条件的原企业职工,被录用的,其用人单位应给予其续缴社会劳动保险及基本医疗保险和大病医疗互助。

七、职工因工致残被鉴定为一至四级的,可按规定办理退休手续,五至十级的,参与置换身份,并由企业发给一次性伤残补助金:标准为五级伤残职工本人月标准工资16个月;六级14个月、七级12个月、八级10个月、九级8个月、十级6个月。

八、置换身份职工患重病或绝症的,分别发给9个月、12个月本人月工资标准的医疗补助费。

九、置换身份职工为身处怀孕、产期、哺乳期间女职工,发给一次性补偿:怀孕职工发给相当于18个月的下岗职工基本生活费,产期至哺乳期职工发给相当于12个月的下岗职工基本生活费。

第三节 离、退休人员安置

在职职工置换身份标准要与企业离退休人员保留标一致,并与向社保交纳的养老金挂钩;退休人员的养老金发放标准,与企业留交的养老金挂钩。

一、在职职工置换身份后离退休标准等于或高于原国有企业职工离退休标准的,留交养老金按规定每名离、退休人员留足3万元。

二、低于原国有企业离退休标准的,在国有企业离退休标准基础上每减少1%,留交养老金总额减少2%。

三、留交养老金减少后一般不低于应交额的50%;即一般不少于每人1.5万元。企业实际交纳的留交养老金不少于每人1.5万元的,其离、退休人员养老金由社保足额发放。

四、留交养老金少于每人1.5万元的,退休人员按占1.5万元的同等百分比差额发放。

五、企业实际交纳的留交养老金最低不少于每人7500元,区社保发给退休人员的养老金不得少于应发额的50%。

六、企业可部分参保，部分兑现置换职工身份；并以参保置换人员的参保续保费供养退休人员。

七、实行资产量化的已参保企业，凡不减少在职人数和不减少续保费用的，其离退休人员养老金按原标准发放；如在职人数减少，则同比例减少。重组企业按减少的离退休人员数，每人留足 3 万元并一次性缴清后，离、退休人员养老金按原标准发放。

八、有条件的企业，如果退休人员要进入基本医疗保险，需每人一次性交纳 4200 元。

第三章　实施“两个置换”的工作程序

实施“两个置换”的工作程序如下：

一、成立企业“两个置换”的领导组织机构。

二、制定企业“两个置换”方案，并经职代会讨论通过，报上级审查批准，其主要步骤：

1、详细测算置换职工身份所需资金，对企业资产进行预估，及时开展招商引资工作。

2、依据企业基本情况，确定采取“两个置换”形式、处置方法及离、退休人员安置办法和债权、债务及其他问题的处理方法。

3、召开职代会或股东大会讨论和通过方案。

4、申报审批。

三、清产核资，界定产权：

1、清产核资，界定产权，资产评估。

2、清理债权债务。

3、变现资产，置换产权。

四、安置离、退休人员，置换职工身份：

1、清理职工身份，统计公布职工工龄。清退临时工、挂靠工。

2、测算职工及离、退休人员参保费用并及时足额交纳。

3、按所剩资金，确定在职职工置换标准，并经职代会讨论通过。

4、将职工置换身份的资金，逐个兑现到人，与职工逐个签定解除劳动关系协议书。

五、处理有关遗留问题：

1、依法清偿债务。

2、破产、整体出售关门走人的企业，到工商部门办理营业执照注销手续。

3、党员组织关系移交至职工所在的街道居委会。

4、清理档案、办理档案移交。

5、处理其他遗留问题。

第四章 实施“两个置换”的政策依据

一、破产清算

1、《中华人民共和国企业破产法》(试行)

2、最高人民法院《关于审理破产案件若干问题的规定》(2007年7月18日最高人民法院审判委员会第1232次会议通过)(法释〔2002〕23号)

3、最高人民法院《关于破产企业国有划拨土地使用权应否列入破产财产等问题的批复》(法释〔2003〕6号)

4、最高人民法院《关于国有工业企业以机器设备等财产为抵押物与债权人签订的抵押合同的效力问题的批复》(法释〔2002〕14号)

5、最高人民法院《关于破产案件中涉及银行给企业基本生活费贷款应如何清偿的复函》(法经〔1999〕156号)

6、常德市中级人民法院《关于破产企业房改收入是否纳入破产财产的答复》(〔2002〕常民二复字第01号)

7、常德市人民政府《关于在企业改革过程中切实维护银行债权安全的通知》(常政电〔2000〕75号)

8、常德市人民政府办公室《关于在国有企业两个置换过程中依法维护好债权人利益的通知》(常政办明电〔2001〕36号)

9、关于全民所有制企业实行解散(即关闭)后一次性留足10年所需离退休费用的政策依据:①国务院《关于企业职工养老保险制度改革的决定》(国法〔1991〕33号)第十条;②劳动部《企业职工养老保险基金管理规定》(劳部发〔1993〕117号)第十条;③湖南省人民政府《关于全民所有制企业职工退休费用实行省级统筹的通知》(湘政发〔1993〕12号)第一条;④湖南省劳动厅《关于印发湖南省全民所有制企业职工退休费用省统筹实施细则的通知》(湘劳社险字〔1993〕第349号)第8条。

二、职工安置

10、常德市人民政府关于印发《常德市转换市直工交企业国有产权及置换职工身份试行办法》的通知(常政发〔2000〕9号)

11、常德市人民政府办公室关于印发《常德市市直工交企业置换职工身份实施细则(试行)》的通知(常政办发〔2000〕31号)

12、常德市人民政府办公室关于印发《常德市市直工交企业转换国有产权实施细则(试行)》的通知(常政办发〔2000〕32号)

13、中共常德市委、常德市人民政府《关于在转换市直企业国有产权及置换职工身份中加强领导班子和党组织建设的意见》(常发〔2000〕3 号)

14、中共常德市委组织部、常德市人事局、常德市劳动和社会保障局、常德市财政局《关于市直企业在执行常发〔2000〕3 号文件中进一步明确有关事项与审批程序的通知》(常组发〔2001〕9 号)

15、常德市人民政府办公室关于印发《市直工交破产企业置换职工身份有关问题的补充意见》的通知(常政办函〔2000〕123 号)

16、常德市市直工交企业产权改革办公室《关于市直工交企业实施“两个置换”有关问题的补充通知》(常工企改发〔2001〕3 号)

17、常德市市直工交企业产权改革办公室《关于市直工交破产企业职工安置有关特殊问题的请示》(常工企改字〔2000〕6 号)

18、《关于 2001 年进入破产程序的市直工交企业置换职工身份工龄补偿费标准的通知》(常破办发〔2001〕7 号)

19、湖南省总工会《关于调整职工供养直系亲属范围的通知》(湘工〔1997〕3 号)

20、常德市劳动和社会保障局《关于调整企业和职工基本养老保险缴费比例的通知》(常劳社〔2001〕23 号)

21、关于破产企业破产前已离退休职工移交社保、医保、土地评估、测绘和办证、城区外的企业房改等有关问题的会议纪要(常政专纪〔2001〕第 66 次)

22、关于石门磷矿等 4 户市直工交破产企业离退休职工移交医保问题的会议纪要(常政专纪〔2002〕第 1 次)

23、湖南省劳动和社会保障厅、湖南省财政厅《关于重申不得违反国家规定办理提前退休手续的通知》(湘劳社发〔2001〕17 号)

24、中共湖南省委办公厅、湖南省人民政府办公厅关于转发省总工会等单位《关于改善和提高职工劳动模范,先进工作者待遇的意见的报告》的通知(湘办发〔1996〕32 号)

25、湖南省劳动和社会保障厅《关于破产企业劳动模范荣誉津贴发放问题的通知》(湘劳社发〔2002〕14 号)

26、常德市劳动和社会保障局《关于市直企业置换职工身份工作中社会养老保险若干问题的处理意见》(常劳社〔2001〕53 号)

27、湖南省人民政府办公厅转发省劳动和社会保障厅《关于劳动合同制职工做临时工时间是否计算连续工龄意见的通知》(急湘政办明电〔2001〕101 号)

28、劳动和社会保障部办公厅《关于劳动合同制职工工龄计算问题的复函》(劳社厅函〔2002〕323 号)

29、关于破产企业提前退休职工工龄的截止时间等问题的会议纪要(常政专纪〔2002〕132次)

30、湖南省劳动和社会保障厅《关于调整企业工残人员护理费标准的通知》(湘劳社发〔2002〕132号)

31、关于企业职工同时有两种因工致残等级如何给予伤残等级的回复(2003年1月15日省劳动和社会保障厅医保处)

32、关于进一步规范工伤残、血吸虫病、职业病以及特殊工种认定等有关问题的通知(常国企改发〔2002〕8号)

33、关于国有企业“两个置换”中无监护人精神病患者安置及管理意见(常国企改发〔2002〕9号)

34、关于修改常工企改发〔2001〕3号文件第五条的补充通知(常工企改发〔2002〕34号)

35、常德市劳动和社会保障局,常德市财政局《关于市属企业“两个置换”改革前因工负伤职工旧伤(病)复发后住院医疗费报销的规定》(常劳社发〔2002〕68号)

36、关于市属企业“两个置换”改革前因工负伤职工旧伤(病)复发后住院医疗费报销的实施细则(常劳社发〔2002〕91号)

37、常德市劳动和社会保障局转发省劳动和社会保障厅《关于企业离休人员病故后丧葬补助费和一次性抚恤金参照机关标准执行的通知》的通知(常劳社发〔2002〕74号)

38、常德市劳动和社会保障局、常德市财政局《关于常德市市直“两个置换”企业离退休职工死亡后供养直系亲属一次性救济费发放暂行办法》(常劳社发〔2002〕79号)

39、关于落实市直企业无固定收入的离退休干部配偶、遗孀生活补助费的会议纪要(常政专纪〔2001〕第129次)

40、关于企业离退休人员病故后发放抚恤金,企业移交社区后离休干部的日常管理和特殊经费等有关问题的会议纪要(常政专纪〔2003〕第7次)

41、关于转发湖南省委组织部、省财政厅、省委老干部局《关于适当提高无固定收入的离休干部配偶、遗孀及建国前参加革命,建国后退职干部生活补助费标准的通知》的通知(常老干〔2000〕8号)

42、关于“两个置换”企业中孤老、孤儿的托管移交、离休干部病故后,其无固定收入的配偶生活费应提标发放、对原企业职工因故死亡后,用棺葬方式安葬,其家属是否享有抚恤金等补助有关问题的会议纪要(常政专纪〔2003〕第20次)

43、关于全民合同制职工在本单位做临时工工龄认定、对改制企业退休职工中省级以上劳模荣誉津贴的发放、调整企业工残人员护理费标准等有关问题的会议纪要(常政专纪〔2003〕第41次)

44、关于特殊工种的认定时间等有关问题的会议纪要(常政专纪〔2002〕第41次)

45、湖南省人民政府办公厅《关于进一步贯彻落实人事部等部委人发〔2002〕82号文件有关问题的意见》(湘政办发〔2003〕24号)

46、常德市人民政府办公室关于认真做好下岗革命伤残军人有关工作的通知(常政办发

〔2002〕19 号）

47、常德市人事局、中共常德市委组织部、常德市民政局、常德市财政局、常德市劳动和社会保障局、常德市军分区政治部《关于解决部分企业军队转业干部生活困难问题的实施意见》（常人发〔2003〕54 号）

48、关于“两个置换”企业服义务兵役职工的安置等有关问题的会议纪要（常政专纪〔2002〕第 73 次）

49、关于改制企业挂靠、辞职、除名、判刑、死亡和具有高、中级职称等职工档案的移交等问题的会议纪要（常政专纪〔2002〕第 48 次）

50、关于财政挂账费用的清缴和特殊债权清偿等有关问题的会议纪要（常政专纪〔2001〕第 122 次）

51、关于市属企业改革中职工安置、资产过户和移交等有关问题的会议纪要（常政专纪〔2002〕第 122 次）

52、关于市轴承厂部分人员反映工资问题的解答

53、常德市劳动和社会保障局《关于实施两个置换企业工资情况的解答》（2000 年 12 月）

54、关于对湖南坝道水泥股份有限公司部分职工提出的有关问题的解答

55、关于桃源纺织印染厂赴京上访职工建议市政府给予妥善解决的几个问题的解答

56、关于原桃纺厂部分置换身份人员要求发放失业保险金问题的复函

三、财物管理

57、关于已实施改革企业的债权清收等有关问题的会议纪要（常政专纪〔2002〕第 73 次）

58、关于加强应收债权清收的通知（常工企改发〔2002〕30 号）

59、关于加强“两个置换”企业财务管理，重申有关费用开支标准的通知（常国企改发〔2002〕49 号）

60、关于加强“两个置换”已结零企业后续工作管理的通知（常国企改发〔2003〕03 号）

61、“两个置换”已审计结零企业处理遗留问题预留资金管理办法（常国企改发〔2003〕02 号）

62、常德市审计局《关于进一步完善市直企业破产改制审计监督机制的通知》（常审经贸函〔2003〕01 号）

四、社会化管理

63、常德市人民政府办公室《关于市直国有企业职工置换身份后实行社会化管理的若干意见》（常政办发〔2002〕20 号）

64、关于武陵区居委会建设等问题的会议纪要（常政专纪〔2001〕第 85 次）

65、中共常德市委组织部关于印发《市直实施“两个买断”企业党员组织关系转移试行办法》的通知（常组通〔2000〕16 号）

66、关于市属改革企业社区移交、改制企业子校剥离前已退休教师的移交和享受待遇等

有关问题的会议纪要(常政专纪〔2002〕第103次)

67、关于湖南雄黄化工股份有限公司、湖南石磷实业股份公司学校教师移交问题会议纪要(常政专纪〔2002〕第98次)

68、关于对湖南雄黄化工股份有限公司矿区周边农村遗留问题处理的会议纪要(常政专纪〔2003〕第4次)

69、关于市属国有企业“两个置换”后有关档案和公章移交问题的通知(常国企改发〔2002〕12号)

70、常德市档案局、常德市市直工交企业产权改革办公室《关于认真做好“两个置换”企业档案处置工作的意见》(常档发)〔2001〕1号

71、关于加强“两个置换”企业职工住房维修管理的通知(常国企改发〔2002〕4号)

72、关于实施破产或两个买断的国有企业职工住房改革有关问题的会议纪要(常政专纪〔2000〕第49次)

73、关于破产企业生活用水用电分离装表问题的会议纪要(常政专纪〔2000〕第90次)

74、湖南省人民政府《关于进一步推进国有企业分离办社会职能工作的通知》(湘政发〔2000〕17号)

75、关于市属改制企业剥离子校退休教师归属问题的会议纪要(常政专纪〔2002〕第70次)

五、其它

76、关于印发《市直国有“两个置换”企业改革政策执行责任追究制度》等三项制度的通知(常国企改发〔2002〕15号)

77、关于进一步明确和规范市直非工交国有企业“两个置换”改革中有关问题的通知(常国企改发〔2002〕32号)

78、关于明确市直非破产实施“两个置换”企业有关申报程序和材料的通知(常国企改发〔2002〕43号)

79、关于下发《企业“两个置换”操作程序》的通知(常国企改发〔2003〕5号)

80、关于明确市产权改革办有关工作程序的通知(常国企改发〔2003〕11号)

81、常德市人民政府《关于进一步加强城市居民最低生活保障工作的意见》(常政发〔2002〕)16号

82、下岗失业从事个体经营免缴行政事业性收费的优惠政策

83、常德市人民政府《关于对城区下岗失业人员中就业困难群体实施再就业援助的意见》(常政发〔2002〕15号)

84、常德市劳动和社会保障局、常德市财政局关于印发《常德市市直国有企业解除劳动关系职工接续社会养老保险关系暂行办法》的通知(常劳社〔2003〕52号)

85、常德市人民政府办公室办关印发《常德市城镇灵活就业人员基本医疗保险实施办法

（试行）》的通知（常政办发〔2003〕35 号）

86、印发《关于国有大中型企业主辅分离辅业改制分流安置富余人员的实施办法》的通知（国经贸企改〔2002〕859 号）

87、印发《湖南省国有大中型企业主辅分离辅业改制分流安置富余人员的实施办法》的通知（湘经贸企业〔2003〕264 号）

88、《湖南省国有大中型企业辅分离辅业改制有关问题的补充通知》（湘经贸企业〔2003〕475 号）

89、《关于区、县（市）国有粮食企业改革有关问题的通知》（常政办发〔2003〕12 号）

第五章　“两个置换”综合情况

2000 年 4 月，常德市委、市政府领导和组织了全市经济战线“置换国有企业产权、置换国企职工身份”为主要内容的产权制度改革。通过这两个置换，解除企业对政府、职工对企业的依附关系，推动资产的合理流动和重组，提高资产运营质量，让企业和职工走向市场，激发企业和职工两个方面的积极性，打造生机旺盛的新型经济体制。

两个置换涉及面广、矛盾多、情况复杂，工作难度大，操作政策性非常强。因此，市委、市政府成立了市直国有企业产权改革办公室，总揽“两个置换”改革工作，并对市直国有改制的 166 家企业有重点的派出了“三个代表”学教工作队和改制工作组，共有 1600 多工作组成员下到企业指导、实施企业两个置换工作，接访职工 100 多万人次，处理职工各种问题 80 多万件。经过 8 年艰苦不懈地努力，166 家企业的两个置换于 2008 年（含工交财贸粮食供销）全面彻底完成。

在“两个置换”改革过程中，着力解决了钱从哪里来、人往哪里去、稳定怎么保的突出矛盾，确保了改革的成功。在钱的问题上，通过破产核算、出让资产、争取支持、政策挂帐、政府补贴、银行贷款等渠道，筹措改革成本。在人的问题上，始终坚持“无情改革、有情操作”的原则，依法保护职工利益，完善社会保障体系，实施就业再就业工作，妥善解决企业干部职工的安置问题。在稳定问题上，层层统一认识，加强工作指导，严格依法操作，减少社会震荡，维护大局稳定。

到“十五”末期，全市工交、财贸、粮食、供销等系统的两个置换基本完成。据统计，涉及市直企业 166 家，清算资产总额 266034.9 万元，负债总额 492110.4 万元，在职职工置换身份 42259 人，退休 12123 人。其中，市直工业企业 55 家，清算资产总额 162716.8 万元，负债总额 311261.9 万元，在职职工置换身份 26055 人，退休 6700 人。

两个置换改革企业中，有 147 家改制前已无法维护正常生产和经营、已奄奄一息的企业,通过改制重组重获新生的达93家,并涌现了力源新材、常德云锦集团、湖南桃源杰新纺织印染、常德国力变压器、常德达门船舶、石门特种水泥、湖南常德牌水表等一大批创品牌、创利税的行业佼佼者,形成了新型的工业体系,成为我市新的经济增长点。

第六章 “两个置换”数据库

截止2012年,常德市改制改革企业共达166家,其中包括国有企业149家,集体企业9家,国有控股企业5家,中外合资企业2家,股份合作制企业1家。

166家改制改革企业,之前共有资产28.66亿元,其中固定资产11.57亿元,流动资产15.8亿元,其它资产1.5亿元。之前共有企业职工77257人,其中离退休人员22444人,在职人员54813人。

通过改制改革,共盘活资产26.6亿元,用于企业重组安置职工费用21.6亿元,用于缴纳职工社会养老保险费用1.45亿元,用于清偿债务费用2.65亿元。市直55家改制改革企业,共盘活资产16.27亿元,相当于改制改革前总资产17.4亿元的94%。市直55家改制改革企业之前的职工总数为45916人,通过改制安置到重组企业上岗26055人,调动安置工作260人,离退休安置12953人,其余人员由本人自愿申请领取安置费自谋了职业。

附表:市直改制企业统计表。

表 4-6-1

市直改制企业统计表

单位	企业户数	所有制					类型						改制前生产经营状况					改制形式				资产处置方式						改制后去向		
																			非破产											
		国有	国有控股	集体	股份合作	中外合资	大Ⅰ型	大Ⅱ型	中Ⅰ型	中Ⅱ型	小型	未划型	正常	半停	全停	租赁	部分租赁	破产	两个置换	置换身份	关停	整体拍卖	整体转让	承债式拍卖	承债式转让	未处置	无资产	退二进三	重组	关闭
总计	166	149	5	9	1	2	1	3	42	22	96	2	19	23	90	26	8	96	53	16	1	53	69	3	6	19	16	5	88	73
工业	55	51	3	1			1	3	16	12	23		4	9	21	16	5	46	8		1	15	36	1	2	1		5	39	11
交通	7	6	1						5		2		1	3	3			6		1		2	3		1	1			5	2
内贸	30	28		2					9	3	18				24	5	1	20	9	1		11	7	1	2	1	8		17	13
外贸	9	9							3	4	2			1	7	1		5	4			4	3	1			1		3	6
粮食	11	10	1						4		7		3	3	2	2	1	1	6	4		4	3			4			9	2
供销	10	6		3		1				2	8		2	3	4		1	5	5			2	7				1		1	9
农办	7	7							2	1	4		3	1	2	1		2	4	1		2	4			1			5	2
林业	5	5									5			1	4			4	1			5							1	4
建设	4	4							1		3		1	1	2			1	3			3	1						3	1
其他	28	23		3	1	1			2		24	2	5	1	21	1		6	13	9		5	5			11	6		5	23

说明:1、国有控股企业:坝道水泥公司、七星塑料公司、武陵酒业公司、欣运集团、金健米业公司;集体所有制企业:市曲酒厂、恒嘉贸易公司、饮料工贸公司、食杂果品总公司、再生资源总公司、日用杂品总公司、赛尔物业公司、工商联下属4公司、统战部下属"台民祥"3公司;股份合作制企业:福寿公司;中外合资企业:常伟机动车测试公司、永富包装公司;供销社6家国有企业,实为供销社有资产企业。

2、除德山开发区3企业由武陵区法院裁定破产外,其他破产企业均由市中级法院裁定;非破产改制企业中,供销建筑设计院由市供销总社批准,华伟水电公司由市农办批准,桃林迎宾馆由市政府办专项会议决定,其他企业均由市部门企业产权改革办和市产权改革办公室批准(其中:糖酒公司后由市内贸办下达调整文件)。

3、有各种资产处置方式的,按其主要资产的处置方式划分。

4、重组企业中,有7家为原国有资产基础上重组的:欣运集团、金健米业、东门粮库、武陵粮油总公司、德山粮油公司、棉麻公司、中药厂。

附　录

工业经济数据库

工业经济数据,是其存在状态的客观反映。数据所反映的存在标志,往往胜于文字或其它方面的描述,因而工业经济数据不仅是工业经济真实和客观的反映,而且具有征信证据的公正性。经济部门不同于其它部门,无论是历史参照和比较,都要靠数据说话。把数据强行变成述说文字,不简洁、不清晰、不宜于时段性选择。因此,独立成篇数据库,有益于发挥志书的作用。

往集 1988—2012 年共 25 年间工业经济数据,主要源于《常德市统计年鉴》,因其属于法定的权威性数据,其次源于企业自己提供的年终财务报表,因其最接近事实。

工业经济数据项目繁多,在所征集的 25 年间的数据中,法定的统计口径发生过较大变化,比如工业产值的统计,就发生过按现行市场价统计,按 1990 年不变价换算统计和按产值总额扣减投入总额后的增加值统计等演变,因而在征集时尽管坚持了一致性,但仍会客观存在因换算方式不一,而导致绝对数不一的情形。

工业经济数据线长面广,在征集的数据中,有不少项目存在某些年代有某些年代又无的现象,出现这种现象这一方面是企业兴办和消亡、产品出现和灭迹的自然发生所影响,一方面是产业发展战略调整变化和统计口径变化的影响。本着尊重数据的连续性和关注数据的长效性实际,在征集时只录取了有关连续性和长效性数据,从而构建本年限阶段的工业经济数据库,恕未能包罗万象。

在征信本数据库中的数据时如有不尽然,或者需补遗,应辅以阅读本年限阶段的《常德统计年鉴》。数据表中空缺的,是因为无史料记载。

1988—2012全市工业企业基本概况

表1

年份	全市合计(个)	国有	集体	个体	其他	资产合计(亿元)	固定资产	流动资产	总负债	所有者权益
1988	10647	452	2354	7837	4					
1989	46784	438	2052	44291	3					
1990	42481	444	2034	40002	1					
1991	43586	437	1938	41209	2					
1992	46618	429	1939	44245	5					
1993	51547	454	1905	49163	25		46.9	50.1	23.3	23.0
1994	60671	456	1926	58259	30	116.2	57.5	54.1	26.5	30.0
1995	49645	496	1843	47275	31	146.3	79.4	62.1	98.9	47.4
1996	58730	461	1820	56410	39	177.5	99.6	72.7	126.2	51.3
1997	50715	394	1670	48597	51	205.7	116.5	81.5	148.2	57.4
1998	61623	322	152	61098	51	197.6	116.0	73.2	134.8	62.8
1999	53968	280	134	53496	58	207.5	112.1	80.1	142.2	64.5
2000	55008	209	122	54574	103	211.9	117.9	81.0	142.2	69.8
2001	426	179	109	107	31	220.5	114.8	88.2	136.7	87.4
2002	405	120	77	163	45	264.0	129.2	109.3	161.9	102.1
2003	400	70	68	210	52	307.8	171.6	110.8	174.3	133.5
2004	401	55	32	257	57	286.0	132.4	125.1	151.8	134.2
2005	462	37	23	345	57	374.3	191.5	151.0	200.8	170.5
2006	534	36	17	249	/	424.1	202.6	182.6	216.5	207.7
2007	643	29	18	263	/	522.0	/	232.4	252.0	270.0
2008	787	33	22	290		623.6	244.8		289.6	203.4
2009	879	34	15	315		815.1	373.5	365.7	386.9	428.2
2010	1006	32	5	322	/	963.7	421.6	467.2	476.9	486.8
2011	769	20	3	622	8	1060.8	432.7	596.3	545.7	539.4
2012	830	22	3	789	16	1366.7	448.3	762.1	683.1	683.5

1988—2012 全市工业经济主要经济指标

表 2　　单位:万元

年份	工业总产值	工业增加值	利税总额	出口交货值	主营收入	销售收入
1988	460710	148348				444720
1989	511076	157411				481074
1990	531936	170751				475658
1991	576837	189203	104871			554728
1992	648471	190650	99599			612883
1993	806611	256918	107610			792069
1994	1034124	343904	137181			887844
1995	1116934	338608	130468			1105567
1996	1476645	490474	197556			1357676
1997	1489176	522003	205552			1316135
1998	1103201	430730	25380	34962		1151647
1999	1204286	522014	309791	19426		1161491
2000	1331509	605496	352767	15766		1237086
2001	1491450	641331	414582	20487		1435664
2002	1827154	850216	512007	27548		1754294
2003	2204546	1018251	628042	38698		2140184
2004	2876289	1339923	863509	94003	2769996	
2005	3515369	1626037	1055047	96646	3371312	
2006	4413958	2037481	1367899	95418	4137496	
2007	5732560	2503395	1790389	117630	5403475	
2008	7760973	3399474	2207405		7439782	
2009	8973408	3844393	2572562	139413	8527874	
2010	12636664	5190484	3407197	167478	12094955	
2011	17329542	7064278	5121229	186622	16749333	
2012	18761875	8043340	5695308	262882	18249176	1762794

1988—2012 全市工业主要产品产量(一)

表 3

年份	纱（万吨）	布（万米）	糖（万吨）	饮料酒（万吨）	原盐（万吨）	食用油（万吨）	卷烟（万箱）	化学原料药（吨）	交流电动机（万千瓦）	丝织品（万米）
1988	3.19	11801	0.61	6.37	31.80	8.60	65.79	/	22.26	175
1989	3.04	11113	0.61	4.70	32.42	8.73	68.64	/	17.49	189
1990	2.52	10860	0.72	4.19	32.51	8.87	72.28	/	12.03	92
1991	3.31	9748	0.89	3.48	33.03	8.98	71.25	81.2	13.27	79
1992	3.80	10400	1.19	3.81	33.50	7.72	70.87	158	13.14	106
1993	3.66	11190	1.17	3.06	36.64	8.56	70.31	97.2	13.28	152
1994	4.11	11427	1.15	2.97	34.14	9.88	70.23	73	11.68	66
1995	4.10	19360	1.10	3.41	34.01	12.32	68.02	102	8.84	27
1996	3.73	9917	0.89	5.44	36.50	16.96	68.00	134	3.04	0.1
1997	3.60	9692	1.28	5.39	40.20	15.10	68.00	93	3.44	
1998	2.60	6308	2.34	6.63	40.23	14.18	68.00	126	0.2	
1999	3.86	5485	2.15	7.86	39.06	16.74	68.17	81	/	
2000	4.40	6778	1.07	6.77	39.12	5.94	72.03	71	0.61	
2001	4.26	5500	1.41	7.22	36.62	6.20	74.84	77	/	
2002	4.54	6291	1.90	7.28	38.06	6.05	80.53	97	1.99	
2003	6.77	10485	1.30	7.13	41.24	5.56	85.52	131	1.96	
2004	6.22	15391	0.86	7.34	53.01	7.03	96.30	173	3.21	
2005	7.03	18638	/	8.50	53.07	18.05	99.20	180	7.82	
2006	7.56	21361	/	10.44	57.18	11.20	105.30	201	63.00	
2007	10.31	22530	0.46	12.49	63.63	13.99	101.95	210	78.00	
2008	13.60	17632	0.34	12.60	70.60	12.00	98.11	254	77.50	
2009	13.88	20663	0.40	15.49	69.90	18.97	96.36	660	66.50	
2010	18.31	19640	0.40	20.33	72.18	30.23	97.91	259	74.25	
2011	19.16	19012	0.31	29.60	79.28	31.73	115.68	1147	72.60	
2012	17.08	12669	0.42	19.98	75.01	38.10	134.18	402	58.17	

1988—2012 全市工业主要产品产量(二)

表 4

年份	水泥（万吨）	化肥（万吨）	化学农药（吨）	化学纤维（万吨）	机制及机制纸（万吨）	原煤（万吨）	发电量（kw·h）	塑料制品（万吨）	黄金（千克）
1988	101.00	10.21	1911	0.15	6.43	158.73	2.77	1.39	586.34
1989	87.60	8.66	1763	0.16	6.77	184.02	3.96	1.22	363.11
1990	89.97	10.00	1800	0.21	7.12	150.91	4.64	1.11	189.20
1991	116.83	10.90	1218	0.30	7.03	146.52	5.64	1.18	116.51
1992	150.15	10.31	1089	0.34	7.37	156.27	5.26	1.57	100.85
1993	185.05	9.91	800	0.4	9.93	165.04	6.89	1.66	322.58
1994	239.00	11.99	360	0.39	11.22	200.00	6.52	1.67	602.00
1995	272.54	13.38	1522	0.43	8.17	213.15	2.06	1.88	852.00
1996	299.22	13.77	1011	0.52	14.64	241.75	19.01	1.82	263.00
1997	272.35	12.88	403	0.94	15.93	166.09	23.94	1.44	558.00
1998	303.74	13.35	155	1.15	13.38	165.29	27.07	1.20	513.00
1999	370.30	12.96	788	1.38	13.87	177.88	27.37	0.83	532.00
2000	330.76	12.64	819	1.57	10.52	84.39	31.93	0.30	618.00
2001	331.00	12.97	968	1.33	12.75	83.77	37.60	0.32	
2002	403.00	13.96	2395	1.01	14.14	94.97	39.38	0.54	
2003	435.00	14.25	2642	1.44	19.23	99.12	51.03	0.48	
2004	415.00	15.20	2401	1.29	18.85	98.16	51.17	0.26	
2005	430.02	35.24	2752	1.00	23.27	103.83	57.33	0.34	
2006	483.75	37.04	2538	1.15	25.04	80.68	72.91	0.56	
2007	513.46	28.21	2671	1.20	19.76	88.50	66.82	0.74	
2008	615.02	35.36	5843	1.22	29.60	92.70	61.70	0.94	
2009	873.81	54.20	6603	3.45	36.94	130.49	89.50	8.4	
2010	941.85	50.98	12048	3.08	40.10	146.42	116.09	5.29	
2011	832.19	39.71	10754	3.36	56.37	136.28	134.63	8.75	
2012	930.69	31.48	11127	2.36	63.80	209.44	117.08	14.21	

1988—2012全市工业各产业总产值指标(一)

表5 单位:万元

年份	烟草业	食品业	煤炭业	饮料业	纺织业	造纸业	印刷业
1988	84932	60349	5650	16104	57844	14639	7179
1989	101678	56453	7422	15631	73123	19036	8720
1990	119930	57258	6525	15008	68051	19922	8884
1991	135243	57629	6500	13004	73013	20082	12214
1992	149296	61444	7123	14768	79240	22155	15948
1993	159096	64151	8950	18235	86693	30460	19833
1994	178677	134160	12641	18327	146911	46939	22054
1995	175122	149552	14771	20743	172624	68388	27694
1996	280114	201977	17749	26411	183211	92855	37806
1997	304431	190361	18247	33754	187864	71892	41107
1998	350713	69920	11278	24413	80040	70616	42084
1999	391027	84886	11273	33421	100821	70514	45287
2000	435789	80126	12256	32771	113237	82405	51573
2001	520696	97442	14229	37564	107427	94198	54115
2002	607921	126101	19089	33509	184132	104188	56925
2003	727239	157764	20433	29578	237002	144772	52211
2004	1007348	228127	26516	34460	242245	173606	68249
2005	1136597	279553	33591	39221	288308	205764	84456
2006	1407277	379464	30507	36953	337830	223259	113879
2007	1853769	586361	37338	56807	415230	193227	122147
2008	2241122	1094062	52337	85802	537866	275881	132812
2009	2423143	1309749	54917	117123	606687	353076	147351
2010	3081198	1791042	71123	173463	801209	468433	200602
2011	3968755	2500794	91462	264239	1021417	621220	199892
2012	4606085	2738461	140466	383713	827520	595163	231586

1988—2012全市工业各产业总产值指标(二)

表6 单位:万元

年份	化工业	医药业	化学纤维业	塑料业	金属业	机械制造业	电子通信业
1988	30334	4396	2256	10280	8609	32499	2652
1989	35501	4586	2969	10239	8425	40400	4830
1990	40143	4705	4409	8793	9145	40094	4843
1991	39803	6072	5401	9406	11306	39537	6949
1992	42321	7885	8097	9217	13485	48003	7258
1993	51557	8254	18697	8175	20841	59151	15430
1994	62169	9577	17563	9697	22932	57400	16925
1995	90027	8954	12555	11240	31909	53014	15867
1996	109889	14470	13249	22172	50269	77887	8948
1997	101689	14227	22076	24916	42026	70467	4319
1998	63611	13543	25514	12282	17008	36410	3315
1999	58706	15167	26750	10046	26681	37124	2811
2000	52658	26787	32921	7318	29823	47044	7801
2001	53654	34413	43944	5790	18860	62835	10017
2002	57164	35026	51177	5105	16881	64377	14115
2003	65404	42900	43749	7677	61578	38306	14446
2004	85828	57957	24788	11985	148329	29194	53158
2005	74759	69045	61098	14556	180853	61245	37264
2006	117246	73861	69654	17365	280115	77047	52326
2007	156805	85950	73607	28950	517874	107638	64320
2008	279342	161245	59896	37660	770699	103516	108015
2009	414096	177261	112503	71037	475974	104714	155439
2010	648353	248669	81177	106482	1067393	169945	187074
2011	882375	363250	107672	158853	1619146	220861	306044
2012	1079297	296613	93996	239795	1619081	189046	413899

常德市 1999—2012 国民经济比例关系

表 7 单位：%

比例＼年度	1990年	2000年	2001年	2002年	2003年	2004年	2005年	2006年	2007年	2008年	2009年	2010年	2011年	2012年
GDP产业结构比例第一产业	46.6	29.9	27.6	25.6	23.8	25.2	25.6	24.1	22.2	20.9	20.8	18.8	16.3	14.8
第二产业	31.4	39.7	38.9	40.0	40.6	40.7	38.9	39.7	40.8	42.4	42.8	45.9	49.1	49.5
第三产业	22.0	30.4	33.5	34.4	35.6	34.1	35.5	36.2	37.0	36.7	36.4	35.3	34.6	35.7

1988—2012 年国民经济主要指标资料

表 8

年 份	全社会总产出（现价·亿元）					
	合 计	第一产业	第二产业	其 中		第三产业
				工业	建筑业	
1988 年	126.5	34.8	67.8			24.0
1989 年	140.7	40.4	72.9			27.3
1990 年	157.3	53.3	67.4	60.7	6.7	36.6
1991 年	168.1	52.2	73.7	65.8	7.9	42.2
1992 年	197.3	54.3	93.1	83.9	9.2	49.9
1993 年	272.2	71.4	132.7	122.1	10.6	68.1
1994 年	364.2	102.7	147.7	135.5	12.2	113.8
1995 年	469.3	133.0	187.7	173.6	14.1	148.7
1996 年	616.7	164.6	261.3	243.5	17.9	190.7
1997 年	647.5	162.8	281.6	261.7	19.9	203.1
1998 年	682.4	155.4	306.5	285.2	21.3	220.6
1999 年	719.1	148.0	337.0	311.9	25.1	234.0
2000 年	793.2	155.5	389.1	359.9	29.1	248.7
2001 年	849.5	164.9	400.8	367.2	33.6	283.8
2002 年	933.8	171.2	448.7	406.1	42.6	313.9
2003 年	1014.9	178.0	498.5	442.5	56.0	338.4
2004 年	1129.5	234.4	533.2	476.1	57.2	361.9
2005 年	1346.4	260.7	623.1	558.6	64.5	462.6
2006 年	1506.0	277.0	694.7	644.0	50.7	534.6
2007 年	1846.2	308.9	876.0	795.0	80.1	661.3
2008 年	2335.6	359.6	1176.5	1040.3	136.2	799.5
2009 年	2649.7	409.2	1341.6	1179.0	163.6	899.0
2010 年	3242.2	442.6	1749.2	1555.4	193.9	1050.4
2011 年	3960.8	463.0	2244.2	2017.4	226.8	1253.6
2012 年	4491.1	482.7	2548.7	2287.9	260.8	1459.7

2012年主要工业产品产量及其增长速度

表9

产品名称	单　位	产　量	比上年增长%
纱	万吨	2984.0	9.8
布	亿米	840.8	3.3
化学纤维	万吨	3800.0	12.1
成品糖	万吨	1406.8	18.5
卷烟	亿支	25160.9	2.8
彩色电视机	万台	12823.3	4.8
其中：液晶电视机	万台	11418.3	10.9
家用电冰箱	万台	8427.0	-3.1
房间空气调节器	万台	13281.1	-4.5
一次能源生产总量	亿吨标准煤	33.3	4.8
原煤	亿吨	36.5	3.8
原油	亿吨	2.1	2.3
天然气	亿立方米	1072.2	4.4
发电量	亿千瓦小时	49377.7	4.8
其中：火电	亿千瓦小时	38554.5	0.6
水电	亿千瓦小时	8608.5	23.2
核电	亿千瓦小时	973.9	12.8
粗钢	万吨	71716.0	4.7
钢材[9]	万吨	95317.6	7.6
十种色金属	万吨	3672.2	6.9
其中：精炼铜（电解铜）	万吨	574.0	9.5
原铝（电解铝）	万吨	1985.8	12.3
氧化铝	万吨	3769.6	10.3
水泥	亿吨	22.1	5.3
硫酸	万吨	7686.3	2.7
纯碱	万吨	2408.8	5.0
烧碱	万吨	2696.1	9.0

续表 9

产品名称	单 位	产 量	比上年增长%
乙烯	万吨	1486.6	-2.7
化肥（折 100%）	万吨	7296.0	10.1
发电机组（发电设备）	万千瓦	13005.6	-9.7
汽车	万辆	1927.7	4.7
其中：基本型乘用车（轿车）	万辆	1077.1	6.4
大中型拖拉机	万台	46.6	15.3
集成电路	亿块	823.1	14.4
程控交换机	万线	2826.3	-6.8
移动通信手持机	万台	118154.3	4.3
微型计算机设备	万台	35411.0	10.5

2012 年主要商品出口数量、金额及其增长速度

表 10

商品名称	单 位	数 量	比上年增长%	金额（亿美元）	比上年增长%
煤（包括褐煤）	万吨	926	-36.8	16	-41.6
钢材	万吨	5573	14	515	0.5
纺织纱线、织物及制品	——	——	——	958	1.2
服装及衣着附件	——	——	——	1591	3.9
鞋类	——	——	——	48	12.2
家具及其零件	——	——	——	488	28.7
自动数据处理设备及其部件	万台	183275	-0.1	1853	5.1
手持或车载无线电话	万台	101447	15.9	810	29.1
集装箱	万个	248	-23.5	4	-26.1
液晶显示板	万个	316650	29.7	363	22.9
汽车（包括整套散件）	万辆	99	20.1	127	27.5

2012年主要商品进口数量、金额及其增长速度

表11

商品名称	数量	比上年增长%	金额（亿美元）	比上年增长%
谷物及谷物粉	1398	156.7	48	134.2
大豆	5838	11.2	350	17.6
食用植物油	845	28.7	97	25.6
铁矿砂及其精矿	74355	8.4	956	-15.0
氧化铝	502	165.1	18	133.3
煤（包括褐煤）	28851	29.8	287	20.2
原油	27102	6.8	2207	12.1
成品油	3982	-1.9	330	0.6
初级形状的塑料	2370	2.9	462	-2.2
纸浆	1646	14.0	110	-7.5
钢材	1366	-12.3	178	-17.5
未锻造的铜及铜材	465	14.1	386	4.9

2012年主要工业产品产量比较表

表12

主要工业产品产量	单位	绝对值			2012年指数（%）	
		2000年	2011年	2012年	以2000年为100	以2011年为100
原煤	万吨	84.4	136.3	209.4	248.1	153.6
原盐	万吨	39.1	79.3	75.0	191.8	94.6
食用植物油	万吨	5.9	31.7	38.1	645.8	120.2
糖	万吨	1.1	0.3	0.4	36.4	133.3
卷烟	万箱	72.0	115.7	134.2	186.4	116.0
纱	万吨	4.4	19.2	17.1	388.6	89.1
布	万米	6778.0	19012.0	12669.0	186.9	66.6
机制纸及纸板	万吨	10.5	56.4	63.8	607.6	113.1

续表 12

主要工业产品产量	单位	绝 对 值			2012 年指数（%）	
		2000 年	2011 年	2012 年	以 2000 年为 100	以 2011 年为 100
合成氨	万吨	12.6	17.7	13.2	104.8	74.6
化学肥料（折纯）	万吨	12.3	39.7	31.5	256.1	79.3
化学农药原药	吨		10754	11127.0		103.5
中成药	吨	358.0	2331	3905.0	1090.8	167.5
塑料制品	万吨	0.3	8.8	14.2	4733.3	161.4
石膏	万吨	6.6	504.4			
水泥	万吨	330.8	532.2	930.0	281.3	111.8
平板玻璃	重量箱	123300.0	1338751	1354460.0	1585.1	146
原铝（电解铝）	吨		281455	329990.0		117.2
化学纤维	吨		33601	23638.0		70.3
气体压缩机	台	478.0	4853	2907.0	608.2	59.9
电力变压器	万千伏安	23.3	111.2	114.8	492.7	103.2
交流电动机	万千瓦	0.6	72.6	58.2	9700	80.2
民用钢制船舶	综合万吨	0.4	4.6	2.9	725	63
发电量	亿度	31.9	134.6	117.1	367.1	87
全社会固定资产投资	亿元	84.5	689.9	956.7	1132.2	138.7
总计中：国有经济	亿元	42.7	179.7	291.6	682.9	162.3
总计中：固定资产投资	亿元	44.5	565.2	851.8	1914.2	150.7
房地产投资	亿元	5.5	85.8	94.8	1723.6	110.5
总计中：第一产业	亿元	1.7	18.4	30.1	1770.6	163.6
第二产业	亿元	25.0	363.7	498.3	1993.2	137
第三产业	亿元	57.8	307.8	418.2	723.5	135.9

1978—2012 年国民经济主要指标历史资料

表 13

年份	原煤（万吨）	原盐（万吨）	食用植物油（万吨）	饮料酒（混合量）（万吨）	卷烟（万箱）	纱（万吨）
1978 年	78.46	20.02	2.36	0.73	20.58	1.8
1979 年	74.80	20.10	2.39	0.89	23.54	1.8
1980 年	84.17	22.61	2.42	1.05	22.81	2.0
1981 年	80.07	25.20	4.79	1.52	31.06	2.4
1982 年	86.43	27.06	6.35	1.99	49.63	2.5
1983 年	104.25	28.55	4.85	2.81	68.39	2.2
1984 年	116.68	29.00	5.48	3.44	53.94	1.9
1985 年	117.10	29.05	5.94	5.12	61.33	2.7
1986 年	136.11	29.11	6.41	5.64	64.70	3.0
1987 年	148.60	30.01	7.40	6.38	68.92	3.1
1988 年	158.73	31.80	8.60	6.37	65.79	3.2
1989 年	184.02	32.42	8.73	4.70	68.64	3.9
1990 年	150.91	32.51	8.87	4.19	72.28	2.5
1991 年	146.52	33.03	8.98	3.48	71.25	3.3
1992 年	159.67	33.50	7.72	3.81	70.87	3.8
1993 年	165.06	36.64	8.56	3.06	70.31	3.6
1994 年	200.00	34.14	9.88	2.97	70.23	4.1
1995 年	213.15	34.02	12.32	3.41	68.02	4.10
1996 年	241.75	36.50	16.96	5.44	68.00	3.73
1997 年	166.09	40.21	15.10	5.39	68.00	3.59
1998 年	166.29	40.23	14.18	6.63	68.00	2.60
1999 年	177.88	39.06	16.74	7.86	68.17	3.86
2000 年	84.39	39.12	5.94	6.77	72.03	4.40
2001 年	83.77	36.61	6.20	7.22	74.84	4.26
2002 年	94.97	38.06	6.05	7.28	80.53	4.54
2003 年	99.12	41.24	5.56	7.13	85.52	6.77
2004 年	98.16	53.01	7.03	7.34	96.30	6.22
2005 年	103.83	53.07	18.13	8.50	99.16	7.03
2006 年	80.68	57.18	11.20	10.45	105.30	7.60
2007 年	88.50	63.60	13.90	12.49	101.95	10.31
2008 年	92.70	70.60	12.00	12.60	98.11	13.60
2009 年	130.49	69.90	18.97	15.49	96.36	13.88
2010 年	146.42	72.18	30.23	20.33	97.91	18.31
2011 年	136.30	79.28	31.73	29.61	115.68	19.16
2012 年	209.44	75.02	38.10		134.18	17.08

续表 13

布（万米）	机制纸及纸板（万吨）	水泥（万吨）	变压器（万千伏安）	交流电动机（万千瓦）	发电量（亿度）	固定资产投资（万元）
7250	1.35	19.16	24.14	13.59	1.76	13601
8037	1.50	26.89	30.35	18.35	1.69	12812
8523	1.77	28.87	18.66	16.11	2.09	19250
8905	2.08	33.40	12.33	15.65	2.28	24335
9166	2.31	37.60	19.68	16.96	1.97	33329
8969	2.58	48.80	21.84	22.02	2.07	35500
7037	2.77	52.69	24.16	22.52	1.91	37254
9206	3.61	61.10	25.11	22.00	2.32	69793
10650	4.17	74.43	30.54	22.66	2.61	71344
10958	5.42	89.36	35.09	24.90	3.02	94950
11640	6.37	101.00	45.01	22.26	2.77	111113
11113	6.77	87.60	35.49	17.49	3.96	77108
10860	7.12	89.97	10.91	12.03	4.64	88060
9478	7.03	116.83	13.75	13.27	5.64	109284
10400	7.37	150.15	29.85	13.14	5.26	159187
11190	9.93	185.065	35.43	13.28	6.89	274802
11427	11.22	239.00	19.00	11.68	6.52	331899
9680	13.76	272.54	20.73	8.84	7.06	492142
9917	18.12	299.22	11.00	3.04	19.01	628079
9692	15.93	272.35	7.80	3.44	23.94	555804
6308	13.38	303.74	13.81	0.20	27.07	641955
5485	13.87	370.30	12.51		27.37	734913
6778	10.52	330.76	23.33	0.61	31.93	844463
5500	12.75	331.00	21.13		37.60	928989
6291	14.14	403.00	30.80	1.99	39.37	1090742
10485	19.23	435.00	29.50	1.96	51.03	1219138
15391	18.85	415.00	31.10	3.21	51.17	1455653
18638	23.27	430.02	41.45	7.82	57.33	1653600
21361	25.00	483.80	54.70	63.00	72.90	1961080
22530	19.76	513.46	58.33	78.00	66.82	2319000
17632	29.60	615.20	63.90	77.50	61.70	2848000
20663	36.94	873.81	62.38	66.50	89.50	4598000
19640	40.09	941.85	67.86	74.25	116.09	5902000
19012	56.37	832.19	111.24	72.60	134.63	7117000
12669	63.80	930.69	114.81	58.17	117.08	9567000

2012年企业技术中心名单

表14

序号	企业名称	中心级别
1	湖南金健米业股份有限公司技术中心	省级（2002年）
2	常德纺织机械有限公司技术中心	省级（2004年）
3	华南光电（集团）有限公司技术中心	省级（2006年）
4	常德金鹏印务有限公司技术中心	省级（2009年）
5	湖南云锦集团股份有限公司技术中心	省级（2009年）
6	湖南洞庭药业股份有限公司技术中心	省级（2009年）
7	平安医械科技有限公司技术中心	省级（2010年）
8	德山酒业营销公司技术中心	省级（2012年）
9	湖南中泰特种装备有限公司技术中心	市级（2011年）
10	湖南石门特种水泥有限公司技术中心	市级（2011年）
11	湖南重庆啤酒国人有限公司技术中心	市级（2011年）
12	湖南中意食品集团有限公司技术中心	市级（2011年）
13	常德力元新材料有限公司	市级（2011年）
14	湖南阿斯达生化科技有限公司	市级（2011年）
15	湖南三升光电有限公司技术中心	市级（2012年）
16	药圣堂（湖南）制药有限公司技术中心	市级（2012年）
17	常德市金德镭射科技有限公司技术中心	市级（2012年）

2012年有效省著名商标企业简况

表15

序号	企业名称	商标	批次	联系人	联系电话
1	湖南谊诚化工有限责任公司	谊诚+拼音+图形	1	贾旭	7508878
2	湖南新合作三维农贸有限公司	瑞兰 R+图形	1	房先生	15319642296
3	湖南珠峰科技有限公司	珠峰+图形	1	陈会计	13575223041
4	湖南鸿鹰祥生物工程股份有限公司	梅花+拼音+图形	1	李洪兵	13907369159
5	湖南中汉高分子材料科技有限公司	中汉牌+图形	2	办公室	0736-2721666
6	湖南省汉寿县特种涂料厂	文美+拼音	2	梁文华	13973635568
7	湖南宏旺石油有限公司	宏旺	4	刘震	13907429658
8	湖南创业德力西电气有限公司	湘创电气	9	徐若衡	0736-7322738
9	湖南佳达电线电缆有限公司	湘佳达+图形	9	林忠祥	7374888
10	常德国力变压器有限公司	CBD	9	袁志新	13908417852
11	湖南中泰特种装备有限责任公司	中泰+拼音+图形	9	刘进	13974255158
12	湖南平安医械科技有限公司	平安卫士+图形	10	刘主任	13875133285
13	湖南万家工贸实业有限公司	万家+拼音+图形	11	马国良	13875049536
14	常德市鼎城湘旺塑胶建材厂	尚美莱 Shionmily	19	陈亚湘	7406313
15	常德市远智棕毛制品有限公司	欢颜	20	办公室	3139577
16	津市市金湘猪鬃实业有限公司	金湘+拼音+图形	21	颜军	13548870558
17	常德市景云塑业有限公司	晾云塑业 JY+图形	22	徐湘军	13875086698
18	湖南广益粮油棉有限公司	广益+图形	22	肖德泉	13873604697
19	湖南金帛化纤有限公司	凝美+拼音+图形	23	陈慰荣	7305315
20	湖南津市市益林麻棉纺织印染厂有限公司	飞洋+图形	23	左彪	4211396
21	湖南常德航力服饰有限公司	航力+图形	25	李敏	13875189888
22	湖南省常德市皇冠桌球台总厂	球王+拼音+图形	28	刘政	13907364998
23	澧县太青山有机食品有限公司	太青牌+拼音+图形	29	田辉	15873621818
24	湖南省涔澹农场加工厂	涔澹香+拼音	29	办公室	13548870411

续表 15

序号	企业名称	商标	批次	联系人	联系电话
25	常德市武陵兄弟酱板鸭食品加工厂	柳叶湖 lyh+拼音+图形	29	办公室	7810165
26	临澧县戴胡子食品有限公司	戴胡子+拼音+图形	29	办公室	0736-5830085
27	临澧县伍大姐风味食品厂	伍大姐+肖像	29	伍大姐	13337369920
28	常德市伊康食品有限公司	伊一康+拼音	29	廖子平	7503308
29	湖南省石门县肇哥野生素食研制中心	肇哥+图形	29	陈石新	13873626138
30	湖南省康多利油脂有限公司	康多利+图形	29	袁成华	13548866777
31	澧县千诺拉油脂有限责任公司	图形	29	办公室	3222638
32	桃源县漳江镇万家油脂厂	福千府	29	郑红华	13575188793
33	常德市汇美食品有限公司	鑫湘汇+拼音+图形	29	肖立安	13507360000
34	常德市汇美食品有限公司	祝丰+图形	29	肖立安	13507360000
35	津市市十八子食品有限公司	木子	29	李学知	13907426138
36	石门县桩巴龙茶行	桩巴龙+拼音+图形	30	李家桂	5331783
37	湖南天泽农业发展有限公司	天泽乐+图形	30	吴世文	13607360121
38	湖南金穗米业有限公司	德中德+图形	30	苏俊德	13908411992
39	桃源县陬市穗丰精米厂	龙凤+拼音	30	叶世荣	6645496
40	湖南陈氏面业有限责任公司	睿婧	30	陈总	13975654189
41	澧县雷公塔镇彭述林粉厂	澧州+拼音+图形	30	彭总	13873690917
42	湖南湘湖水产有限公司	仙湖	31	办公室	0736-2866788
43	湖南荣丰饲料有限责任公司	图形	31	刘连菊	13762669703
44	湖南德山酒业营销有限公司	御品德山	33	谢云仲	13973639957
45	湖南好味园酒业有限公司	家传+拼音	33	办公室	7311991
46	益丰大药房连锁股份有限公司	益丰大药房 Yifeng Pharmacy	35	办公室	15873676286
47	湖南常德欣运集团股份有限公司	欣运集团+图形	39	黄细安	07367286433
48	常德九子酒店管理有限公司	九子香辣蟹+图形	43	骆超	13786633252
49	湖南康普制药有限公司	康普	5	谷陟欣	13367366361

2012 年度主营业务收入 5000 万元以上的企业

表 16　　单位：万元

序号	企业名称	商标	批次
1	湖南谊诚化工有限责任公司	谊诚+拼音+图形	1
2	湖南新合作三维农贸有限公司	瑞兰 R+图形	1
3	湖南珠峰科技有限公司	珠峰+图形	1
4	湖南鸿鹰祥生物工程股份有限公司	梅花+拼音+图形	1
5	湖南中汉高分子材料科技有限公司	中汉牌+图形	2
6	湖南省汉寿县特种涂料厂	文美+拼音	2
7	湖南宏旺石油有限公司	宏旺	4
8	湖南创业德力西电气有限公司	湘创电气	9
9	湖南佳达电线电缆有限公司	湘佳达+图形	9
10	常德国力变压器有限公司	CBD	9
11	湖南中泰特种装备有限责任公司	中泰+拼音+图形	9
12	湖南平安医械科技有限公司	平安卫士+图形	10
13	湖南万家工贸实业有限公司	万家+拼音+图形	11
14	常德市鼎城湘旺塑胶建材厂	尚美莱 Shionmily	19
15	常德市远智棕毛制品有限公司	欢颜	20
16	津市市金湘猪鬃实业有限公司	金湘+拼音+图形	21
17	常德市景云塑业有限公司	晾云塑业 JY+图形	22
18	湖南广益粮油棉有限公司	广益+图形	22
19	湖南金帛化纤有限公司	凝美+拼音+图形	23
20	湖南津市市益林麻棉纺织印染厂有限公司	飞洋+图形	23
21	湖南常德航力服饰有限公司	航力+图形	25
22	湖南省常德市皇冠桌球台总厂	球王+拼音+图形	28
23	澧县太青山有机食品有限公司	太青牌+拼音+图形	29
24	湖南省涔澹农场加工厂	涔澹香+拼音	29

续表 16

单位:万元

序号	企业名称	商标	批次
25	常德市武陵兄弟酱板鸭食品加工厂	柳叶湖 lyh+拼音+图形	29
26	临澧县戴胡子食品有限公司	戴胡子+拼音+图形	29
27	临澧县伍大姐风味食品厂	伍大姐+肖像	29
28	常德市伊康食品有限公司	伊一康+拼音	29
29	湖南省石门县犟哥野生素食研制中心	犟哥+图形	29
30	湖南省康多利油脂有限公司	康多利+图形	29
31	澧县千诺拉油脂有限责任公司	图形	29
32	桃源县漳江镇万家油脂厂	福千府	29
33	常德市汇美食品有限公司	鑫湘汇+拼音+图形	29
34	常德市汇美食品有限公司	祝丰+图形	29
35	津市市十八子食品有限公司	木子	29
36	石门县桩巴龙茶行	桩巴龙+拼音+图形	30
37	湖南天泽农业发展有限公司	天泽乐+图形	30
38	湖南金穗米业有限公司	德中德+图形	30
39	桃源县陬市穗丰精米厂	龙凤+拼音	30
40	湖南陈氏面业有限责任公司	睿婧	30
41	澧县雷公塔镇彭述林粉厂	澧州+拼音+图形	30
42	湖南湘湖水产有限公司	仙湖	31
43	湖南荣丰饲料有限责任公司	图形	31
44	湖南德山酒业营销有限公司	御品德山	33
45	湖南好味园酒业有限公司	家传+拼音	33
46	益丰大药房连锁股份有限公司	益丰大药房 Yifeng Pharmacy	35
47	湖南常德欣运集团股份有限公司	欣运集团+图形	39
48	常德九子酒店管理有限公司	九子香辣蟹+图形	43
49	湖南康普制药有限公司	康普	5

截止2012年,常德市共拥有年度主营业务收入5000万元以上的企业575家,其中年收入10亿元以上企业达21家,常德卷烟厂、创元铝业和中联重科汉寿公司3家达到50亿元以上。在年收入5000万元以上企业中,亿元以上企业306家,9000万元以上接近亿元的企业还有33家。

截止2012年,常德市共拥有年度入库税金100万元以上的企业255家,其中年入库税金过亿元的有8家,常德卷烟厂185581万元,金鹏印务公司20928万元,中联建起公司20135万元,常德电业局15295万元,创元铝业公司15054万元,石门海螺水泥公司13164万元,中联重科汉寿公司11423万元,常德烟机公司10890万元。年度入库税金过千万元的企业有53家,900万元以上接近千万元的还有11家。

自2001年确立发展常德工业十一大支柱产业以来,对相关工业企业如何归入产业门类,一直没有作出明确界定。因此,在编修1988—2012年间工业志时,发现在产业门类归类时常有混淆。为廓清史实,对“2011年全市十一大产业规模以上工业企业概况”做了实录,籍此作为今后在企业归类上的参照。

应当说明的是,2011年以前虽有过分产业门类的统计,但未见可资作为史料的记录,2012年也无法补录出完整的史料,唯有2011年资料较为全面,因而以该年史料为据,反映历史上对工业企业归类于各产业门类的大体概况。

常德市这一时期提出的“十一大支柱产业”中,盐化工产业共有规模以上企业7家,其中以湘澧盐矿和新澧化工为骨干;共有林纸产业规模以上企业26家,其中以恒安心相印纸业和雪丽造纸为骨干;共有食品产业规模以上企业215家,其中以金健米业和惠生肉业为骨干;共有电力产业规模以上企业16家,其中以大唐石门发电公司和华电石门发电公司为骨干;共有烟草产业规模以上企业5家,其中以常德卷烟厂和金鹏印务为骨干;共有纺织产业规模以上企业72家,其中以云锦集团和桃源杰新纺织印染为骨干;共有建材产业规模以上企业92家,其中以石门海螺水泥和石门特种水泥为骨干;共有医药产业规模以上企业21家,其中以康哲制药和洞庭药为骨干;共有电子信息产业规模以上企业42家,其中以寰球电子和华南光电为骨干;共有装备制造产业规模以上企业175家,其中以中联建起和常德烟机为骨干;共有铝及铝材产业规模以上企业19家,其中以创元铝业和晟通科技公司为骨干。

常德日报 2011 年 2 月 8 日专版

常德工业大步走

“十一五”：七个“翻番”

本报记者 葛辉文　　**通讯员** 田功文

刚刚过去的 2010 年，我们工业经济实现了“十一五”的完美收官，与“十五”末的 2005 年相比，各项主要指标均实现了“翻番”。

经济总量翻番

2010 年，全市规模工业完成总产值 1234 亿元，完成增加值 519.1 亿元。分别是 2005 年的 3.5 倍、3.1 倍。特别是四个“百亿工程”成交显著。“百亿产业”方面：烟草、装备制造、食品分别完成产值 322 亿元、191 亿元和 158 亿元；“百亿企业”方面：常德烟厂、创元铝业系列企业、中联重科系列企业分别完成产值 304 亿元、72 亿元和 82 亿元；“百亿园区”方面：常德经济技术开发区跻身国家级开发区行列，全年完成规模工业总产值 126 亿元，创元工业园、灌溪工业园分别完成产值 72 亿元、65 亿元；“百亿区县”方面：常德经济技术开发区、鼎城、澧县、桃源分别完成规模工业总产值 126 亿元、103 亿元、105 亿元和 103 亿元，顺利跨入了百亿区县行列。

经济效益翻番

2010 年，全市规模工业完成主营业务收入 1130 亿元，同比增长 48%，是 2005 年的 3.4 倍；完成利税总额 296 亿元，其中利润 80.4 亿元，分别是 2005 年的 2.8 倍、2.9 倍。特别是产业结构得到明显变化，呈现出高效益、快增长、低耗能的态势。烟草、装备制造、电子信息、食品、医药等产业以全市三分之一的耗能，为全市贡献了三分之二的工业增加值，节能降耗取得明显成交，万元 GDP 能耗下降 2.8%以上，规模工业万元增加值能耗下降 9%以上，顺利完成“十一五”节能目标任务。

企业户数翻番

2010 年，全市规模工业企业户数达到 1006 户，比 2005 年将增 544 户，增长 1 倍多；产值过亿元和过 10 亿元的企业分别达到 191 户、12 户，是 2005 年的 3 倍、12 倍。特别是常德烟厂、金健米业、常德烟机、金鹏印务等 4 家企业顺利跨入湖南 100 强企业和湖南制造业 50 强企业行列。

园区经济翻番

全市 11 个经济开发区(工业园区)已开发面积达到 35.1 平方公里,;比 2005 年扩大了 1 倍。园区内规模工业企业达到 451 户,是 2005 年的 4 倍;完成规模工业总产值 566 亿元,是 2005 年的 6 倍,占全部规模工业总产值的比重达到 45%以上。

产业规模翻番

2010 年,全市 11 个工业产业完成规模工业总产值 1078 亿元,是 2005 年的 3.3 倍;“百亿产业”由 2005 年仅有烟草产业 1 个发展到目前的烟草、装备制造、食品等 3 个。特别是新兴产业提升明显。子电信息、新材料、新能源等产业发展加速,成为新兴产业的主要样长极。

投资总额翻番

全年完成工业固定资产投资 294.2 亿元,增长 54%,完成社会技改投资 174.5 亿元,增长 38.6%。“十一五”期间,全市共签约引进 2000 万元以上工业项目和新上设备投资额 500 万元以上技术改造项目 2193 个,总投资 765 亿元,是“十五”期间投资额的 3 倍。

名牌产品数量翻番

随着“陬福”“古洞春”等企业商标成功创建为中国驰名商标,使全市国家级、省级名品名牌总数达到了 113 个,比 2005 年增长了 1.3 倍。其中,中国驰名商标 6 枚、中国名牌产品 4 项,省著名商标 47 枚、省名牌产品 56 项。

后 记

《常德市工业志(1988—2012)》编修工作在市工信局领导下,于2015年10月启动做资料收集,2017年10月进行总纂整理,2018年12月邀请张友德、王家铨等工业战线领导同志做内审补充和完善,2019年10月聘请市方志办齐绍正、丁兴宇等史志专家评审。

《常德市工业志(1988—2012)》从资料收集,到总纂、到内审、到专家评审、到方志出版社终审,经历了一个既纷繁复杂、又严谨认真的辛苦耕耘过程:市工信局各科室在收集资料时,出动人员多,收集时间长,不仅运用了现代网络通信技术,还坚持了下企业、到工厂的实地采撷;编修人员在编撰和总纂时,专业班子专司其职,经常性加班加点,认真求证反复推敲,不仅做到了忠于史实,还坚持了完整详实和逻辑合理;内审人员在补充和完善时,不仅注重了拾遗补漏,还做到了纠正谬误和提供佐证;市方志办评审专家在评审时,不仅倾心从史志要求上作修正,还做到了竭智从遣词造句上作修改;方志出版社充分发挥专业技能,进行了全面且严格的初审、复审和终审,确保了定稿的科学性和正确性。

编修史志要遵从史实,不可以作任何修饰,也不可以做任何评论,因而在总纂时显得很枯燥,甚至还感到有点乏味。但是,在总纂《常德市工业志(1988—2012)》过程中,却无时无刻不为这一历史时期常德市工业发展的情景所感动,兴奋之情油然而生,枯燥乏味便荡然无存。1988年正好是常德地改市这样一个历史节点,此后的常德市工业经济日新月异:经过依法统计的工业经济数据年年攀升,令人振奋;现代工业企业不断增多、做大、做强,让人鼓舞;拔地而起的现代化工业厂房,以产业聚集为要旨的工业园区,使人惊叹;那有证书铭牌为证的常德工业名品名牌;那可嘉的工匠精神和可赞的企业文化……无不使总纂人员心生景仰,充溢激情!这,便成为了总纂和编修的原动力;这,也便成为了"以史为镜,可以知兴替"的意义之所在。

当然,总纂和编修中的疏漏不少,还有很多可歌可泣的工业事件,未能全面详尽的记载;总纂和编修中的错误,也在所难免,比如"数据库"并非数据建设;人物记录不够全面等等,热忱希望工业战线的领导和企业家以及广大员工批评指正。

很遗憾,修志人员花费大量时间和精力,查证记录了很多关于工业经济方面的历史性数据,约有3万多字,因受"不能以表代文"之限,在评审定稿时删除了。其实,作为工业经济历史状况的最直观反映,作为史料中最简要的史实表达,删除时是令人痛惜的。

感谢方志出版社专家编辑给予了《常德市工业志(1988—2012)》极高的评价:"全书内容翔实,结构严谨,分类恰当,逻辑清晰,详略得当,是一部全面系统的常德市工业专门资料……突出了地方特色和时代特点,坚持了志书体例与记述原则,无越界而书,无越时而书现象。"

总纂何德何能,受此誉赞?毫无疑问,所赞所誉皆市工信局正确领导、各科室干部鼎力相助、内审领导余辉照耀、市方志办专家倾心竭力、出版社高士悉心赐教之为!在此一并致谢。

总纂:甘晓春

二〇二〇年四月记